U0932773

中国领导力提升系列 | 主编 胡月星

领导风格

来丽梅 等◎著

中国出版集团 研究出版社

图书在版编目（CIP）数据

领导风格 / 来丽梅等著 . — 北京 : 研究出版社 ,
2017.5

ISBN 978-7-5199-0026-7

Ⅰ. ①领… Ⅱ. ①来… Ⅲ. ①领导艺术—研究
Ⅳ. ① C933.22

中国版本图书馆 CIP 数据核字（2016）第 311156 号

领导风格

作　　者　来丽梅等　著
责任编辑　陈侠仁
出版发行　研究出版社
地　　址　北京市东城区沙滩北街 2 号中研楼
邮政编码　100009
电　　话　010-63292534　63057714（发行中心）
　　　　　63055259（总编室）
传　　真　010-63292534
网　　址　www.yanjiuchubanshe.com
电子信箱　yjcbsfxb@126.com
印　　刷　三河市金泰源印务有限公司
开　　本　710 毫米 ×1000 毫米　1/16
印　　张　22.25
版　　次　2017 年 5 月第 1 版　2017 年 5 月第 1 次印刷
书　　号　ISBN 978-7-5199-0026-7
定　　价　49.80 元

《中国领导力提升系列丛书》编委会

参与研究单位

国家行政学院
中国浦东干部学院
中国人事科学研究院
国家税务总局党校
北京行政学院
上海行政学院
黑龙江省行政学院
吉林省行政学院
广西行政学院
辽宁师范大学
宁夏行政学院

协助支持单位

国家行政学院中国领导科学研究中心
国家行政学院公务员培训研究中心
中国人才研究会领导人才专业委员会
西安思源学院新发展理念与领导力研究中心

提升领导力是聚焦点（代总序）

胡月星

领导科学研究告诉我们，组织发展与领导力提升并不是同步的。组织规模增大，并不意味着领导力随之提升。组织规模小，并不代表没有强大领导力。有的组织诞生时规模很小，但能够逐渐壮大，关键就在于其具有强大领导力。中国共产党诞生之初人数寥寥，但犹如喷薄而出的朝阳，光照四方。成功的秘诀在哪里？就在于党拥有强大的领导力，正是这一核心力量使党焕发出旺盛的生命力。今天，中国共产党是拥有436万多个基层党组织、8779万多名党员的大党，但规模越大并不意味着领导力就越强。加强和改善党的领导，必须把提升领导力作为聚焦点。

那么，领导力究竟是什么？以往人们通常把领导力等同于权力，认为有权力就有领导力。这种观点至今还停留在一些人的头脑中，限制了人们探索提升领导力的视野。领导力与权力确实有密切关系，但绝不是对等关系，有权力未必就有领导力，否则就难以解释个别领导“有权无威”甚至“众叛亲离”的现象。权力仅仅是领导力的一种重要资源，而不是领导力的全部。在领导科学研究中，领导力存在于精神信仰、思想观念、规章制度等方方面面，既包括组织领导力，也包括个体领导力。组织领导力是由个体领导力积极作用而成的合力，这就像百川终归大海一样。组织领导力与个体领导力相辅相成、高度融合，共同提升政党的领导力。我们讨论加强和改善党的领导，当然需要从组织领导力角度去分析，但领导科学研究表明，重视个体领导力对于加强和改善党的领导同样至关重要。因为组织领导力最终要具体落实到领导干部行为中，如果各级领导干部缺乏领导力所必需的知识、能力、品质以及积极行为表现等，组织领导力就会失去来源，组织就会变得软弱无力。可以说，领导干部的领导力直接决定着党的领导力。一个政党领导力的缺失，很大程度上是因为领导干部领导力的缺失。当前，从提升领导力入手加强和改善党的领导，需要把组织领导力与个体领导力紧密结合起来，从“领”入手，由“导”贯通，实现“心”与“力”的积极融合。

用信仰目标实现“领”。信仰就是希望，目标就是方向。没有信仰目标的政党是没有希望的，没有信仰目标的领导干部是难堪大任的。成立 90 多年来，我们党的领导之所以坚强有力，就是因为我们党有信仰、有目标，让广大党员有使命感，让人民群众有方向感。一个政党如果不能让自己的党员有使命感就无异于乌合之众，如果无法让群众有方向感就会失去号召力和凝聚力。新形势下，加强和改善党的领导，尤其需要把党的领导与党所坚守的崇高信仰、党所追求的远大目标紧密结合起来。要让广大党员和人民群众明白我们党究竟从哪里来、往哪里去，信仰什么、追求什么，党对人民群众来说有着什么样的功能和价值。把这些问题讲清楚，人民群众就会拥护党、追随党。

用科学理念实现“导”。信仰的追求、目标的实现都要有科学的理念。一个政党所坚持的科学理念凝聚着政党的智慧，能够引领人民群众的行动。从这个意义上说，理念科学，领导力就强。我们党一直强调用科学理念实现党的领导。习近平总书记在党的十八届五中全会上提出的创新、协调、绿色、开放、共享新发展理念，凝聚着全党的智慧，是统一全党思想和行动的指挥棒。领导干部能不能深入贯彻新发展理念，坚决纠正那些与新发展理念不相适应甚至背道而驰的错误观念与行为，直接关系我们党的领导力。领导干部要把学习贯彻新发展理念与提升领导力、加强和改善党的领导紧密结合起来。

用“心”与“力”的融合提升领导力。心为万力之本。提升领导力，从领导干部个体角度而言尤其要注重“心”与“力”的融合，具体而言主要包括以下几个方面：一是强调忠诚。忠诚是对“心”最重要的要求，是“力”的源泉。领导干部要对党忠诚，不论身在何方，不论处于何种境地，都要把对党忠诚作为自己的道德操守和行为准则，这样才能担负起组织重托。二是强调提升能力。有“心”无“力”，最终只能流于平庸。提升领导力，既要有“心”，也要有“力”。这就要求领导干部必须高度重视提升自己的能力。三是强调责任担当。责任是“心”，担当是“力”。当前，加强和改善党的领导特别需要领导干部有责任担当。有了责任担当，就能把“心”与“力”融合后的力量充分发挥出来，不断提升我们党的领导力。

原载《人民日报》（2016 年 04 月 15 日 07 版）

前言

伴随着人类有组织的活动，领导活动产生了；伴随着领导活动的出现，对领导活动的研究也随之而展开；伴随着对领导活动的研究，领导风格也就成为领导者本人和领导科学研究者关注的重要问题。

就领导风格的研究而言，中外学者著述繁多，观点纷呈，表现出百花齐放、竞相争艳的状态，令人目不暇接，这就是第一章“问渠那得清如许”的主要内容，也是本书得以展开的前提，因为我们力图把思考、分析和结论建立在前人研究的基础上，“为有源头活水来”，即是如此。

领导风格是表征，目的是提高领导力，或者说通过对领导风格这一特殊现象的研究，为提高、夯实、优化领导者领导力提供启示、思考、方法和路径，这是本书展开的出发点与落脚点。第二章“不知细叶谁裁出”，就是旨在揭示领导风格与领导力之间的内在联系。

大千世界，林林总总，气象万千。风格亦然，人类复杂劳动的领导活动所显现出的不同风格更是让人有头晕目眩之感。然而现象的背后，必然有规律可循。所以第三章“梅花香自苦寒来”从领导者的性格基础、人生经历、教育背景、外部环境、领导实践诸方面加以剖析。对以上诸要素进一步的深入思考，就是第四章“天生我材必有用”试图回答的问题。换言之，第三章是从纵向形成过程、第四章是从横向构成要素，从纵横两方面对领导风格加以分析，以求历史和逻辑的统一。

领导风格既然是领导者领导活动特质的外在表现，做适当的归类是可行的，也是必要的。虽然任何分类都不是绝对地科学，但至少可以借助分类的方法使人对事物的认识更具体、更深刻。这就是第五章“横看成岭侧成峰”关于风格分类要达到的目的之一。对众多风格做进一步的典型描述就是第八章“万类霜天竞自由”的初衷，以使此风格区别于彼风格，成为如老黑格尔所说的风格鲜明的“这一个”。

研究领导风格，不是无病呻吟，也不是故作惊人之语，因为客观存在的领导风格就具有极其丰富的认识价值和实践价值，这就是第六章“梨花一枝春带雨”拟思考或回答的问题。同样，客观存在的领导风格必然是可感知、可触摸的，于是产生了第七章“等闲识得东风面”关于风格测评的对策建议。

在人类漫长的——尤其是近代以来——领导实践活动中，毫无疑问，政治家、企业家是历史舞台上光彩夺目的主角和万众瞩目的宠儿，这是第九章“各领风骚数百年”和第十章“江山代有才人出”描述的对象，以总结其成败得失，警醒后来的领导者。第十一章“似曾相识燕归来”，则通过对中国四大名著角色的分析，引申出对领导风格研究有价值的参照，毕竟文学是人学，是社会生活的缩影。后三章以案例的方式表达了本书努力集古今、中外、虚实于一体的写作意图。

以上思索与谋篇，不求完美无缺，但求我手写我心我口。本书的写作，得到了丛书编委会的指导和帮助。在此，特别要感谢国家行政学院胡月星老师为丛书出版付出的心血及对此书编写的关心和信任，没有胡老师的鼓舞和激励，我是没有编写此书的意向和决心的；还要感谢国家行政学院袁书杰老师的友情支持及对编写工作的服务和指导，他为丛书的出版付出了太多的辛苦；感谢此书编写团队每一位同人的支持，他们的严谨学风和敬业态度让我很受感动。在此真诚地一并感谢！

期待读者的阅读与批判。

C H A P T E R 0 1

第一章

问渠那得清如许——绪论

自有人类活动以来，就有了领导活动。有领导活动，自然就会产生不同的领导风格。标新立异二月花，领导风格是一个客观存在的领导现象。

学界对“领导风格”的关注与研究给予了越来越多的重视。2015 年 12 月 24 日 16 点，中国知网全文检索“领导风格”，自动弹出如下选项：领导风格分析、领导风格理论、领导风格类型、领导风格问卷、领导风格综述、领导风格意义、领导风格绩效、领导风格比较、领导风格研究。“领导风格”关键词全文检索显示，共 733219 条结果，显示的检索结果最早年份为 1934 年。按发表年度将检索结果分组，仅 2011~2015 年的最近 5 年间，其数据分别为：59701、61558、60925、55856、30613。由此可见，领导风格的研究也是蔚为大观。

在检索结果中做进一步检索，其中涉及“企业”的有 353953 条，占总数的48%，显示其最早年份为 1958 年。近一半对企业方面的领导风格的研究，表明领导科学发展的一个直接动力来自企业的管理与发展，但也构成了对领导科学研究领域的一个弱化，即对政治、行政领域领导活动研究的相对缺失。其实，从人类历史发展来看，政治领袖的领导风格往往更为鲜明，对社会的影响也更为巨大。

第一节　三国群像

国人对领导风格的认识历史已久，可谓源远流长，而且别开生面。春秋霸主，楚汉相争，唐宋风云，明清式微，各式领导精彩纷呈，才使历史丰富多彩，韵味无穷。特别是一部《三国演义》，淋漓尽致地展现了领导的不同风格。

《三国演义》既是政治家纵横捭阖的舞台再现，也是各路豪杰施展抱负的场景描绘。曹操，雄才大略；刘备，韬光养晦；孙权，扬长避短。他们在各自的地盘上演绎缤纷迥异的领导风采。诸葛亮，举重若轻；周瑜，才气逼人；司马懿，老谋深算。他们为各自的领导出谋划策，匠心独运。至于统兵布阵的武将，如关羽、张飞、赵云、徐晃、陆逊之流，或忠勇，或神武，或智谋，栩栩如生，不一而足。

曹操的重要谋士郭嘉，其代表作“十胜十败”论，其实就是一篇很好的领导风格论。文章中论及的曹操与袁绍的对比，固然有拍马屁的成分，但十胜十败的对比，也反映了中国古人对领导者风格的一种独特的分析。文章原文如下：

刘、项之不敌，公所知也。汉祖唯智胜，项羽虽强，终为所禽。嘉窃料之，绍有十败，公有十胜，虽兵强，无能为也。绍繁礼多仪，公体任自然，此道胜一也。绍以逆动，公奉顺以率天下，此义胜二也。汉末政失于宽，绍以宽济宽，故不慑，公纠之以猛而上下知制，此治胜三也。绍外宽内忌，用人而疑之，所任唯亲戚子弟，公外易简而内机明，用人无疑，唯才所宜，不间远近，此度胜四也。绍多谋少决，失在后事，公策得辄行，应变无穷，此谋胜五也。绍因累世之资，高议揖让以收名誉，士之好言饰外者多归之，公以至心待人，推诚而行，不为虚美，以俭率下，与有功者无所吝，士之忠正远见而有实者皆愿为用，此德胜六也。绍见人饥寒，恤念之形于颜色，其所不见，虑或不及也，所谓妇人之仁耳，公于目前小事，时有所忽，至于大事，与四海接，恩之所加，皆过其望，虽所不见，虑之所周，无不济也，此仁胜七也。绍大臣争权，谗言惑乱，公御下以道，浸润不行，此明胜八也。绍是非不可知，公所是进之以礼，所不是正之以法，此文胜九也。绍好为虚势，不知兵要，公以少克众，用兵如神，军人恃之，敌人畏之，此武胜十也。

文章关于领导风格的概括颇多，诸如：体任自然、以宽济宽、多谋少决、以俭率下、正之以法，等等。这篇颇具眼光的领导风格评说，也是作者郭嘉得以成为曹操肱股重臣的重要缘由。

其实，诸葛亮对自己的把握和对蜀汉各位重臣的点评，也以简明扼要的方式对不同的领导风格做了类似的表述。在《前出师表》中，诸葛亮为后主刘禅分析和推荐了一批近臣。在诸葛亮看来：

侍中、侍郎郭攸之、费祎、董允等，此皆良实，志虑忠纯，是以先帝简拔以遗陛下。愚以为宫中之事，事无大小，悉以咨之，然后施行，必能裨补阙漏，有所广益。将军向宠，性行淑均，晓畅军事，试用于昔日，先帝称之曰能，是以众议举宠为督。愚以为营中之事，事无大小，悉以咨之，必能使行阵和睦，优劣得所。

用诸葛亮的话说，就是“亲贤臣，远小人，此先汉所以兴隆也”。此处的贤与小，固然涉及领导的品行，但其表现方式也凸显了不同的领导风格。如向宠的“能”，就活脱脱地勾勒出一个“性行淑均，晓畅军事”的将军形象。

诸葛亮对自己的把握也很到位。《前出师表》叙述了诸葛亮出山前后的感受：臣本布衣，躬耕于南阳，苟全性命于乱世，不求闻达于诸侯。先帝不以臣卑鄙，猥自枉屈，三顾臣于草庐之中，咨臣以当世之事，由是感激，遂许先帝以驱驰。后值倾覆，受任于败军之际，奉命于危难之间，尔来二十有一年矣。先帝知臣谨慎，故临崩寄臣以大事也。受命以来，夙夜忧叹，恐托付不效，以伤先帝之明。

《后出师表》更把这种“夙夜忧叹”发挥得淋漓尽致。诸葛亮写道：“凡事如是，难可逆见。臣鞠躬尽瘁，死而后已；至于成败利钝，非臣之明所能逆睹也。”

所以，老谋深算、忍辱负重的司马懿在祁山对决中，以逸待劳。此期间，大小战事，诸葛亮无不亲自谋划、亲自指挥，胜负之间，殚精竭虑，既展现了诸葛亮的雄心大志、耿耿忠心，又说明了诸葛亮事无巨细，事必躬亲。尤其是“罚二十以上，皆亲揽焉”，更令人匪夷所思。这事出自《魏氏春秋》

的记载。建兴十二年春，诸葛亮率军由斜谷出，占据五丈原，与司马懿对垒。“亮每患粮不继，使己志不申，是以分兵屯田，为久驻之基。耕者杂于渭滨居民之间，而百姓安堵，军无私焉。”这样相持百余日，双方还有使者来往。一次，诸葛亮使者至，司马懿不问戎事，单问诸葛亮吃饭睡觉及其管多少事、多大的事。使者回答说：“诸葛公夙兴夜寐，罚二十以上，皆亲揽焉；所啖食不至数升。”陈寿在《三国志·诸葛亮传》中对诸葛亮的评价也说道“诸葛亮之为相国也，抚百姓，示仪轨，约官职，从权制，开诚心，布公道；尽忠益时虽仇必赏，犯法怠慢者虽亲必罚”，而且“善无微不赏，恶无纤不贬”。这既可以说明诸葛亮是“识治之良才，管、萧之亚匹”，也如司马懿所说，“食少事烦，其能久乎”？诸葛亮事必躬亲的领导风格还是留待后人评说。

第二节 革命风采

近代以降，中国社会波澜迭兴。救亡图强，仁人志士上演了几多威武雄壮的活报剧，其大大小小、方方面面的领导角色及其呈现的领导风格，让人顿生“江山代有才人出，各领风骚数百年”的感叹。从林则徐“苟利国家生死以”，到邹容“革命军中马前卒”，从孙中山“振兴中华”，到鲁迅“我以我血荐轩辕”，勾画出一幅近代中国的风云图画。

中国共产党成立，以开天辟地的姿态登上中国政治舞台，最终令中国社会焕然一新。“俱往矣，数风流人物，还看今朝。”以毛泽东一代为例，在同是无产阶级革命家的前提下，毛泽东和共同时代的许多党的重要领导人鲜明的个性从一个方面构成了领导风格的基石。中央文献研究室陈晋对毛泽东关于党内重要领导者的点评有权威的述评[①]。

在陈晋看来，早期著名的共产党人，在性格、能力、工作方式上，大多

---

① 陈晋．读毛泽东札记［M］．北京：三联书店，2009.

特点鲜明，有的还因此获得一些外号或雅号。

例如，毛泽东年轻时的外号叫“毛奇”，因他主张“丈夫要为天下奇，读奇书，交奇友，做奇事，做一个奇男子”。周恩来有“周公”之称，源于文化界和党外人士，有时连毛泽东也这样称呼。以“公”相称，显尊敬之意，也是周恩来有凝聚力的表现。朱德则是众所周知的“红军之父”，这大概是外国人的说法，在党内多称“朱老总”，推其德高望重。任弼时的外号是“骆驼”，叶剑英在一篇文章中说得很明白：“他是我们党的骆驼，担负着沉重的担子，走着漫长的、艰苦的道路，没有享受、没有个人的任何计较。”叶剑英则被人呼为“参座”，因他长期在军队总参谋部工作，是难得的参谋人才。刘伯承有“当代刘伯温”或“军神”之谓，毕现其军事家风采。徐海东有“徐老虎”或“中国的夏伯阳”之称，喻其作战之勇敢。刘亚楼被说成是“雷公爷”，因其英俊潇洒，性烈如火。谭震林一直被称为“老板”，因他在苏南开辟抗日根据地时，经常穿长衫西裤，化装成绸布店老板穿越日伪封锁线。潘汉年被称为“小开”，因他在上海做地下工作时，总是风度翩翩，如同小老板，上海人把老板的公子称为“小开”。舒同以在长征途中书写标语出名，获“马背书法家”称号。胡乔木长期担任毛泽东的秘书，处理不少文稿，被称为“党内一支笔”。

以上这些称谓，缘起不一，或反映才能，或刻画出性格，或标示志向，或彰显业绩，或透露作风，由此使他们成为党史上个性鲜明的“这一个”。

作为这个精英群体的核心人物，毛泽东对他们大都有过详略不一的评点，有时候，毛泽东还把自己摆进去，认为在某些方面不如其他领导人。例如，1949 年 12 月第一次访苏时，他曾对苏联方面的人说，自己谈判不如周恩来，搞中苏友好同盟条约，要等周恩来来了以后再具体谈。1957 年 11 月第二次访苏时，毛泽东又对赫鲁晓夫说，我们有很多同志，可以担当领导责任。第一个是刘少奇，这个人原则性很强，在我们党内很有威信；朱老总年纪大了，但威望很高；邓小平、周恩来都比我强，什么矛盾都能解决，有缺点勇于当众做自我批评。这些，虽然是在外交场合出于某种需要讲的，却也反映出毛泽东平时对党内其他领导人的特点察识于胸。

关于周恩来。毛泽东 1949 年 12 月 2 日给柳亚子的信中曾说:“周公确有吐哺之劳。”我们知道,曹操有过“周公吐哺,天下归心”的名句,毛泽东借此点明周恩来理政之勤、之德、之能。

关于刘少奇。毛泽东 1937 年 6 月在中央政治局会议上谈道,少奇在领导群众斗争和处理党内关系方面,有丰富的经验。他懂得实际工作的辩证法,他系统地指出党过去在这个问题上所害过的病症,他是一针见血的医生。

关于朱德。毛泽东对他最精当的评价是在延安说的两句话——“度量大如海,意志坚如钢”。

关于邓小平。毛泽东 1956 年推荐他当中共中央总书记时的评价是人们熟知的。毛泽东说他“比较有才干,比较能办事”“他跟我一样,有许多事情办错了,也有的话说错了”“但大体说来,这个人比较顾全大局,比较厚道,处理问题比较公正”。

关于陈云。毛泽东 1950 年 4 月谈到陈云在新中国成立前后,主持平抑物价、稳定市场的工作时,曾在一张纸上写下一个“能”字。这是借诸葛亮《前出师表》里叙述刘备评价向宠的用语:“将军向宠,性行淑均,晓畅军事,试用于昔日,先帝称之曰能。”1959 年 6 月 24 日同王任重谈话时,谈到“大跃进”的失误,毛泽东又讲:国难思良将,家贫思贤妻。陈云同志对经济工作是比较有研究的,让陈云同志来主管计划工作、财经工作比较好。

关于瞿秋白和张闻天。他们两人在非常时期都担任过中共中央的总负责人。1950 年《瞿秋白文集》出版时,毛泽东欣然为该书题词,说瞿秋白生前“许多人不了解他,或者反对他,但他为人民工作的勇气并没有挫下来。他在革命困难的年月里坚持了英雄的立场,宁愿向刽子手的屠刀走去,不愿屈服”“这种临难不屈的意志和他在文字中保存下来的思想,将永远活着,不会死去。瞿秋白同志是肯用脑子想问题的,他是有思想的”。这段话点出瞿秋白三个特点:文化素养、不屈意志、善于思考。关于张闻天,毛泽东 1943 年称道他“不争权”,还说:“洛甫这个人很讲民主,延安整风以前,他是中央总负责人，我封他一个雅号，叫‘开明君主’。”从这个角度评价张闻天，毛泽东是有切身体会的。正是张闻天在中央负总责期间，确立和巩固了毛泽东在全党的核心领导地位。

关于新中国的元帅。毛泽东也各有评点。他1935年写给彭德怀诗中的名句“谁敢横刀立马，唯我彭大将军”是大家熟悉的。后来，毛泽东还说过彭德怀是“猛张飞”，但也是“粗中有细”。

1929年，上海中央曾要求朱德和毛泽东离开红四军，毛泽东指名的接替人选是刘伯承和恽代英，可见对刘伯承的军事才干的看重。

聂荣臻在抗战初期率部到五台山一带开辟出一大块根据地，毛泽东1938年在一次演讲中说，大闹五台山，前有鲁智深，今有聂荣臻，聂荣臻就是新的鲁智深。以后，又称赞聂荣臻是“厚道人”。

1963年罗荣桓逝世当天，毛泽东评价说：“这个同志有一个优点，很有原则性，对敌人狠，对同志有意见，背后少说，当面多说，不背地议论人，一生始终如一。一个人几十年如一日不容易，原则性强，对党忠诚。对党的团结起了很大的作用。”又在《吊罗荣桓同志》一诗中写道：“君今不幸离人世，国有疑难可问谁”，表达了对罗荣桓的倚重和痛惜之情。

1966年9月，贺龙受到冲击时，毛泽东对他讲：“我对你是了解的，我对你还是过去的三条：忠于党、忠于人民，对敌斗争狠，能联系群众。”

徐向前在“文革”中受到冲击，毛泽东对人说，徐向前是有功劳的，后又当面对徐向前说，你是好人啊！

1972年陈毅逝世时，毛泽东说，陈毅同志是一个好同志！为中国革命、世界革命做出贡献，是立了大功劳的。

对叶剑英，毛泽东借用明代李贽的自题联语“诸葛一生唯谨慎，吕端大事不糊涂”来评价，亦为众所周知。

陈晋认为，毛泽东的上述评点，起因不一，背景相异，重点也各不相同，但大致反映出这些领导同志给人印象深刻的特点和贡献。虽无“青梅煮酒”，天下英雄却也谙察于胸。

习近平在毛泽东120周年诞辰[①]、邓小平110周年诞辰的讲话中[②]，也分别对毛泽东、邓小平的鲜明个性和所代表的老一辈无产阶级革命家领袖群体，从个性和共性的角度做了高度概括。

关于毛泽东，习近平指出，在为中国人民不懈奋斗的光辉一生中，毛泽东同志表现出一个伟大革命领袖高瞻远瞩的政治远见、坚定不移的革命信念、勇于开拓的非凡魄力、炉火纯青的斗争艺术、杰出高超的领导才能。他思想博大深邃、胸怀坦荡宽广，文韬武略兼备、领导艺术高超，心系人民群众、终生艰苦奋斗，为中华民族和中国人民建立了不朽功勋。习近平强调：毛泽东同志等老一辈革命家，都是从近代以来中国历史发展的时势中产生的伟大人物，都是从近代以来中国人民抵御外敌入侵、反抗民族压迫和阶级压迫的艰苦卓绝斗争中产生的伟大人物，都是走在中华民族和世界进步潮流前列的伟大人物。

关于邓小平，习近平指出，像我们党的其他老一辈革命家一样，邓小平同志之所以能够为祖国和人民建立彪炳史册的功勋，就在于他看清了世界和中国的发展大势，深刻了解中国人民和中华民族的深沉愿望，把握住中国发展的历史规律，紧紧依靠党和人民建立了前所未有的历史性伟业。

有论者对毛泽东的气质做了深入的研究与精妙的概括[③]。作者认为，作为中国人民的伟大领袖和伟大的思想家、政治家、军事家，毛泽东——特别是他经过长期革命实践的磨炼——在领导中国革命的同时形成了自己特有的气质，对指导中国革命的胜利起到了特殊作用，也影响和感染了几代中国人。

一、英雄气质。毛泽东的英雄气质可以说是他特征最为鲜明的气质。

二、天下气质。天下气质就是胸怀天下，忧乐天下，以天下为己任。

三、求真气质。“求真”就是追求事物的本源，就是在科学理论与方法的指导下不断地认识事物的本质，把握事物的规律。

---

① 习近平．在纪念毛泽东同志诞辰120周年座谈会上的讲话［N］．人民日报，2013—12—27.

② 习近平．在纪念邓小平同志诞辰110周年座谈会上的讲话［N］．人民日报，2014—08—21.

③ 唐双宁．毛泽东的十大气质［N］．光明日报，2013—12—02.

四、善事气质。善事包括善学、善思、善谋、善断、善处（处理实际问题）等多个方面，它反映的是一种智慧，一种能力，一种超越于“自发”的“大自觉”。

五、自信气质。自信是一种健康向上的心理状态，一种坚定的自我价值体现。

六、率性气质。“率性”是一种“真性情”，是一种自我情感的天然流露。

七、幽默气质。幽默是一种寓含着“哲学思考”的乐观人生态度，是严肃话题的诙谐轻松表达。

八、倔强气质。倔强就是性格的刚强不屈。

九、风雅气质。毛泽东一生饱读诗书，成就了他的风雅。

十、平民气质。毛泽东生于农村，长于农村，一生保持平民本色。

这十大气质，又何尝不是毛泽东领导风格的一种极好展现呢？

其实，如果做一排列比较，可以发现毛泽东等老一辈无产阶级革命家的鲜明个性与独特气质。

毛泽东：统揽全局，浪漫情怀；

刘少奇：长于理论，踏实坚毅；

周恩来：协调各方，举轻若重；

陈　云：治经党建，务实稳健；

邓小平：唯重务实，举重若轻。

十大元帅也是各有千秋、精彩纷呈。如朱德、叶剑英、彭德怀的性格气质。

朱　德：德高望重，淡泊名利；

叶剑英：沉着果敢，谨慎多谋；

彭德怀：勇猛敢战，刚直率真。

正是由于中国共产党领导人的群星灿烂，才凝聚起中华民族惊天地、泣鬼神的中国力量，在中国道路上谱写了中国革命、建设、开放这一波澜壮阔的历史画卷。

第三节　西方视角

从20世纪四五十年代起，西方领导理论研究从着重对领导者的研究，转向对领导行为的研究。在对领导行为的研究中，按照领导行为的基本倾向，提出了不同的领导方式和领导风格理论[①]。

领导风格理论（Average Leadership Style，ALS）是由美国艾奥瓦大学的研究者、著名心理学家勒温（Kurt Lewin，也有的译为卢因）和他的同事们，从20世纪30年代起进行的关于团体气氛和领导风格的研究。勒温等人发现，团体的领导并不是以同样的方式表现他们的领导角色，领导者们通常有着不同的领导风格，这些不同的领导风格对团体成员的工作绩效和工作满意度有着不同的影响。勒温等研究者力图科学地识别出最有效的领导行为，他们着眼于三种领导风格，即专制型、民主型和放任型的领导风格[②]。

勒温认为，这三种不同的领导风格，会产生三种不同的团体氛围和工作效率。

专制型的领导者只注重工作的目标，仅仅关心工作的任务和工作的效率。但他们对团队的成员不够关心，被领导者与领导者之间的社会心理距离比较大，领导者对被领导者缺乏敏感性，被领导者对领导者存在戒心和敌意，容易使群体成员产生挫折感和机械化的行为倾向。

专制型（autocratic）团队的权力定位于领导者个人，领导者只注重工作的目标，只关心工作任务的完成和工作效率的高低，对团队成员个人不太关心。在这种团队中，团队成员均处于一种无权参与决策的从属地位。团队的目标和工作方针都由领导者自行制定，具体的工作安排和人员调配也由领导者个人决定。团队成员对团队工作的意见不受领导者欢迎，也很

---

① 冯秋婷. 西方领导理论研究［M］. 北京：人民出版社，2008.110.

② 冯秋婷. 西方领导理论研究［M］. 北京：人民出版社，2008.110.

少会被采纳[①]。

领导者根据个人的了解与判断来监督和控制团队成员的工作。这种家长式的作风导致了上级与下级之间存在较大的社会心理距离和隔阂，下级只是被动、盲目、消极地遵守制度，执行指令。团队中缺乏创新与合作精神，而且易于产生成员之间的攻击性行为。

民主型的领导者注重对团体成员的工作的鼓励和协助，关心并满足团体成员的需要，营造一种民主与平等的氛围，领导者与被领导者之间的社会心理距离比较近。在民主型的领导风格下，团体成员自己决定工作的方式和进度，工作效率比较高。

民主型（democratic）团队的权力定位于全体成员，领导者只起到一个指导者或委员会主持人的作用，其主要任务就是在成员之间进行调解和仲裁。团队的目标和工作方针要尽量公之于众，征求大家的意见并尽量获得大家的赞同。具体的工作安排和人员调配等问题，均要经共同协商决定。有关团队工作的各种意见和建议将会受到领导者鼓励，而且很可能会得到采纳，一切重要决策都会经过充分协商讨论后做出。

放任型的领导者采取的是无政府主义的领导方式，对工作和团体成员的需要都不重视，无规章、无要求、无评估，工作效率低，人际关系淡薄。

放任型（laissez-faire，free-rein）团队的权力定位于每一个成员，领导者置身于团队工作之外，只起到一种被动服务的作用，其扮演的角色有点像一个情报传递员和后勤服务员。领导者缺乏关于团体目标和工作方针的指示，对具体工作安排和人员调配也不做明确指导。

领导者满足于任务布置和物质条件的提供，对团体成员的具体执行情况既不主动协助，也不进行主动监督和控制，听任团队成员各行其是，自主进行决定，对工作成果不做任何评价和奖惩，以免产生诱导效应。在这种团队中，非生产性的活动很多，工作的进展不稳定，效率不高，成员之间存在过

---

① 刘伟红、娄树旺．领导科学与艺术［M］．济南：山东人民出版社，2011.44.

多的与工作无关的争辩和讨论，人际关系淡薄，但很少发生冲突。

勒温等人试图通过实验判断哪种领导风格是最有效的领导风格。他们将不同的成年人分别训练成为具有不同领导风格的领导者，然后让这些人充当青少年课外兴趣活动小组的领导，让他们主管不同的青少年群体。实验的群体在年龄、人格特征、智商、生理条件和家庭社会经济地位等方面进行了匹配，也就是说，几个不同的实验组仅仅在领导者的领导风格上有所区别。这些青少年兴趣小组进行的是手工制作的活动，主要是制作面具。结果发现，放任型领导者所领导的群体的绩效低于专制型和民主型领导者所领导的群体；专制型领导者所领导的群体与民主型领导者所领导的群体工作数量大体相当；民主型领导者所领导的群体的工作质量与工作满意度更高。基于这个结果，勒温等研究者最初认为民主型的领导风格似乎会带来良好的工作质量和数量，同时群体成员的工作满意度也较高，因此，民主型的领导风格可能是最有效的领导风格。但不幸的是，研究者们后来发现了更为复杂的结果。民主型的领导风格在有些情况下会比专制型的领导风格产生更好的工作绩效，而在另外一些情况下，民主型领导风格所带来的工作绩效可能比专制型领导风格所带来的工作绩效低或者仅仅与专制型领导风格所产生的工作绩效相当，而关于群体成员工作满意度的研究结果则与以前的研究结果相一致，即通常在民主型的领导风格下，成员的工作满意度会比在专制型领导风格下的工作满意度高[①]。

在20世纪60年代，著名的心理学家和组织行为家保罗·赫塞（Paul Hersey）和管理学家布兰查德（Kenneth Blanchard）提出了情境领导理论（Situational Leadership），强调根据被领导者的能力差异来选择恰当的领导风格。[②] 该理论认为，领导者的行为要与被领导者的准备度相适应才能取得有效的领导效果。因此，掌握领导风格的知识就成为当代职业经理人的必修课。

---

① 冯秋婷 . 西方领导理论研究［M］. 北京：人民出版社，2008.119.

② ［美］斯蒂芬·P. 罗宾斯著，孙健敏、李原等译 . 组织行为学［M］. 北京：中国人民大学出版社，1997.328.

所谓领导风格，是指领导者的行为模式。领导者在影响别人时，会采用不同的行为模式达到目的。有时偏重于监督和控制，有时偏重于表现信任和放权，有时偏重于劝服和解释，有时偏重于鼓励和建立亲和关系。这些行为模式是可观察的，也是可以由被领导者“感受”到的。

领导风格由两种领导行为构成：工作行为和关系行为。

关系行为。关系行为是领导者满足被领导者心理需求的领导行为。包括倾听、鼓励、表彰、表现信任、提升参与感、建立亲和关系和归属感等。领导者与被领导者进行双向或者多向沟通，是关系行为的主要特征。

工作行为。工作行为是指领导者清楚地说明个人或组织的责任的程度。这种行为包括告诉对方“你是谁”（角色定位）、该做什么，什么时间做，在哪里做，以及如何做。从领导者到被领导者的单向沟通是工作行为的典型特征。

工作行为和关系行为的组合，产生了四种领导风格：告知型领导风格、推销型领导风格、参与型领导风格、授权型领导风格。

四种领导风格产生四种特点：

告知型领导风格：指导性行为多，支持性行为少。

推销型领导风格：指导性行为多，支持性行为多。

参与型领导风格：支持性行为多，指导性行为少。

授权型领导风格：指导性行为少，支持性行为少。

四种领导风格形成四种内容：

告知型领导风格：领导者给予被领导者明确的指导并近距离监督。

推销型领导风格：领导者对被领导者进行监督、指导、倾听、鼓励和允许试错，并鼓励对方参与决策。

参与型领导风格：领导者鼓励被领导者自主决策，鼓励他们按照自己的方式做事情。

授权型领导风格：由被领导者自己决策并执行。

每个领导者在日常管理中使用四种领导风格都有其倾向性。不论管理者是否学习过情境领导理论，事实上，他们在日常工作和生活中，都曾经用过四个领导风格中的某些风格去影响他人。

所以，领导风格范围是指领导者个体在日常管理中使用某些领导风格的倾向性。换句话说，领导风格范围是指领导者在领导力测评中表现出来的对于四种领导风格的使用习惯。

通过观察一个领导者的领导风格范围，可以看出该领导者在试图影响他人时，自己在改变行为方式时有多少弹性。

此外，根据戈尔曼的研究，一共存在六种领导风格，每一种领导风格都源于情商的不同组成部分。掌握了四种或者更多领导风格的领导人——尤其是远见型、民主型、关系型以及教练型领导风格——往往会营造出最好的工作氛围并取得最好的绩效。

远见型。远见型领导动员大家为了一个共同的想法而努力。同时，对每个个体采用什么手段来实现该目标往往会留出充分的余地。

关系型。这种领导风格以人为中心，关系型领导人努力在员工之间营造一种和谐的氛围。

教练型。教练型领导发展人才以备将来之需。他会帮助员工们确定自身的优点和弱点，并且将这些与他们的个人志向和职业上的进取心联系起来。教练型领导非常擅长给大家分配任务，为了给员工提供长期学习的机会，往往不惜忍受短期的失败。

民主型。这种领导方式通过大家的参与而达成一致意见。

示范型。示范型领导会树立极高的绩效标准并且自己会带头做榜样。这种领导在做事情时总是强迫自己又快又好，而且他们还要求周围的每一个人也能够像他们一样。

命令型。命令型的领导需要别人的立即服从。

以上类型的领导风格并不具有根深蒂固的个性性质。它们只是行为类型的反映，领导者可以根据具体的情境来选择合适的领导风格。

综上所述，国外对领导风格的研究，多从心理学、行为学的角度入手，选取的领导对象也多是企业领导者，研究成果有一种实证化的倾向。受此影响，国内的学术跟进也表现出这一特点。过去是关注海外的企业家，言必称欧美日。近年来随着中国经济的腾飞，相关实证性的研究又集中于诸如张瑞敏、柳传志、任正非、马云等享誉国际的知名大企业的老总们。同期以“名字＋领导风格”在百度检索，其结果表明：张瑞敏（148000 条）、柳传志（330000 条）、任正非（98500 条）、马云（728000 条），还真有一种“嫌贫爱富”的研究倾向。

在西方众多著述中，美国尼克松总统的《领袖们》[①] 独树一帜。尼克松作为一个老牌政治家，驰骋政坛多年，游走国家良多，会见各类政治家不少，使得本书对“领袖们”的认识与剖析可以说是慧眼独具。从作者论及的几位领袖所列的标题就可以窥探出领袖们的不同风格及其时代特征：

温斯顿·丘吉尔——一个时代最伟大的人物；

夏尔·戴高乐——一个领导者的秘诀；

麦克阿瑟和吉田茂——东西方历史性的相会；

康拉德·阿登纳——西方的铁幕；

尼基塔·赫鲁晓夫——残暴的权欲；

周恩来——来自达官门第的革命家；

一个新世界——变动时代中的新领导人。

关于领袖们的一般特质，其实也是领导者的风格方面，尼克松在书中也有颇多精辟见解：

在伟大领袖们的脚步声中，我们可以听到历史的滚滚雷声。

领袖们扮演的角色之所以引起人们如此之大的兴趣，不仅是因为它的戏剧性，更是因为它的重要性，它的影响力。

当一位领袖的生涯结束、降下帷幕时，观众自己的生活也就起了变化，同时历史的进程也可能会随之发生深刻的变化。

---

① ［美］理查德·尼克松著，施燕华等译．领袖们［M］．海口：海南出版社，2010.

每一个领袖都从属于一个特定的时间、地点、环境，领袖和国家是不能互换的。

杰出的领导才能是一种特有的艺术形式，既需要有超群的力量，又需要有非凡的想象力。

尽管领导需要有技巧，但领导远远不是有技巧就行。

经理代表一个过程，领袖代表历史的方向。

伟大的领袖既需要想象力，又需要有能力去完成该做的事。他雇用管理人员去帮助他，但只有他自己才能确定方向，提供原动力。

伟大的事变造就伟大的领袖。动乱的年代既造就最优秀的人物，也产生最低劣的人物。

上述引文中，“每一个领袖都从属于一个特定的时间、地点、环境，领袖和国家是不能互换的。”“一个领导人跻身于伟大领袖之列的可靠公式有三个要素：伟大的人物、伟大的国家和伟大的事件。”“杰出的领导才能是一种特有的艺术形式，既需要有超群的力量，又需要有非凡的想象力”。这三句表达尤其值得品味，从领袖的外部环境和内在修为的结合揭示了领导风格的形成因素与构成要素。

同样，在这本书中，尼克松对毛泽东、周恩来的评价及其比较，对蒋介石与毛泽东的评说，更从作者独特的视角为读者打开了一扇窗户。关于三者，尼克松有如下描述：

周的个性很适合他担任的这种政治角色，因为他如同一块由几种金属炼成的合金，较之任何单一的元素更为坚实有力。周的政治才能在于能够成功扮演明争暗斗的能手和调和者这两种角色。

毛把世界看成是充满矛盾和处在经常变化的状态，他把斗争看成高于一切。周更为务实，更着重于运用有选择的斗争来达到具体的目的。

中国革命没有毛，就绝不会点燃起火来；没有周，它就会烧光，只剩下灰烬。

蒋和毛的个人习惯形成鲜明的对比。蒋的一切都是有条不紊的——他的服饰、办公室和官邸。他在各方面都很自律，井井有条。用“干净利落”来形容他的形象不为过分。毛正好相反，他的书房里到处是书和报纸。如果桌面的整洁是衡量一个经理好坏的标准的话，那毛肯定不够格。

蒋是一位出色的政治家和军事战术家，但他拘泥于书本上的教条，充其量不过是二流的战略家。在他预先设想的战略形势下，他的行动迅速、果断，他按照他所知道的战争规律行事。如果战略形势不变，能胜过他的人极少。一旦战略形势大变，他就不能创造新战略了。许多历史人物能够反其道而行之，他们的创新在当时被认为是“离经叛道”的，历史书上充满了解释他们创新的脚注。那些能够利用当时的机会创造新的战略的人才是创造历史的人。毛正是这样的人，这是蒋的不幸。

以上，关于“中国革命没有毛，就绝不会点燃起火来；没有周，它就会烧光，只剩下灰烬”，关于“蒋是一位出色的政治和军事战术家，但他拘泥于书本上的教条，充其量不过是二流的战略家”，“能够利用当时的机会，创造新的战略的人才是创造历史的人。毛正是这样的人，这是蒋的不幸”，如此等等，读起来还真有一种“横看成岭侧成峰”的感觉。与尼克松同时代的基辛格与中共几代领导人都交往颇深，堪称“政坛常青树”。其在《论中国》[①]一书中，对中共几代领导人都有非常独到的观察与描述：

以前的中共领导人为人处世带有伟人的光环，既有新型马克思唯物主义的风格，也有中国儒家传统的痕迹。江泽民则不同，他更像一位平易近人的家人，热情而不拘礼节。毛泽东是从奥林匹斯山巅俯视谈话对象，好像面对正在考试的研究生，考察他们的哲学见解恰当与否。周恩来谈话轻松、优雅，充满儒家圣人般的智慧。邓小平会打断讨论，直奔主题，视离题寒暄为浪费时间。

其实，海外许多政治家是人们关注的重点，同时，这些政治家也喜欢对政治人物包括其领导风格加以评说。由于政治家本身的身份、眼光使得其评

① ［美］亨利·基辛格著，胡利平等译．论中国［M］．北京：中信出版社，2012.

说常常有耳目一新、入木三分的感觉。

新加坡李光耀就是这样一位政治家。在基辛格看来，李光耀是一个小国出来的大政治家。他用自己的政治智慧，在大国夹缝中为小小的新加坡找到了一条带有明显的李光耀特色的发展和生存之路，还启发了其他一些国家的生存和发展模式选择，他对国际舞台上的主要人物和国家的品藻也令人赞叹。这其中，当然少不了中国。李光耀在《李光耀论中国与世界》① 一书中对中共十八大新一届领导人习近平也有如下颇有见地的高度评价：

习近平历经磨难，但他能坦然接受，默默地在南方省份一步一个脚印地拼搏，升至福建省委副书记。之后，他去了浙江、上海，再后来到了北京。他并非一帆风顺，他的人生经历磨炼了他。

习近平性格内敛，不是说他不与你交流，而是说他不会显露自己的好恶。无论你是否说了一些惹他生气的话，他的脸上总是洋溢着令人愉悦的微笑。与胡锦涛相比，他更有钢铁般的意志。胡锦涛在上升过程中没有承受过习近平所忍受的那些痛苦。

我会把习近平归类于纳尔逊·曼德拉这一级的人物，他们有强大的情感自制力，不会让个人的不幸和苦难影响其判断。换句话说，他让人印象深刻。

阅读至此，可见对领导风格的研究，一定要紧密结合具体的领导环境、领导活动、领导者的个性特质，再加以历史的、具体的考察，才能够从中归纳出符合领导实践本色、合乎领导活动规律、贴近领导者形象特征的领导风格的相关认识，而不是从概念到概念的抽象的逻辑推论。

---

① ［新］李光耀口述，［美］格雷厄姆·艾利森等编著 . 李光耀论中国与世界［M］. 北京：中信出版社，2013.

CHAPTER 02

第二章

不知细叶谁裁出——领导风格与领导力

领导理论的核心任务包含两个方面，一是研究领导的有效性，二是研究影响领导有效性的因素，而这种有效性就是指领导力。领导力是支撑领导行为的各种领导能力的总称，包括前瞻力、感召力、影响力、决断力、控制力等。对于领导力的研究是领导理论和领导实践的重大命题。什么样的领导风格能够最大限度地实现组织的发展一直是广受关注的问题，我们在比较、分析、归纳领导风格相关理论研究的基础上，找出构成领导力的要素及影响领导力发挥的因素，分析不同情形下适用的领导风格，为提高领导效能提供借鉴。

第一节　风格与领导风格

风格对于人类个体而言，主要是指风度、品格，是“具有独特于其他人的表现、打扮、行事作风等行为和观念”。而领导风格就是在个人风格的基础上，参与领导实践活动后所表现出来的种种观念和行为模式。因此可以看出，风格与领导风格，内源于处事观念，外化为行为方式。

一、风格

1. 风格指人的风度、品格。晋袁宏《后汉纪·桓帝纪上》：“膺风格秀整，高自标特，欲以天下风教是非为己任。”译文：李元礼的风度高雅，学识严谨，以高格调来标榜自己的地位和身份，想把评定社会上的功过是非，作为自己的责任。这里面所表现的是一种魏晋风度，也是那个时代人们所推崇的一种品格。

2. 风格指人的气度、气魄。《晋书・和峤传》:“峤少有风格，慕舅夏侯玄之为人，厚自崇重。”和峤是晋武帝所亲近、器重的人，年少时就很有才华，气度不凡。时人评价他“森森如千丈松”“施之大厦，有栋梁之用”。

3. 风格指人的风采、风韵。宋范成大在诗中有云:“名卿绪前辈，风格如玉山。”领导者的风采，也可以说是领导者的气场因人而异。有的领导者让人有一种泰山压顶的感觉，也有的领导者让人感觉如沐春风。每个人的风采与风韵并非一蹴而就，都需要长年累月的磨砺和积累。

二、领导风格

领导风格是领导者的特定行为方式，受领导者的个人素质、工作经历、工作经验、组织和工作环境等影响而成，体现了领导者管理与影响下属的方式方法。领导者所具有的领导风格并不是恒定的，可通过学习、实践改变领导风格。领导风格研究的理论价值和实践意义在于它更能反映现实的领导活动，解释领导有效性的差异所在。

1. 领导风格的界定

关于领导风格的研究有很多，贯穿于领导理论研究的各个阶段，但是对于领导风格的定义，研究者们并没有一致的定论，主要包括以下几种观点:

（1）领导风格是领导者的风格格调，是领导行为的一贯习惯的表现。

（2）领导风格是领导本身具有的、引人注意的、个人与众不同的特殊行为。

（3）领导风格是领导者为达到既定目标所表现出来的行为模式。

结合国内领导风格研究的实际，在这里我们可以将领导风格定义为:领导者在长期的个人经历、领导实践中逐步积累形成的习惯化的行为模式，是领导者工作思路和魄力的主要表现，是领导者素养和才华的综合体现[①]。

---

① 邹菊如 . 论领导风格与领导特质的修炼［J］. 领导科学，2011，（32）: 36—37.

领导风格在领导实践中自觉或不自觉地稳定起着作用，具有较强的个性化色彩。领导风格与每个领导行为主体的工作环境、自身经历和性格特征有着密切联系，也是与其他领导行为主体有所区别的领导行为特征。领导风格既有着深刻的内化要素，又有着必然的外在表现方式和途径，包括领导者的学识素养、品格修为、观念容貌表情、行为举止、言语表达，乃至装扮服饰等多个方面。

领导者可以通过采用不同的行为模式来影响别人，进而达到预期目的。有时偏重于监督和控制，有时偏重于信任和放权，有时偏重于劝服和解释，有时偏重于鼓励和支持。领导风格并无“好”“坏”之分，这需要领导者因地制宜，因领导者自身的能力、性格等特质的不同，以及领导情境的不同，表现出不同的领导风格，最后所取得的领导效果也是不尽相同的。

2. 领导理论与领导风格理论

对于领导理论研究的变迁过程，实际上便是领导风格理论的丰富扩展过程。回顾领导风格的理论研究有助于对领导风格内涵的界定和理解。领导理论的发展演变主要经历了四个阶段：领导特质理论、领导行为理论、领导权变理论和新领导理论。领导风格理论也在此过程中不断完善发展，故在此处将领导理论与领导风格理论结合起来阐述。

（1）领导特质理论。特质论学者认为，成功的领导者身上必定具有一些能够获得有效领导的个人特质。20 世纪早期，领导特质研究主要是确定成为领导者的决定因素，集中研究领导者区别于普通人的特质，这个理论被称为“伟人理论”[①]。比较具有代表性的特质理论主要包括以下几种：

①吉赛利的个性特征理论，探究了领导者八种个性特质。八种个性特征包括：才智、首创精神、督察能力、自信心、适应性、判断能力、性别、成熟程度。

① ［美］彼得 G. 诺思豪斯著，吴荣先等译 . 领导学：理论与实践［M］. 南京：江苏教育出版社，2002.

②吉普提出领导者应具备七种特质分别为：智力超群、相貌英俊、心理健康、能言善辩、外向而敏感、自信心强、善于支配他人的倾向。

③斯托克蒂尔等人提出领导者应具备如下十六种先天特性：有良心、可靠、勇敢、责任心强、有胆略、力求革新与进步、直率、自律、有理想、良好人际关系、风度优雅、胜任愉快、身体健康、智力过人、有组织力、有判断力。

由于个人特质并不能充分解释领导过程和领导行为，其局限性日益凸显出来：一是它们忽视了被领导者的地位和影响作用。事实上，一个领导者能否发挥其领导效能，会因被领导者的不同而不同。二是领导者的性格特征内容过于繁杂，且随不同情况而变化，难以寻求由此获得成功的真正因素。三是难以探索领导者所有性格特征对彼此的相对重要性。因此从 20 世纪 40 年代开始，围绕特质理论的领导学研究不再处于主导地位。

尽管特质理论存在一定的局限性，然而特质作为领导问题的一个内在组成要素的观点已被研究者普遍接受。领导者的天赋秉性、个人特质也是形成领导风格的重要基础。每个人的特质既有与生俱来的成分，也可以通过后天塑造获得，它是造成领导者风格差异的重要原因。例如才智过人、风度优雅是形成魅力型领导风格的重要特质基础；性格较为强势、有支配他人倾向的人在领导风格表现方面往往以权威式领导为主；人际关系和谐、性格温和幽默、善于倾听的人，其领导风格一般表现为民主型。

案例分享

1947 年 8 月，正在陕北转战的毛主席被国民党军刘戡部七个旅从绥德追到米脂，又从米脂追到葭县，一直追到黄河边，情况万分紧急，几乎到了山穷水尽的地步。这时天公又不作美，下起瓢泼大雨，河水迅速上涨，十几里外就能听到河水的咆哮声。早在撤离延安的时候，毛主席就说过，不打败胡宗南绝不过黄河。毛主席历来是说话算数，轻易不改变。当然，毛主席留在陕北并不是为了赌气，而是为了牵制胡宗南。只要毛主席还在陕北，蒋介石就不敢将胡宗南集团调遣到别的战场。这时，前有大水，后有追兵，形势非常危急。中央机关的全部兵力只有900多人，而国民党军队是好几万人。在这种情况下，毛主席仍然是不慌不忙，找烟，点火，深深地吸着，然后把烟头奋力掼在地下，嘴里迸出一句："不过黄河！放心跟我走，老子不信邪。"[①]

"老子不信邪"一语道出了毛主席最鲜明的个性。毛主席与天斗，与地斗，与人斗，靠的就是这种"不信邪"的精神。

案例来源：陈海春《领导魅力论——向毛泽东做领导者》（之三），http://book.people.com.cn/GB/69399/107429/231060/，2016—08—27

（2）领导行为理论。20世纪40年代末期，人们将研究重点集中到领导者的行为方面。研究者认为，任何一个人，只要采用了适当的行为方式，都可以成为一个好的领导者。有三种代表性观点：一是将领导方式分为权威式、民主式、放任式；二是将领导方式分为倡导型和关怀型；三是将领导方式分为员工导向型和生产导向型。

①从权利维度看，艾奥瓦大学的勒温早期关于领导行为的研究奠定了领导行为理论的基础，勒温及其同事认为领导行为具有独裁、民主和放任三个维度[②]。

②斯托克蒂尔通过对大约2000名领导者的行为进行观察，归纳出领导行为的规定和关怀两种类型。

③密歇根大学也开展了领导行为研究，得出了领导行为的两个维度：任务导向和员工导向[③]。任务导向是指领导者向个人或组织清楚地规定说明其对应的责任程度。包括告知对方"你是谁"（角色定位、任务职责、完成时限、工作地点、工作方法）。领导者与被领导者之间进行单向沟通，这也是任务

① 丁晓平．光荣梦想：毛泽东人生七日谈［M］．北京：学习出版社，2013，目录．

② Lewin，K.，R.Llippit，R.K.White Patterns of aggressive behavior in experimentally created social climates［J］.Journal of Social Psychology，1939（Ⅹ）：271—301.

③ Stogdill，R.D.　Personal factors with leadership：A survey of the literature［J］.Journal of Psychology，1948（XXV）：35—71.

导向型关系行为的典型特征。而员工导向则是领导者满足被领导者心理需求的领导行为。包括信任放权、鼓励倾听、表彰先进、提升员工参与感、亲近感与归属感等。领导者与被领导者之间进行双向乃至多向沟通，这是员工导向关系行为的主要特征。

④穆顿和布雷科的管理方格论，其主要内容是指在横向与纵向的两个坐标轴上分别标出“关心生产”与“关心人”，由此划出 9 个等级、81 个区域，分别代表不同的领导风格。

领导行为理论注重领导者的行为而非特质，对于领导岗位设计、领导者选拔和培训具有指导意义。但由于领导行为理论忽略了行为产生的根源以及影响行为有效的具体情境因素，没有考虑到领导是一个动态过程，领导工作的效率取决于领导者、被领导者和环境的相互作用[①]，因而具有自身的局限性。

领导行为理论形成的同时，领导风格理论也呼之欲出。虽然对于领导行为的分类细致而庞杂，但归纳起来，根据领导行为的不同，学者们把领导风格划分为四种基本类型，即独裁型、民主型、参与型、放任型。

①独裁型领导风格。其特征表现为决策权基本集中在最高领导者，不重视协调人际关系，管理风格主要以工作为中心，属于高工作、低关系的领导方式。

②民主型领导风格。其特征表现为除少数重大问题由领导者做出决策外，一般的决策均由下属做出。这种领导方式倡导大家共同协商参与，进而达成一致意见。既注重人际关系协调，又重视生产效率提高，在管理风格上属于高工作、高关系的领导方式。

③参与型领导风格。其实质是民主型领导风格的一种特殊形式。其特征主要表现为，领导者与下属通过协商一致达成最终决策，把人际关系的协调放在首位。领导者乐于并善于听取下属的意见，在做出决定以前尽量用说服

① 张首魁、宋合义.简议领导理论的发展轨迹及其发展方向［J］.陕西省经济管理领导者学院学报，2004（4）：38.

的方法，同有关人员商议，使别人接受自己的主张。

④放任型领导风格。其特征主要表现为：决策权基本授予下属，领导者主要负责指导、协调、鼓励和支持职员。

（3）领导权变论。“权变”一词的含义在这里主要是指随具体情境而变。领导权变理论主要研究不同的情境因素如何影响领导行为，进而对领导效能产生潜在影响。该理论认为：在不同的领导情境下，不同的领导行为会产生不同的效果，因此又称为领导情境理论。

斯托克蒂尔早在1948年就曾指出具体环境对于领导行为研究的重要性，但直到20世纪60年代，关注情境因素的权变领导论才逐步发展起来[①]。20世纪70年代是领导权变论蓬勃发展的时代，众多研究从不同角度表明：领导方式具有灵活性[②]。

领导是一个动态的过程，有效的领导应该随被领导者以及情境的变化而有所不同。权变理论的研究成果包括费德勒权变理论模型、情境领导理论、路径—目标理论模型。

①费德勒的权变理论。该理论认为，领导的有效性取决于领导者的风格与情境相适应的程度。费德勒领导权变理论的基本出发点在于，领导者的行为及其所要追求的目标具有多样性，应当且必须按照需求结构来界定领导风格。所以，费德勒将领导方式归纳为两类，即“员工导向型”和“工作导向型”。员工导向型的领导风格以维持良好的人际关系为其主要需要，以完成任务需要为辅。工作导向型领导风格则以完成任务为其主要需求，以维护良好的人际关系需求为辅。费德勒认为，一个领导者，无论他采取何种领导风格，其最终目的都是获取最大的领导效能，因此必须使一定的领导风格和与之相适应的领导情境相匹配。

领导情境亦称“团体—任务”情境，是指发生领导行为所处的人际环境。

---

① 王云峰．领导力理论溯源及创业领导方向研究［J］．技术经济，2008（6）：22.

② 王云峰．领导力理论溯源及创业领导方向研究［J］．技术经济，2008（6）：22.

它包括领导者与成员之间的相互关系、任务结构和职位权力三要素。领导者与成员的关系是指团体成员对其领导者的情感，它包括尊重、友谊、信任、合作、接纳、支持以及忠诚程度。任务结构是指团体目标与任务的界定是否充分明确而妥当，它包括目标对成员来说是否清晰、成果的可测度如何、解决问题的方法是否具有正确性及完成任务的途径或手段之多寡等。职位权力则指领导者能使部属服从指挥的程度。换言之，也就是领导者现居职位能对部属施展多大影响力，包括领导者的地位、权威与责罚、升贬、任黜、加薪、指派等能力。根据这三个因素不同的配合情形，可以看出领导对情势的控制程度有多高。费德勒模式的最大优点于在它吸收了过去有关领导行为的研究成果，分清了不同领导风格能够发挥领导效能的情境[①]。

②情境领导理论。情境领导理论将下属的特性作为情境因素的重要内容，认为领导者应该适应下属的发展水平，揭示了如何才能更好地使领导风格与下属的能力和承诺程度相匹配。布兰查德等人把情境领导分为两个部分：一个是领导风格类型，另一个是下属发展水平。领导风格类型根据指导性与支持性行为分为四种类型：指导型、教练型、支持型、授权型。下属发展水平则可以从高到低，按照能力和承诺程度的高低，分为四个阶段：低能力、高承诺；有一定能力、低承诺；高能力、低承诺；高能力、高承诺。只有做到领导风格类型与员工发展水平相对应，并针对不同的员工采用不同的领导风格，使领导风格与领导情境相适应，才能获得良好的领导效果。

③路径—目标理论。豪斯的路径—目标理论研究的是领导者如何更好地激励下属，达到指定目标。该理论的核心是要求领导者用抓组织、关心生产的办法帮助下属扫清达到目标的通路，用体贴精神关心人，满足人的需要，帮助下属通向自己预定的目标。它强调工作环境和下属特征与领导风格的关系。该理论认为，如果领导者能选择适合下属特征和工作环境的领导风格，

---

① MBA 智库百科 . 权变理论［DB/OL］http://wiki.mbalib.com/wiki/%E6%9D%83%E5%8F%98%E7%90%86%E8%AE%BA031.

则这种领导行为可以帮助下属通过一定的路径实现目标。不同的领导行为对下属的激励作用是不同的，激励作用的大小取决于下属特征和任务特征。因此，豪斯提出了四种领导风格：指令型、支持型、参与型、成就型。

指令型：领导者应该对下属提出具体要求，为其指明方向，提供具体的指导和帮助，使下属能够按照工作程序去完成任务，实现自己的既定目标。

支持型：领导者对待下属的态度友好，能够给下属以平易近人的印象，领导方式上平等待人，上下级关系融洽，同时还要关心下属的生活福利待遇。

参与型：领导者经常与下属沟通交流，能够放低姿态，虚心听取下属的意见，并在一定程度上让下属参与决策和管理。

成就型：领导者为下属树立具有挑战性的组织目标，并激励下属竭尽全力去实现目标，完成挑战任务。

这四种领导风格必须根据下属的不同情况分别选择，选择时主要考虑两个方面的因素，即下属的人格特性和环境因素。人格特性包括能力、需求等。环境因素包括任务的性质、组织的权力系统和工作群体等。

权变理论将情境因素正式引入领导理论研究，增加了领导理论研究的系统性和完整性，其实质是基于情境的行为理论。但在实际操作中，关于各种情境因素水平的确定和划分却存在一定的困难，并且由于认知结构和方式上的差异，不同的领导者会就相同情境得出不一致的决策和行为。

（4）新领导理论。很多学者将20世纪80年代中期看作领导理论研究的分水岭：在此之前的研究被称为“传统领导理论”，此后的研究被称为“新领导理论”[①]。新领导理论主张领导者以愿景为核心要素，是基于领导者与追随者情感和价值实现变革的过程。新领导理论的兴起，标志着领导学研究的重大转向，真正做到了对领导与管理加以区别。在新领导理论研究者看来，管理是为应对工业化时代组织的复杂性，保证组织按一定秩序协调运营；领导

① Hunt，J.G. Transformational/Charismatic Leader-ship's Transformation of the Field：An HistoricalEssay［J］.Leadership Quarterly，1999（x）：129—144.

则是为回答系统内外的变革诉求，引发运动，创造变化。好的领导是在不损害个人权利的前提下，推动领导系统中的人们到达一种对于他们以及与之相关的人们来说更好的境地。领导主要借助以下方式得以实现：确定方向、促使人们结盟、动员与激励。新领导理论各流派从不同角度、不同方面剖析变革型领导特征，相互影响、包含、补充。其共同主张，体现着领导与管理的重要区分，也反映出新理论与之前领导研究的差别。新领导理论的研究成果主要包括：魅力型领导理论、变革型领导理论、愿景型领导理论和文化型领导理论。这也是领导风格理论的丰富和完善。

①魅力型领导理论。20 世纪初，德国社会学家韦伯提出“charisma”，即“魅力”这一概念，其内涵是领导者对下属的一种天然的吸引力、影响力、感染力。

20 世纪 20 年代，韦伯区分了三种作为支配形式的领导、统治和权威的理想类型：魅力型权威（基于家族、宗教）；传统型权威（基于家族、世袭、封建）；法理型权威（基于现代法律、官僚体系）。随着经济全球化的发展，市场竞争日趋激烈，各类组织，尤其是企业组织迫切需要魅力型领导者的改革和创新精神，以对应环境的挑战。到 20 世纪 70 年代魅力型领导这一概念被引入领导学研究中来。罗伯特·J. 豪斯（Robert J.House）1977 年提出了魅力型领导理论，认为“魅力”一词应从领导者对追随者施加的影响或领导者—下属关系的维度来进行描述。他用了四个短语来定义魅力型领导：支配性的、强烈感染的、充满自信的、具有强烈的个人道德观感。在领导过程中，魅力型领导表现出如下特征：阐明目标、树立角色模范和个人形象、激发他人的积极性。在领导者与追随者的关系方面，豪斯认为，具有领导魅力的领导者在引导团队走向新的远景目标的时候，往往通过被广泛认同的信仰、价值观念和组织目标确立自己对追随者的吸引力，使下属充分相信领导者信仰的正确性并且接受领导者的信仰，无条件地服从领导者，认同并模仿领导者的行为，以崇高的使命感帮助领导者实现组织目标。豪斯和沙米尔（Shamirl）共同提出了自我概念理论。在该理论中，社会认同感、价值观内化以及自我效能的提升成为魅力型领导激励和影响下属的最重要因素[①]。

魅力型领导理论着重研究了那些具有领袖魅力的领导者的个人特质，从一定程度上来看，这算是早期特质论的复归。另外，魅力型领导理论也将领导者与被领导者的关系以及情境因素引入分析之中，本质上是基于情境的特质论，是对传统特质论的改进。但是，魅力型领导理论同样存在一些不足，如上下级关系是如何影响的、领导者对组织层面的影响机制以及追随者和组织产出之间的关系等问题，都需要进一步研究。

②变革型领导理论。20 世纪 70 年代末，“变革型领导”作为一种重要的领导理论是从政治社会学家伯恩斯的经典著作 Leadership 开始的。这一概念的提出也是“传统领导理论”和“新领导理论”的分水岭。在著作中，伯恩斯将变革型领导定义为：“领导者通过较高的理念与道德价值，激发、鼓舞下属的动机，使下属能全力投入工作，进而提升下属成为领导者，而领导者则成为推动改革的原动力。它是领导者和下属之间相互提升到较高的需要层次及动机的过程。”伯恩斯把政治领袖的领导风格分为交易型和变革型两类，为领导风格的研究开辟了新思路[②]。他认为两者是有显著区别的：交易型领导者是出于跟下属交换某些价值——比如绩效奖励、相互支持、坦诚相对，才去建立某种联系的；变革型领导者是出于构建与下属之间更高水平的激励和道德而去建立某种联系的，不仅仅是出于传统的工具性交换。

与伯恩斯不同，巴斯并不认同交易型领导和变革型领导是两种截然不同的领导类型，他认为交易型和变革型是两个相对、独立的领导行为维度，可以体现在同一个人身上[③]。他认为，变革型领导“通过让员工意识到所承担任务的重要意义，激发下属的高层次需要，建立互相信任的氛围，促使下属为

① 董临萍、张文贤 . 国外组织情境下魅力型领导理论研究探析［J］. 外国经济与管理，2006（11）: 23.

② Burns，J.M. Leadership［M］.New York：Harper& Row，1978.

③ Bass，B.M. Leadership and Performance beyond Expectations［M］.New York：The Free Press，1985.

了组织的利益而牺牲自己的利益，并达到超过原来期望的目的”[①]。变革型领导会使员工对领导者产生信任、尊敬及忠诚，是领导者通过改变下属的价值与信念，引导下属超越自我利益，以追求更高的目标。与之相对应的是，交易型领导则是“确认并澄清员工的工作角色，以使员工有方向感；了解并满足员工的需要，以促使其努力工作”[②]。巴斯认为，交易型领导更重视下属的责任，注意阐明对下属的期望和下属必须完成的任务，以及下属达到预期目标后所能获取的回报。可以说，交易型领导是通过在奖酬基础上的即时交换来影响追随者。在结构方面，巴斯提出，变革型领导行为主要包含四个因素：领导魅力或理想化的影响、智力激发、个性化关怀、动机鼓舞；交换型领导行为主要分为权变奖励和例外管理两个方面。巴斯认为，变革型领导和交易型领导是两个不同的概念，而非伯恩斯所说的一个连续体的两个极端，同一个领导者既有可能是变革型领导，也有可能是交易型领导。

变革型领导和交易型领导理论有机地融合并发展了行为理论和权变理论的研究成果，开辟了新的研究思路。一方面，它承认领导者在领导风格方面是可以培养完善的，这是领导行为理论的表现；另一方面，它认为不同的情境模式需要有与之相对应的领导风格，这是权变领导理论的体现。变革型领导和交易型领导理论将领导看作一种由领导者、被领导者、情境三方互动的过程，突破了静态的、单因素的研究局限，是领导理论研究进程中的巨大进步。

在领导实践中，从领导风格的角度来看，变革型领导和交易型领导不是截然对立的。交易型领导适用于结构稳定和具有连贯性的组织，往往用“低级需要”来满足下属；而变革型领导则适用于革新要求、风险承担和开放性较高的组织，强调变革和创新，常用“高级需要”来调动下属的积极性。变革型领导激励下属达到目标，提高下属的热情和认同感，促进下属自我发展，这是对交易型领导的继承、发展和超越。交易型领导与变革型领导是共存的、

---

① Bass，B.M. Leadership and Performance beyond Expectations［M］.New York：The Free Press，1985.

② Bass，B.M. Leadership and Performance beyond Expectations［M］.New York：The Free Press，1985.

互动的。尽管有研究表明，变革型领导可以带来更高的员工满意度和更好的工作效果，但在具体的情况下，在不同的时间、地点，面对不同的对象，我们应该灵活选择相应的领导风格，从而更大程度地发挥领导效力。

③愿景型领导理论。1984 年，本尼斯提出的杰出领导者的四大能力（愿景和目标意识、表达愿景的能力、执着地实现愿景、自知之明发挥优势）[①]，归根结底阐述的是一种愿景能力。纳努斯（Nanus）在其《愿景领导》一书中正式提出“愿景领导”一词，并强调在所有领导功能中，领导者对愿景的影响最深远，同时许多有关领导的研究亦发现，有效能的领导者往往是具有愿景的领导者。纳努斯认为所谓的愿景领导是指组织可靠的、真实的、具吸引力的未来，它代表所有目标努力的方向，能使组织更成功、更美好。愿景包括组织长期的计划与未来发展的景象，是组织现况与未来景象间的桥梁，对于领导者而言，它提供行动的目标，并帮助领导者，超越目前的情境，达到组织的改进与成长。在组织发展的过程中，愿景领导者常会提出真知灼见，并驱使成员采用新的行动，去完成新的目标，因此也常被视为革新者或理想的楷模[②]。罗宾斯指出：组织愿景是清晰的、令人向往的；它承认并超越了传统，并提供了一种新的规则，使人们认识到通过行动去变革，从而使组织变得卓越[③]。组织愿景能够澄清变革的整体方向、激励人们采取措施向正确方向前进以及团结个人、快速高效帮助协调众人的行动[④]。

愿景型领导暗示了领导行为的着力点是“组织愿景”，包括愿景的构建、宣传、交流和实现。从领导风格的角度分析，权威型领导给组织提供愿景，亲和型领导为组织实现愿景打造情感纽带，教练型领导则为未来愿景的实现

① Bennis，W. The four competencies of leadership［J］.Training and Development Journal，1984（38）：15—19.

② MBA 智库百科 . 愿景领导［DB/OL］http：//wiki.mbalib.com/wiki/%E6%84%BF%E6%99%AF%E9%A2%86%E5%AF%BC.

③［美］斯蒂芬・罗宾斯、大卫・德森佐著，毛蕴诗等译 . 管理学原理（第 5 版）［M］. 大连：东北财经大学出版社，2005.

④［美］约翰 P. 科特著，罗立彬等译 . 变革［M］. 北京：机械工业出版社，2005.

培养人才。愿景型领导理论是对经典行为理论从行为出发方面的重要补充和发展，但与其他领导理论相比，较缺乏实证研究的支持。

④文化型领导理论。沙因是文化领导论的主要代表。他在1985年的著作中将组织文化要素分为人为事物、价值观和基本假设三个层次，人为事物和价值观只是组织文化的表现形式和表面层次，而能反复和有效解决组织外部生存和内部整合的深层假设（信仰）才是其本质[①]。他认为文化可以解决组织外部适应（确定组织的任务、目标、方法、标准等）和内部凝聚（发展共同语言、确定团体边界、权力和地位以及成员关系等）问题，因而领导过程和文化建设过程是互相紧密联系的。[②]事实上，组织发展与文化形成可以看成一个问题的两个方面，两者都是领导活动的结果。一方面，组织文化对提升领导效力的重要性至少体现在下列三个方面：组织文化决定最高领导者们是否去挖掘和培养具有领导潜力的人才，决定组织是否鼓励具有领导才能的人发挥领导作用，决定组织是否拥有能够凝聚各方面领导积极性的非正式关系网络。另一方面，根据功能主义学派的“可控变量说”，领导者及组织领导力对于企业文化的形成、传播和变革具有至关重要的作用。对于领导者而言，不仅要创建文化，而且要管理和维护文化，在必要时还要变迁或重建文化，领导组织进行新的、创造性的活动。

第二节 领导风格表现特征

通过对领导风格概念的界定和领导风格理论的梳理介绍，可以看出，领导风格本身并无好坏之分、优劣之别，领导风格的形成是一个不断积累、不断完善、不断适应的过程，发挥领导效力的关键还在于领导风格与被领导者

---

① 王云峰．领导力理论溯源及创业领导方向研究［J］．技术经济，2008（6）：24.

② ［美］埃德加・H. 沙因著，朱明伟、罗丽萍译．企业文化与领导［M］．北京：中国友谊出版公司，1989.

是否形成了有效互动以及与领导情境是否相适应。领导者要在领导实践中不断摸索规律，正确把握领导风格的表现特征，才能真正发挥出领导效力。概括起来，领导风格的表现特征主要体现在以下三点：

（一）相对稳定性

领导风格是领导者在长期的个人经历、领导实践中逐步积累形成的习惯化的行为模式，这种习惯化的行为模式具有相对稳定性。它是由领导者所积累的成熟的领导经验、领导方法汇集在具体领导行为中带来的稳定性。这种稳定性贯穿在领导者的行为始终，领导者所表现出的各类领导行为，总是能体现出相似或者相同的领导风格。随着时代的变化、社会生活的变化、领导者个人际遇的变化以及领导对象的变化，领导者的领导风格也会发生变化。但一经变化后的领导风格，又会具有相对的稳定性。之所以说领导风格的稳定性是相对的，就是说它不是一成不变的，它会随着领导者个人的经历和环境的变化而逐渐改变。而这种渐变的过程，也会构成领导者领导风格的相对稳定性。

案例分享

毛泽东的自信笃定、坚韧不拔的领导风格伴随了他的一生，它展示的是一种执着、一种坚韧、一种毅力。在革命事业中，毛泽东一生克服了许多困难，从参加建党到秋收起义、到井冈山、到长征、到陕北直至“北京赶考”夺取全国胜利，经历了常人难以克服的曲折和危险，但他始终矢志不渝，从来没有在困难面前低头。论资历，毛泽东是党的一大代表，早期曾经做过党内事实上的二号人物，但后来又多次降职，甚至被误传“开除党籍”。毛泽东几度沉浮，但都不曾灰心丧气。毛泽东身上的巨大能量和对理想目标追求的意志力是常人难以比拟的。革命期间，有的人害怕了，有的人逃跑了，有的人叛变了，而毛泽东却始终思考着、坚持着、战斗着，这固然是因为毛泽东的历史责任感和他的革命理想和信心的支撑，但同时也是他的坚韧不拔使他能做到不妥协、不屈服。毛泽东革命斗争中如此，生活上也是如此。也许是一方水土养一方人，毛泽东从小就越摧越坚，越压越硬。13 岁时，因为同父亲发生争执，父亲要他下跪，他就威胁要跳池塘，最终以“一膝下跪”达成妥协。长征中，面对左倾错误路线指挥下红军遭受的挫折，坚韧不拔的领导风格促使毛泽东在担架上，在通道会议、黎平会议、猴场会议直至遵义会议上不断抗争，使中国革命重新走上正确轨道。可以说坚韧不拔的领导风格贯穿了毛泽东的一生。

走亲民路线，树亲民形象，是习近平总书记领导风格中最为鲜明的特征。无论在地方还是中央，他都以最大努力与广大群众保持密切联系，尽最大可能与普通群众保持亲密接触。他在正定县执政时，就习惯和大家一起排队吃食堂“大锅饭”，一起蹲在树下吃饭聊天，并总是骑着自行车往乡下跑，深入老百姓当中话家常、嘘寒问暖，和老百姓打成一片，“一起干、一块苦、一同过”。党的十八大以来，这种亲民乐民新风从他第一次出京赴广东考察时便凸显出来。车队出行不再封路，也不再封园、不再清场，在深圳莲花山公园瞻仰邓小平塑像时，他与市民相伴而行，边走边与沿途群众交流，与民众“零距离”。他多次考察贫困地区，在甘肃、河北访贫时，会用瓢舀起缸里的水，尝上一口，还会接过主人递过来的土豆，掰一块吃；他会在百姓炕上与群众盘腿而坐，一起唠嗑；会询问生病的群众吃什么药，会和乡亲搀扶着走在雪地上。他还经常乐于走到普通百姓中去，与民互动，其乐融融。他在北京庆丰包子铺和大家一起排队，点上一份简易套餐；他去北京南锣鼓巷看看老街坊，嘘寒问暖、聊聊家常。这种一以贯之的亲民风格伴随习近平从地方到中央，备受赞誉。

案例来源：唐双宁《毛泽东的十大气质》，《光明日报》，2013—12—02

（二）不断变化性

领导风格虽然具有相对稳定性，但随着领导者年龄的增长、阅历的丰富、职级的攀升，其领导风格也会随之不断变化。一是领导风格随领导者的性格特质的改变而改变。虽然说“江山易改，禀性难移”，人的性格具有稳定性，很难改变，但随着事业的不断发展，接触的人和事的层次发生变化，人的性格、行为习惯也会慢慢改变。比如随着年龄的增长，领导者更加稳重自信，其行事风格由冒进转向稳健，进而领导风格也随之变化。这亦是领导特质论所强调的，每个人的特质既有与生俱来的成分也有后天塑造的因素。二是领导风格随领导者阅历改变。初任领导岗位的领导者可能由于经验不足，需要在工作中以民主的姿态和参与式的风格倚仗下属、征求下属的意见来进行决策，但随着对工作的熟悉和适应，领导者的经验更加丰富，领导方式更加自信灵活，其领导风格也可能慢慢发生变化，比如向权威型、集权型等风格转变。三是领导风格会随着环境的变化而改变。面对不同的下属和工作目标的变化，领导者采取的领导风格会随之调整，以适应变化了的领导情境。

（三）情境适应性

没有哪一种领导风格能够成为放之四海而皆准的始终有效的领导风格。评判领导风格是否有效或者适用的标准关键要看是否与领导情境相适应。领导风格具有因人而异、因地制宜的特点。权变理论家怀特、雷定等认为，哪一种领导风格对于达到组织的目标最有效率，这要根据组织存在的具体条件来确定，不是千篇一律的。因此，领导者应根据所处的具体工作情境，针对成员素质、组织发展阶段的不同，采用不同的领导风格。经验丰富的领导者，会透过观察被领导者的需求、成熟度、成就欲等方面的特征去决定领导风格。面对组织各种不同的状况（是积极向上，还是安于现状，或是消极后退），引导的方法当然也不同。任何一个组织总是处于不断发展变化过程中，不同的发展阶段必然需要不同的发展战略、不同的领导风格。因此，领导风格具有随组织发展阶段变化而变化的动态性。

总之，只要领导风格能够有效达到组织的目标，发挥出领导者的领导效力，那么我们就可以说这种领导风格是值得肯定的。

延伸阅读

我国领导者领导风格适应领导情境的历史变迁过程

1. 革命战争时期。在共产党成立之初，党的中心任务是领导广大群众进行革命战争。当时中国的半殖民地半封建社会的历史现状和共产党规模小、力量薄弱的现实，促使共产党员要努力提升党的形象，扩大党的影响力。当时，党内官员的领导风格对外主要以杰出的人格魅力、超凡品质赢得根据地党组织成员的支持、人民群众的赞誉。对外，遇到任何困难秉承“党员先上”的传统，树立良好的榜样；对内，领导风格一般以一元化为主，彻底地贯彻、执行上级领导的政策。虽然根据地政权也存在法律，但非常有限和不完善，加之革命根据地情况相对简单，领导权力集中，人民群众和党员有共同的革命目标和革命热情，领导者与下属关系稳定、融洽。这种依靠政策，靠人格魅力、个人权威的力量来直接引导的领导风格完全适应当时的革命形势、政治任务和客观情况。

2. 新中国成立初期。新中国成立后，确立了中国共产党领导的多党合作和政治协商的制度，中国共产党成为执政党。由于完成革命时间尚短，官员的领导风格变化不大。随着党的中心任务从取得革命战争的胜利转向搞好经济和社会的全面建设，加之反革命残余尚未肃清，国际敌对势力对新中国的政权虎视眈眈，新中国的官员们所面临的任务是多方面和极其复杂的。但由于路径依赖，中华人民共和国成立后的较长一段时期内，党在战争时期形成的领导方式仍被延续、传承下来。官员的领导风格未能自觉地根据新形势、新任务的变化做出改变，而是以自身代替组织的形式直接行使国家的政权职能，政策仍发挥着主导作用。在决策与执行过程中，实行一元化领导，把各级党的组织直接变成了国家权力组织，由党组织直接行使国家政府的职能，忽视了党员个人和非党组织的多样化执行作用，缺乏对外界环境变化的合理回应。

3. 改革开放后。1956 年中华人民共和国第一部宪法颁布，并且于 1984

年修订，中国的依法治国有了更充分的制度保障。依法治国的执政方式促使官员的领导风格实现了从个人魅力领导、政策领导到依法领导的逐步转变。改革开放后国家的工作重心由阶级斗争转向经济建设，开始了经济体制从计划经济向社会主义市场经济转变、政治体制朝着社会主义民主政治方向发展和完善的两个转变。在这种社会背景下，法律在经济生活和政治生活中的作用越来越大。相应地，官员的领导风格也悄然地发生着重大的变化。官员的领导风格，从直接依照贯彻政策、上级命令逐渐过渡到依靠法律、法规。官员的领导风格逐渐趋于灵活。越来越多的"个性官员"涌现。官员们在法律制度的框架下敢说狠话、敢说真话，自觉地履行人民公仆的义务，官员的工作从虚化走向务实，集中注意力解决实际问题。

4. 新媒体时期。从门户网站到论坛、博客，再到微博、微信、APP，随着网络传播技术的不断发展，人们已经从单纯的信息获取者角色逐步转变为信息的制造者和传播者。网络已经成为公民行使知情权、参与权、表达权和监督权的重要渠道。新媒体的广泛普及不仅改变了人们的生活方式和舆论生成机制，也深刻影响到国家政治生活，从而给领导者的领导力建设带来新的挑战。领导者媒介素养成为提高执政能力、建设现代政府的一个关键因素。领导者须深谙新媒体特性，提高运用能力，一方面善于运用新媒体提升政府信息的透明度，以获得公众的理解和支持；另一方面要勇于接受公众的网络监督，建设勤政和廉洁的政府。这样的环境下，领导者的网民形象及其处事风格的改变将会越来越明显。

案例来源：赵卫泓《权变角度分析中国领导人领导风格的转变》，《经济研究导刊》，2012

第三节　领导力源于领导风格

有研究者通过对 20 世纪以来领导力研究的分析发现，每一种领导理论都在试图回答两个基本问题，即“领导力从何而来？”和“领导力是如何传达的？”也就是领导力的来源和影响机制[①]。领导是一种动态的群体过程或社会关系。在领导过程中，领导者与被领导者在特定情境下的相互影响和有效互动，是领导力得以产生并有效发挥的基本前提。领导者在这个相互影响的过程中，以其独特的领导风格发挥着主导作用。领导者在领导实践中，使用的领导风格不同，取得的效果也大为不同。如果不分情境采用同一种领导风格，很难实现领导的有效性。领导者只有做到根据不同情境，选用与之相适应的领导风格，因时、因地、因事、因人来采取不同的领导方式，才能提升领导力。因此，研究不同情境下所对应的领导风格的有效性，是提升领导力，实现领导有效性的题中应有之义。本节将对此加以探讨和阐释。

一、领导力的内涵分析

20 世纪 90 年代初，科特集魅力领导论、变革领导论、愿景领导论和文化领导论之大成，创建了领导力理论，开启了领导学理论发展的新时代[②]。

不同的领导定义，导致了领导力概念、考察和评论等方法的不同。如一些研究者仅仅从领导者个人的视角来解释领导现象，而另外一些研究者则从关系、群体或下属等视角开展探讨。也有研究者关注领导者的特质和行为，或者从认知和情感等方面来研究领导力及其影响。领导力研究中形成的不同视角恰恰反映了领导构念的多种合理方式，可以帮助人们进一步从广度和深度两方面来理解领导力[③]。由于研究者的研究领域、工作领域不同，对于领导力的界定也大为不同。国内外有很多研究学者都对“领导力”做过不同层面的解读和研究。那究竟什么是领导力？有人认为，领导力与

---

① Hernandez，M.，M.B.Eberly，B.J.Avolio，M.D. Johnson The loci and mechanisms of leadership：Exploring a more comprehensive view of leadership theory［J］.The Leadership Quarterly，2011（xx Ⅱ）：1165—1185.

② 王云峰 . 领导力理论溯源及创业领导方向研究［J］. 技术经济，2008（6）：22.

③ 李明、毛军权 . 领导力研究的理论述评［J］. 上海行政学院学报，2015（6）：92.

先天禀赋有关，这类人具备能够引导他人完成任务的性格特点；有人认为，领导力与领导者及其下属之间的权力关系有关，领导者以手中的权力影响他人；也有人认为，领导力是一种达成组织目标的工具，帮助组织成员实现既定目标。美国领导理论大师班尼斯干脆这么说“领导力就像美，它难以定义，但当你看到时，你就知道”。

一般而言，领导力可以分为两种：权力领导力和非权力领导力。权力领导力是指领导岗位所带来的刚性领导力，领导者可以通过行使手中的权力决定人的晋升或开除、物的支配与使用；非权力领导力是一种柔性领导力，是由人自身的人格魅力所产生的影响力，它来源于个人的修炼和成长，能让追随者发自内心去尊敬和信服。

本文所指的领导力适用范围不仅仅是领导岗位上的领导者，而是涵盖了拥有领导职权的领导者以及具有领导才能的任何人。因为在实际工作生活中我们可以注意到这样一个现象，在岗位上的领导者拥有权力，但未必拥有影响力。因此，领导者更应当注重通过提升个人的人格魅力，来提高对下属、追随者的影响力。权力下的领导力只是暂时的，而人格魅力所产生的领导力才是长久的。

中国科学院提出的“领导力五力模型”认为：领导力是支撑领导行为的各种领导能力的总称。其着力点是领导过程，换言之，领导力是为确保领导过程的顺利进行或者说领导目标的顺利实现服务的。基于领导过程进行分析，可以认为，领导者必须具备如下领导能力：对应于群体或组织目标和战略制定的能力（前瞻力）；对应于或来源于被领导者的能力，包括吸引被领导者的能力（感召力）及影响被领导者和情境的能力（影响力）；对应于群体或组织目标实现过程的能力，主要包括正确而果断决策的能力（决断力）和控制目标实现过程的能力（控制力）。[①]

---

① 中国科学院“科技领导力研究”课题组、苗建明、霍国庆．领导力五力模型研究［J］．领导科学，2006（9）：20—23.

领导力五力模型中的五种领导能力对领导者而言都非常重要，但这些领导能力并不处于同一层面，在五种领导力中，感召力是最本色的领导能力，一个人如果没有坚定的信念、崇高的使命感、令人肃然起敬的道德修养、充沛的激情、宽厚的知识面、超人的能力和独特的个人形象，他就只能成为一个管理者而不能修炼为一个领导者，因此，感召力是处于顶层的领导能力[①]。

但是，领导者不能仅仅追求自己达到至臻之境界，领导者的任务是带领下属或组织实现其既定目标。领导者应当能够看清组织的发展方向和路径，并能够通过恰当的领导风格来影响被领导者共同实现团队的目标。因此，影响力和前瞻力是感召力的发展或延伸，是处于中间层面的领导能力。

同时，领导者不能仅仅为组织指明方向，在实现目标的过程中各种新的意想不到的挑战和危机都会随时出现，这就要求领导者应当具备超强的决断力和控制力，在事关组织发展的危急关头能够果断决策、临危不惧、控制局面、力挽狂澜。因此，决断力和控制力是前瞻力和影响力的延伸和发展，是处于实施层面的领导能力。

通过以上分析，关于领导力的界定，我们采取中国科学院提出的“领导力五力模型”，即领导力是支撑领导行为的各种领导能力的总称。

二、领导力理论

领导力的研究在国际上可以追溯到1900年，在1900年至1940年期间，领导力研究致力于挖掘领导者独特的素质，最有代表性的是“伟人理论”，这个理论强调领袖是天生的，而不是制造的。目前学界对于领导力的理论研究主要包含以下四个维度：

一是领导力精神—心理特质论。主要从个体的精神—心理方面探讨领导者在精神—心理方面不同于一般人的特征。该派理论主要有领导特质理论、

① 中国科学院“科技领导力研究”课题组，苗建明，霍国庆.20—23.

魅力型领导理论、伦理领导论和诚信领导论[①]。

二是领导力行为理论。主要回答领导者做什么、怎么做，涉及领导任务、领导风格、领导方式[②]。

三是领导力关键因素理论。主要是指研究者通过领导力的某个或某些关键变量来构建模型或理论。主要有权变理论及领导—成员交换理论[③]。

四是领导力研究综合论指出，研究者在构建领导力理论中，在一定程度上综合了领导力个体精神—心理结构理论、领导力行为理论等[④]。

综合以上理论梳理不难发现，这四个维度的领导力理论是互相补充、重叠交叉甚至是互为包含的，其中每一种思考维度都对领导力理论有不可替代的贡献。

1. 领导力精神—心理特质理论重在从领导者个体的角度来探讨领导者区别于其他人的精神—心理特征。诸如魅力论、特质论、诚信领导论、伦理领导论等，要求领导者在一部分精神—心理特征层面要高出其他人，这只是确保领导行为有效的一个方面；另外，某一部分特质并不能完全保证领导者行为的有效性，还应当通过采取恰当的领导方式来获取尽可能高的领导效能。另外，从个体精神—心理层面建立领导力理论，仍然需要整合探索。

2. 领导力行为理论主要从权力维度、任务—关系维度、领导过程维度、领导职能维度、领导能力维度来丰富和发展领导力行为理论。这些研究视角不仅在理论上丰富和发展了领导力理论，同时在领导实践中也为领导者采取何种领导风格、领导方式提供了重要参考和指导。但值得注意的是，如同精神—心理特质理论一样，领导行为理论也同样只是领导力理论的一个组成部分，它难以独立发挥有效作用。领导风格的形成或适用性既受领导者个人特质的影响，也受具体领导情境、领导对象、工作任务等因素的制约。领导力行为理论与领导力精神—心理特质理论是互相补充的。

---

① 简文祥、王革 . 西方领导力理论演进与展望［J］. 科学学与科学技术管理，2014（2）：80.
② 简文祥、王革 . 西方领导力理论演进与展望［J］. 科学学与科学技术管理，2014（2）：81.
③ 简文祥、王革 . 西方领导力理论演进与展望［J］. 科学学与科学技术管理，2014（2）：82.
④ 简文祥、王革 . 西方领导力理论演进与展望［J］. 科学学与科学技术管理，2014（2）：82.

3. 领导力关键因素理论是指研究者通过领导力的某个或某些关键变量来构建模型或理论。主要包括权变理论（费德勒权变模型）、领导—成员交换理论等。这些理论也都是领导力理论的有机组成部分，但其不足之处也是明显的。领导权变理论指出了领导风格依领导情境而不同，为领导力理论研究提供了一个新的研究维度。但其领导情境变量（包括领导关系、任务结构和职位权力）和领导风格变量（任务导向和关系导向）还不够系统、充分[①]。

4. 领导力研究综合论，研究者在构建领导力理论过程中，在一定程度上综合了领导力个体精神—心理结构理论、领导力行为理论等。科特明确提出领导者的核心领导行为是制定、实现愿景和战略，推进变革的过程。其对领导职能、领导力源泉、团队领导、非正式权力网络等做出了分析，在理论上丰富了领导力理论，实践上对领导者具有更为直接的指导作用。科特的理论集中于领导力理论的核心内容（与领导职能、领导任务等相关的领导行为），忽视了领导者精神—心理、领导环境对领导行为的影响。钱门和奥内尔的领导力六个要素理论（包括充满理想色彩的使命感、果断而正确的决策、共享报酬、高效沟通、足够影响他人的能力和积极的态度）主要体现了个体精神—心理（充满理想色彩的使命感、足够影响他人的能力、积极的态度）和领导行为（果断而正确的决策、共享报酬、高效沟通），忽视了领导环境对领导行为的影响。[②]

三、领导力源于领导风格

领导风格是创造一个让他人追随的环境。领导力归根结底是每个领导者领导风格的综合体现[③]。领导面对的是复杂系统及其发展环境，因此，领导者在具体的领导实践中应当通过愿景的设定，为被领导者提供良好的平台，采

① 简文祥、王革．西方领导力理论演进与展望［J］．科学学与科学技术管理，2014（2）：83.

② 简文祥、王革．西方领导力理论演进与展望［J］．科学学与科学技术管理，2014（2）：83—84.

③ 义洁萍．领导风格、工作压力与工作绩效关系研究［D］．杭州：浙江大学，2009.

用适当的领导风格，激励引导被领导者实现组织目标，使领导者和被领导者达到良性的、有效的互动关系，从而最大限度地发挥领导力。由于任何一种领导风格都具有其局限性，比如时间、情形、任务、环境、对象不同，所适合采用的领导风格就不一样。面对不同的情境，如果只是采取单一的领导风格，往往效果不佳，甚至是事与愿违，对领导力的发挥有着明显的阻碍作用。归纳起来，主要有三个方面的危害。

一是引发信任危机。由于领导者个性修养的局限，领导行为不当，被领导者就会产生不满和抵触情绪，从而也就失去了对领导者的信任，致使领导者在领导工作时出现信任危机，拉大了领导者和被领导者之间的心理距离，领导者也就会逐渐地失去民心，这是一种看不见的危害，但是后果却是极其严重的。

二是导致政令不通。领导行为过程中，政令畅通也是一个重要基础，是领导意图得以实施与执行的重要保障。而当领导风格与行为过程不相适应的时候，就会导致政令不通，有令不行，有禁不止的不利局面。即使被领导者去执行了，那也是一种表面的应付态度，很难达到预期的目标。

三是产生上下级矛盾。由于领导风格的不恰当运用，往往会导致领导与下属之间产生隔阂，彼此情意不通，思想与心理出现较大的距离，从而使领导者失去民心，失去群众支持的基础，引发上下级之间的矛盾。

在领导实践中，采取何种领导风格取决于组织结构、被领导者、领导情境三个因素，领导风格应当与这三种因素相适应，才能发挥出领导效力。

（一）组织

组织是全体成员为实现组织目标，在管理工作中进行分工协作，在职务范围、责任、权利方面所形成的结构体系，其本质是为实现组织战略目标而采取的一种分工协作体系，组织结构必须随着组织的战略调整而调整[①]。组织的性质、任务结构以及生命周期同样是选择领导风格需要考虑的

① 姜瑶．工业工程方法在D医院门诊系统的应用研究［D］．济南：山东大学，2011.

因素，公益性与私益性组织、国有企业与民营企业等在组织目标上有所区别；任务结构方面，工作的程序化程度不同，工作的效率也不同；组织发展的时期不同，即处于初创期、成熟期、转型期等不同时期，组织面临的主要任务、需要解决的首要问题也有所不同，这需要领导者做出明确的判断，并采用合适的领导风格。

1. 组织的分类及领导风格的适用

按照组织的目标，组织可以分为：

（1）互益类组织：以本组织成员为服务对象，满足的是组织成员之间的利益，而不是社会中其他人群，看重对成员的吸引力。如宗教组织、学会和协会、政党等。互益类组织服务于内部成员，注重塑造培养成员对组织的忠诚度，强调信仰、规则、协同、纪律、道德等，其领导行为的着力点是“组织愿景”，包括愿景的构建、宣传、交流和实现。在这类组织中，早期的发展创立需要权威型领导风格，这类领导风格更加有利于提升效率。权威型领导风格强调愿景目标，让下属知道自己的工作十分重要而且知道为什么重要，以此激励下属，号召追随者全身心地投入组织的目标和战略中，并为之而奋斗。

（2）公益类组织：以整个或部分社会成员为服务对象，以提高社会公共利益为目的和宗旨。其基本特征之一是非营利性，主要体现为不以营利为组织目标。如政府机构、慈善机构、研究机构等。公益类组织中，它们的目标和宗旨是服务于其他组织或个人，强调与他人的合作，强调团队的协作性，在个人领导力和领导风格上，领导者应具备与社会和他人建立亲密合作关系的能力，周围能够团结一帮追随者，从而提升整个团队的领导效能。

（3）私益类组织：本质上仅为少数人利益服务，以追求个人利益最大化为目的和宗旨。例如私人工商企业等。一个企业，无论大小，都必须有保证组织运行的机制。大部分企业，尤其是民营企业很难摆脱家长式管理，领导方式上以集权式领导为主。优点是能够快速推进权力运行，缩短权力运行周期，提高任务完成效率。不足之处在于一定程度上会制约权力运行质量，对一些具体的、基础的问题和情况了解不够全面，在一定程度上影响了决策的正确性和及时性。因此在领导方式上，这类组织要有明确的分工、职责，并有相应的管理和考核制度，同时要有较好的激励机制，领导者统筹运用好多种领导风格。

2. 组织发展的不同时期及领导风格的适用

（1）初创期。该阶段是组织的初级发展阶段，组织在初创期会面临各种各样的考验，其中最大的考验便是生存问题。在初创期，领导者或小团队主要负责组织的运作、决策乃至决策施行等全方位工作。领导者对工作内容采取开放式承诺，由于组织规模可能相对较小，领导者需要事无巨细地管理每一项工作安排。相应地，独裁型领导风格就很有可能被采用。

（2）发展期。这是组织制度、组织文化逐渐形成的重要时期。同时，领导者的领导风格在这一阶段的变化也是最大的。这时候的组织已经度过了朝不保夕、生死存亡的考验期，领导风格逐渐由家长式的独裁风格向制度化、体系化转变。在组织的发展期，领导风格的转变是伴随着组织发展而进行的长期的过程，只有这样，才不会给走向成熟期后的组织留下隐患。此阶段必须进行的领导风格转变十分复杂，因为组织已经发展到超出创业者能做出所有决策能力的范围。这一阶段有效领导的关键因素是完成从集权型风格到参与型风格的转变。这意味着领导者必须开始让渡一定程度的控制权，并学习如何让权而不仅仅是分派任务[①]。

（3）成熟期。在组织发展的最初阶段，需要领导者具备强大的凝聚力、推动力。随着组织不断发展壮大，“管理”的比重将超过“领导”，占据更为重要的地位。领导者的领导风格已经完全演变成为制度化、格式化的日常管理，此时领导者应当着重培养、采用参与型或咨询型的领导风格。领导者还需要建立并传达组织愿景，因为当组织很小时，可以通过非正式的途径和方式来交流组织的未来发展方向，但是当组织进入成熟期后，高级管理层必须

① 从企业发展历程看领导力风格的转变［DB/OL］http: //max.book118.com/html/2015/0903/24572834.shtm.

通过树立共同愿景来引领组织未来发展的方向。

（二）被领导者

被领导者在不同的时期和不同的部门，是有很大差别的，这时候，如何对所领导的对象进行有效的领导，就要充分地考虑领导对象的差异性，做到领导风格与被领导者相适应。

1. 被领导者根据其能力和意愿水平程度不同组合，可以形成以下四种情况。其中能力是指表现出来的知识储备、经验水平与技能水平，意愿是指相应表现出来的自信心、承诺与动机。

一是低能力、低意愿或不安，如绵羊型下属。

二是低能力、高意愿或自信，如应声虫式下属。

三是高能力、低意愿或不安，如疏远型下属。

四是高能力、高意愿并自信，如有效型下属。

对于这四种不同的下属，领导行为显然是不能一样的。领导者针对不同的领导对象可以分为以下几种领导风格：

（1）告知式领导风格：以告知、指示、指导为主，领导者需要做出详细的指示，接近于通常所说的命令式。

（2）推销式领导风格：以解释、澄清、说服为主，领导者对被领导者要有全面的指令或指导，又称为“教练式”。

（3）参与式领导风格：以参与、鼓励、合作、承诺为主，领导者强调下属的参与。

（4）授权式领导风格：以授权、观察为主，领导者对下属要给予充分的信任，决策权与执行权都会下移。

针对不同的被领导者，应当采用的领导风格简单概况如下：

（1）对于低能力、低意愿或不安的被领导者，适用告知式领导风格。因为此时的被领导者对工作不熟悉，技能不足，既未掌握技巧，又提不出独到见解，若过多地让其参与决策，会造成他们的惶恐不安，甚至增加思想负担。领导者需要明确地告诉他们做什么、在哪里做、什么时候做以及如何去做。不宜急于过多的支持行为和双向沟通。过多的支持行为会使被领导者产生误解，认为领导者容忍或接受不佳表现，甚至会鼓励不佳表现。领导风格以重工作、轻关系为主①。

（2）针对低能力、高意愿或自信的被领导者，适用教练式领导风格。此时的被领导者缺乏必要的知识储备与技能，但具有较高的工作意愿和积极工作态度，自我准备状态良好，有积极参与决策的愿望和信心，一般比较反感直接的命令式领导方式。领导者对于此类下属可以进行较多的工作指导，通过必要的支持与鼓励和解释决策的原因，让被领导者感觉到被重视，从心理上接受领导者和工作安排。此时的领导风格以重工作、重关系为主。

（3）针对高能力、低意愿或不安的被领导者，适用参与式领导风格。此时的被领导者具备一定的工作能力，但缺乏自信心，或者承诺度较低。他们往往需要的不是有关工作技能的指示安排，而是需要领导者在心理上、工作氛围上予以支持鼓励。此时领导者可以不用强调工作任务，但要不断强化沟通、支持和鼓励，通过鼓励下属积极参与到决策中来激发培养他们的工作意愿，帮助树立信心。领导风格以轻工作、重关系为主。

（4）针对高能力、高意愿且自信的被领导者，适用授权式领导风格。此时的被领导者具有较高的能力和较多的知识、经验储备，也具备足够的能力和信心，不需要事无巨细的指导和命令，也不需要过多的沟通与监督。领导者可以给予其充分的信任，放手并授权，将决策权与执行权下移，并对工作结果进行适当的评价。领导风格以轻工作、轻关系为主。

2. 依据领导对象发展的四个不同阶段，也要采取不同的领导风格。

第一阶段：低能力、高意愿；

第二阶段：有些能力但意愿低；

第三阶段：能力较强有变动的意愿；

① 情景领导模型［DB/OL］http://www.docin.com/p-768247949.html.

第四阶段：能力强、意愿高。

第一阶段，下属的工作积极性和热情都很高，但能力很弱，容易听从指挥，而且他对组织机构内的情况不了解，最容易信任的就是上司和领导，因此，对他下达命令非常容易得到认同。这个时候，采取告知式的领导风格是最好的[①]。领导者对下属的角色定位和任务目标予以详细的指导，同时密切监测下属的工作成果、工作效率，领导者经常详细告知下属完成任务的时间、地点乃至工作方法。决策通常由领导者自己决定，上下级进行单向交流，对于如何完成工作目标有较为清晰明确的规则和纪律。

第二阶段，这个时候的被领导者具备了部分能力，但还需要指挥，工作的意愿相当不足，这是被领导者最消沉，对组织、对工作的信心等处于最低谷的阶段[②]。适用教练型领导风格，领导者支持与命令并重，同时也尝试倾听下属对决策的看法。实际上决策的控制权仍掌握在领导者手中，对下属好的行为给予鼓励、赞赏。通过关注工作进程，及时对下属的工作表现予以反馈。帮助下属确定问题，设定目标，阐明决策的理由，同时也会倾听下属的想法，促进一些新的意见和想法的提出。

第三阶段，此时被领导者的特点是能力较强，不需要过多详细指挥，具备丰富的经验，但是意愿不足，工作意愿总是上下波动。面对这一阶段的下属，领导者的角色就要转换为一个支持者，让下属自己解决工作中出现的问题，多支持、少指挥，进而激发他们的工作积极性，避免工作状态忽高忽低，从而使其工作状态维持在较高水平上。支持式的领导风格在决策时有一个特点，就是鼓励下属参与进来，创造宽松的工作氛围，跟下属共同做决定。

第四阶段，这个阶段被领导者的特点是强能力、高意愿，很显然，指挥式、支持式、教练式的领导风格都不适合这个阶段的要求。面对这一阶

① 吉虹．领导力与领导风格相匹配的研究——以襄阳国家高新区领导班子为例［D］．上海：复旦大学，2013.

② 吉虹．领导力与领导风格相匹配的研究——以襄阳国家高新区领导班子为例［D］．上海：复旦大学，2013.

段的员工，领导者提供适当的资源，少支持、少指导，决策过程委托下属去完成，明确告知下属希望他们自己发现并纠正工作中的错误，允许下属承担风险和进行变革。

（三）领导情境

人类组织大多是开放的系统，所处的内外环境都是不断变化的。领导者在不同时间所面对的领导对象、工作任务、领导环境各不相同，所采用的领导风格就不同，不同领导风格具有不同适应情形，不存在适应一切领导情形的领导风格。领导情境主要从工作任务、领导对象、组织环境三个变量来分析考察。

1. 领导情境变量之一：工作任务

工作任务可以分为以下四种情形：

（1）从紧急性上看，可以分为比较紧急和不紧急。比较紧急的工作任务需要立即解决，不解决就会失去解决问题的最佳时期的，这个时候需要领导有很强的决断力、执行力，所对应的风格就是权威型的、有大局观的领导风格；而有些任务是不紧急的，需要一段时间后才能达到解决问题的最佳时期，这个时候就需要领导耐心地告知下属可以缓一点处理，需要发挥领导的告知风格。

（2）从任务的重要性上看，可以分为重要和不重要。很重要的、事关大局的工作任务，领导就要发挥自己的权威和决断力，排除万难去执行，所以需要权威式的领导风格；而任务要是不重要的话，则可以授权给能力相匹配的下属去执行即可，需要的是授权式的风格。

（3）从任务的例行上看，可以分为例行性和非例行性。例行的任务因为有章可循，领导者循规蹈矩，按部就班即可；而非例行性的事务，则需要有一定创新、革新风格的领导者来处理。

（4）从任务的决策上看，可以分为决策型和执行型。重大问题，重要事情，除需要群策群力之外，还需要权威型、决断力的领导风格；而执行型任务则需要参与型的、执行能力强的领导风格。

2. 领导情境变量之二：领导对象

组织中领导者面对的领导对象可以分为以下四个维度：

（1）从年龄上看，可以分为年轻人和中老年人。年轻的、精力充沛的领导对象，他们思维敏捷、生气勃勃，易于接受新生事物，具有很强的创新意识，所以适合革新型的领导风格，但同时他们由于年轻缺少经验，所以又同时需要告知式的领导来告知他如何处理事务；中老年的领导对象，处事稳重，思考问题深谋远虑，这时候适合授权式和合作型领导风格。

（2）从性格上看，可以分为外向型和内向型。外向的人往往具有广泛的社交能力，所以可以采用授权式和参与式领导风格；而内向的人则是情绪稳定，内向稳重，所以适合教练型、告知式的领导风格。

（3）从阅历上看，可以分为阅历丰富和阅历单一。阅历丰富的下属因为从事过不同领域、行业、专业的工作，适合合作型、授权型的领导风格；阅历单一的下属，因为从事的行业、专业单一，所以需要一定的指导和参考，故适合推销式、教练式的领导风格。

（4）从智能上看，可以分为发现型和再现型。擅长发现研究的下属，可以用革新型的领导风格来激发他们的创作灵感等；而擅长执行的人则要让他们多参与具体的事务，以便于把理论变成现实，故适用参与型领导风格。

3. 领导情境变量之三：组织环境

组织环境可以从以下三个维度考察：

（1）从凝聚力上来看，组织环境可以分为团结和不团结。对于凝聚力强的组织，成员对组织的依赖性强，忠诚度高，成员之间互相帮助，互相支持配合，这时候需要民主型的领导风格；而相反，对于凝聚力差、不团结的组织，则需要权威型的、决断型的领导风格。

（2）从发展方向上看，组织环境可以分为目标明确和目标不明确。对于发展目标明确的组织，需要合作型的领导，发挥组织成员间的团队战斗力；而发展目标不明确的组织，则需要教练式的领导来督促，告知成员努力的方向。

（3）从组织的平稳性看，可以分为平稳和不平稳。对于平稳的、内外环境变化不大的组织，只需要成员按部就班即可，告知式的领导风格比较合适；而组织平稳性较差、内外环境变化大的组织，则比较强调成员的超前意识和创新意识，需要革新型、前瞻型的领导风格。

一个合格的领导者要具备能够根据实践来把握不同领导风格的能力。通过一种实践把握一种领导方式，通过另外一种实践把握另外一种领导方式，反复实践，这样就能掌握不同的领导风格，在运用的时候才能做到信手拈来，取得事半功倍的效果。

本章小结

什么是最佳领导风格，什么样的领导风格能够为组织带来卓越绩效，这是领导力研究领域中最受关注的核心问题。在第二次世界大战末期，美国俄亥俄州大学和密歇根大学的学者们就开始了对领导行为和领导风格的研究。时至今日，研究者们已经发表和出版了数以万计的论文和书籍，领导风格及领导力之间的关系依然是学术界关注的热点话题。本文认为，领导力源于领导风格，领导力归根结底是每个领导者领导风格的综合体现。领导风格与每个领导行为主体的工作环境、自身经历和性格特征有着密切联系，也是与其他领导行为主体有所区别的领导行为特征。领导风格的实质是领导者待人接物的行为模式，既有着深刻的内化要素，又有着必然的外在表现方式和途径。领导力可以分为两种：权力领导力和非权力领导力。权力领导力是指领导岗位所带来的刚性领导力，领导者可以通过行使手中的权力决定人的晋升或开除、物的支配与使用；非权力领导力是一种柔性领导力，是由人自身的人格魅力所产生的影响力，它来源于个人的修炼和成长，能让追随者发自内心地去尊敬和信服。基于领导风格和领导力内涵、特点及理论研究的比较、分析、归纳基础之上，找出构成领导力的要素及影响领导力发挥的因素，为领导者在不同情境下采取何种领导方式、领导风格提供了参考或指导。

CHAPTER 03

第三章

梅花香自苦寒来——风格形成

领导风格绝不是“无源之水”“无本之木”，任何一种领导风格的形成与发展，既有领导者自身性格特质、生理禀赋等先天性因素的影响，更有领导者自身家风传承、学校教育、工作历练、人生感悟、时代影响、文化浸润等后天因素的作用。领导者从开始从事领导工作时的无风格领导，到逐渐成熟，进而形成自己独特的领导风格，一般总有一个渐进的过程。领导者在走上领导岗位之前，在社会这个大环境下会首先对家庭成员中和学校老师或同学中自己比较崇拜和欣赏的人进行模仿；而所阅读的课本与书籍、父辈的教导、老师的教诲也会对其个性的塑造起到一定的影响；步入社会后，工作岗位上的历练、经验的总结、前辈的指导，使其逐渐形成了具有个人色彩的为人处世的风格；当从事领导职位以后，面对纷繁复杂的局面、形势严峻的事态、不同个性的下属，领导者的处世风格随着阅历的丰富被逐渐地稳定下来而形成了自身独特的领导风格。由此可见，领导者的领导风格是在多种因素相互作用中逐渐形成的。

第一节　人生经历

人生经历是领导风格形成的重要条件，没有人天生能“运筹于帷幄之中，决胜于千里之外”。只有经过历练，才能塑造成符合领导职责要求、担当领导重任的领导风格。领导者在家庭和社会生活中的经历以及在求学期间的经历，能够使领导者逐渐形成稳定的个性；而不同级别的领导工作经历、不同地方的领导工作经历、不同部门的领导工作经历，能够使领导者对各种领导方式、方法进行探索与尝试，并进行反思与总结，从而牢牢地把握住领导活动的特点和客观规律，形成稳定的工作态度和工作风格。

一、家庭经历

在2015年春节团拜会上，习近平总书记指出："家庭是社会的基本细胞，是人生的第一所学校。不论时代发生多大变化，不论生活格局发生多大变化，我们都要重视家庭建设，注重家庭、注重家教、注重家风。"[①]家庭，是个人终身的生活基地，也是接受教育的第一场所、第一课堂。在个人成长的最初几个阶段，家庭对个人人格特征的形成、行为方式、心理品质、价值取向等都会造成非常显著的影响。父母作为个人人生开始最直接、最亲密的接触者，对子女的影响尤为重要。个人家庭背景对个人在社会中的发展也有着举足轻重的影响。

家庭背景，主要是指家庭所在地、家长的受教育水平、家长的职业背景、家庭经济情况、家庭氛围等，这些因素都会对个人产生深刻影响。

1. 家庭所在地。家庭所在地是一个影响因素中的客观因素，它一方面反映了父母的文化程度、职业状况；另一方面也反映了整个地区的文化水平和文化氛围。而地区的文化水平是有层次性的，一个地区的精神文明与它的地区发展水平密切相关，这就是我们常说的一方水土养一方人。例如，城市与农村之间、大城市与小城市之间，甚至同一城市的不同县、区之间，经济社会文化的发展程度都有很大不同，人们在特定的环境里长期生活的状态下，思维和行为习惯会逐渐形成特有的风格与方式。

2. 父母的受教育程度。以父母所接受的学校教育水平为指标，国内外的一些研究表明，高学历者比低学历者接受教育的时间更长，对教育的理解一

---

① 习近平. 不论时代发生多大变化都要重视家庭建设［DB/OL］http：//politics.people.com.cn/n/2015/0217/c70731-26580958.html.

般也会更深刻。高学历者，往往在知识掌握上远超过低学历者，孩子的家庭教育就可以获得一个可靠的知识来源。

3. 父母的职业。父母职业决定着家庭经济收入、文化资本和社会关系，这些又相互交叉、相互融合，共同对子女的性格、处世方式产生深刻影响。如果父母社会地位比较高，子女会拥有更多的学习机会，其未来的发展也会更加多元化。不同职业的人看待问题的眼界、解决问题的方式也大为不同，子女在这些方面也会直接受到父母的影响，如从事律师、医生、老师等职业的家长，因为工作原因，他们在面对问题时，往往会非常严谨，他们的孩子在处理问题时也会考虑的更加全面、细致。另外，近年来社会阶层的固化也导致了职业的代际传承现象。

4. 家庭经济情况。只有具有稳定的经济收入，保障受教育者的物质生活、学习环境等，才能使其更好地学习，得到更多的发展机会。家庭经济情况往往决定了人获取资源、机会和生存空间等方面的享有状态，许多的国内外研究学者都把家庭的经济状况看作是影响学生教育和未来发展的重要因素。德国的一些研究学家的研究表明，家庭的物质生活和居住条件对学生的在校学习有正向的影响。

5. 家庭氛围。家庭氛围指的是家庭成员之间互动时产生的经常状态下占优势的态度和感受。我们基本上将家庭的氛围分为民主、专制、溺爱和放任四种类型。

（1）民主型家庭。父母以民主的态度对子女进行教育，父母与子女相亲相爱，互相尊重。家庭生活动静相宜、生动活泼，严谨有序。父母子女有充分的思想和情感交流。这种家庭培养出来的孩子容易养成开朗、自信、积极的心态和开拓、自制、灵活的思维习惯[①]，易于为同龄人所接受。

（2）专制型家庭。父母对子女多采取高压政策，在这种家庭环境中，子

① 家庭氛围对孩子的影响［DB/OL］http://haeyggt.blog.163.com/blog/static/127119210200910462029536/.2009—11—04.

女不但没有和父母进行感情交流，而且有时还处在一种对立的情绪中。这种教育方式会造成子女在步入社会后刻意与他人保持距离，疏远他人，一般不会有较好的人际关系。“专制型家庭”的教育使孩子对事物的观察不能有自己的思想，使他不敢想、不能想，没有想象力，没有创造性，不敢去做“出格”的事。在社交活动中，“专制型家庭”的孩子与他人相处的时候，不懂得如何处理与他人的关系，甚至是不会说话、不会做事，一说话、做事就得罪人，使自己处于孤立，进而进一步封闭自己[①]。

（3）溺爱型家庭。父母对子女宠爱有加，极少管教，很多时候只看到子女的优点，对缺点视而不见，助长子女的骄傲心态，其结果形成子女自我中心意识，唯我独尊，霸气十足，不能与周围的人协调相处，更会养成孩子好吃懒做的不良习气。他们对父母的所求受虚荣心理的驱使会无止境，一旦父母满足不了他们的所求，就可能会利用违法犯罪的手段达到目的。

（4）放任型家庭。放任型家庭一般有两种，一种是父母忙于工作将子女托付给保姆或亲属，对子女无暇过问，孩子的生活和学习根本得不到应有的重视，有进步时得不到鼓励，犯错误时也得不到及时的教育与引导，在这种家庭中父母和子女之间缺乏感情交流，子女在精神生活上一如孤儿，性格孤僻、古怪，很难与人相处。另一种是父母对孩子教育比较随心所欲，没有一贯的标准，这种家庭氛围下的孩子难以养成良好的思维和行为习惯，孩子普遍活泼有余，严谨不足，责任心、自控力与开拓性都很差[②]。

总之，由于组成家庭的各种原因的不同，使得社会中每个人都经历着不同的社会化过程，但相同的是在个人人格及行为生活方式的塑造形成过程中，家庭的影响是巨大的，甚至是伴随一生的，从领导风格形成的角度来看，也具有基础性的作用。

---

① 王宇昕．家庭对于个人社会化的影响［DB/OL］http：//www.docin.com/p-564264341.html.

② 家庭氛围对孩子的影响［DB/OL］http：//haeyggt.blog.163.com/blog/static/127119210200910462029536/.2009—11—04.

案例分享

周恩来总理的领导风格常被人津津乐道，诸如举轻若重、广大精微；顾全大局、辩证包容；求同存异、坚定灵活等，其实这些都与他的家庭成长环境密不可分。

周总理生活在一个“破产的官吏家庭”里，或用他的传记之一的话说，生活在“没落的封建官僚”之中。周恩来的生母万冬儿出生于一个杰出的地方官宦家庭，是个有才干的女人，娴熟于中国传统的交往。而周总理的养母淮安陈氏是家族中最了不起的妇女，她有自信心，果敢坚毅，具有高度的智慧和社会良知。养母陈氏虽没有受过教育，却强有力地行使着自己的权威，通常以严格的家教来对孩子们进行约束。他深受这位养母的影响，在10岁之前，一天也未离开过她，以至于在其后来的生活中，完全把她当成了自己的“母亲”。另外，在他的性格发展过程中，奶妈的影响也至关重要。她常常告诉他有关周家大门外农民们过着的艰苦生活。她详细给他讲述50年前太平军起义，惩处贪官污吏、劫富济贫的故事。在她的身边，听着这些故事，周总理受到了这方面的影响，以至于在参加革命后，许多人都对他了解这些故事的程度及这些故事仍能够使他激动不已而感到惊奇。“我感激我母亲的指导，没有她的关心照顾，那我就不能够在事业追求方面培养任何兴趣。”[①]

周恩来的童年并不是典型的上层社会孩子所过的平静如田园诗般的生活。当他还是个几个月大的婴儿的时候，便被过继给了叔父，一大家子同在一个院落内生活，身处于这样一个庞大的家庭组织之中，自然练就了周恩来处理复杂问题、琐碎问题的能力。9岁时，经济条件的恶化加之母亲的重病，迫使周恩来不得不经常往当铺里跑，并到亲朋家借债，然后从药店里买些药回来给他的母亲治病。试想一下，一个9岁的孩子既要为生计考虑，又要顾

---

① 迪克·威尔逊.周恩来传［DB/OL］http://book.people.com.cn/GB/69399/107429/231060/，2016—08—27.

及没落的封建大家庭的颜面，需要的是成年人式的智慧和平衡能力。正是基于这种复杂而痛苦的童年经历，为周恩来日后果敢坚毅、细致入微、顾全大局、善于平衡的领导风格打下基础。例如他处理纷纭变幻的外交工作，处理繁重艰巨的国内事务，处理中美、中苏、中日等大国关系，处理万隆会议、日内瓦会议等重大国际事件，处理周边关系的棘手问题，处理三年经济困难调整、抗美援朝、“文化大革命”等重大经济、政治、军事问题等。

案例来源：迪克．威尔逊《周恩来传》，http//book.people.com.cn/GB/69399/107429/231060/

二、求学经历

如果说家庭是人的第一课堂，那么学校的重要作用则是：“为每一个未踏入社会谋生的人类个体提供与将来即将会接触生活的同类相互了解接触的重要机会。”求学经历作为领导者领导风格形成的重要条件，其作用主要在于个人与老师、同学、学校的长时间接触过程中，学会如何融入群体与社会，从而获得终身学习和终身发展的动力、热情和必备的基础；学会在纷杂的事物中做出选择，具有正确的价值判断能力，打造独立健全的人格和鲜明健康的个性。

案例分享

以毛泽东早年的求学经历为例。毛泽东就读的湖南第一师范，最初称湖南师范馆，前身是南宋著名理学家张栻讲学的城南书院，同朱熹讲学的岳麓书院只有一江之隔。这所学校的办学条件、师资力量是毛泽东以前就读的几所学校不能比拟的，而且学校的办学理念、教育风格也令人耳目一新。如学校特别强调“道德实践”“身体活动”“社会生活”，强调要从人格、学识等方面全面培养学生。学校既注意聘请了一批学识渊博、思想进步、品德高尚的教师，也注重吸引那些追求进步的热血青年来一师就读。这些，都对毛泽东产生了十分巨大的影响。他在这里打下了深厚的学问基础，获得了社会活动的初步经验，结交了一些志同道合的朋友，开始成为一个能够独立思考问题，有自己的思想方法和政治见解的青年。

在这里，毛泽东遇到了许多像杨昌济、徐特立的好老师，他们的人品和学识都给正处于人生升华阶段的毛泽东以极大的影响。杨昌济先生，被毛泽东称为“一个道德高尚的人”“给我印象最深的教员”。杨昌济曾留学日本六年，毕业后又在英国学习三年，后又在德国考察教育一年，同时他对中国古代文化也有极深的研究和修养，所以，他特别主张搞学问要“贯通今古，融合中西”，而自己一定得有分析、甄别和批判的精神。杨昌济还结合自己的教育教学，鼓励学生要“高尚其理想”，要“奋斗”“有朝气”“有独立心”，能“立定脚跟”，而办事又要“精细”，“小不谨，大事败矣”。可以说，毛泽东在一师读书五年半，从这位恩师那里受益终身。毛泽东也特别推崇徐特立先生的“不动笔墨不读书”的学习方法。所谓“动笔墨”，就是不只是读前人的书，而且要经过认真思考和消化，把自己的心得和看法写下来。读书必动笔墨，这是毛泽东一直保留着的一个学习习惯。在一师学习期间，毛泽东每天写日记，读报写摘记，读书写笔记、作眉批，对不易找到的好书，有时整本地抄下，如杨昌济翻译的《西洋伦理学史》，尚未出版，他就借来，一字不漏地全文抄了下来，共七大本。

在一师时的毛泽东，不但如饥似渴地读书，而且开始用自己的视角观察世界，用自己的语言和观点分析和解剖世界，他读书的兴趣总是和对时势的关心结合在一起。受杨昌济老师道德救世思想熏陶，毛泽东写的文章《心之力》得了许多人羡慕的 100+5 分（满分为 100 分）。在一师的高年级，他经常利用课外时间和附近的群众接触。1917 年夏，他利用暑假和一位朋友徒步九百余里，足迹遍及五个县，花了一个多月时间，到农村进行社会调查。毛泽东特别崇尚这样的社会调查，认为它既是“锻炼筋骨”，又是锻炼意志。

独特的求学经历，尤其是来自学校、师长的熏陶，深刻影响着毛泽东，改变着毛泽东，使他更多地关注社会变动，重视社会实践和接触工农群众，这些也都是毛泽东形成实事求是、联系群众、注重实践等领导风格的重要基础。

案例来源:《毛泽东在中共成立前有哪些求学经历和人生转折》http://www.ccdy.cn/lishi/gouchen/201111/t20111106_190929.htm

我们再来看另一位深受国外求学经历影响的领导人。1920年9月，邓小平登上了法国邮船“鸯特莱蓬”号，并于10月抵达马赛，开始了在法国的生活。1921年3月13日，邓小平和在巴约中学读书的中国留学生一起离开了学校，回到巴黎哥伦布华法教育会，求助不成。半个月后，他和邓绍圣等11人作为散工，来到法国南部的克娄梭城，进入克娄梭城钢铁厂，成为一名工人，从事特别繁重劳累的劳动。而后不久，邓小平又回到哥伦布华法教育会，一方面从该会领取每天5法郎的微薄补助，另一方面做过很多工作，在饭馆当招待，在车站、码头送货、搬运行李，到建筑工地推砖、搬瓦、打水泥，或者打扫工地和清除垃圾，几乎是碰上什么干什么，哪里有活就到哪里去干，这段时间是邓小平在法国勤工俭学时期最艰苦的时期，是只有勤工而没有俭学。

1921年底，四川重庆和成都各界人士捐款30万法郎汇至巴黎，困苦中的邓小平与其他川籍学生一样领到400多法郎。1922年2月，邓小平带着这些钱来到小城蒙达尼，成为哈金森工厂的一名临时工，作为不熟练工人被派到胶鞋车间。10月底，有了一定积蓄后，邓小平又进入巴黎东部塞纳河畔的夏狄戎公学学习，想捡回丢掉的文化课程，试了大约3个月，他发现自己断断续续学来的法语，实在无法跟上学校的课程。邓小平留法期间的俭学尝试基本结束。

1923年2月初，邓小平便中断了夏狄戎公学的学习，先后在哈金森工厂和雷诺汽车厂等企业工作，直至1925年4月离开巴黎。虽然，由于当时的条件限制，邓小平的留法学习是失败的，在学业上成效不大。但5年的经历也决定了他一生的命运。

首先，在法国艰苦的求学和做工经历，使邓小平的思想发生了很大变化。

他进一步探索国家的前途和个人的出路，一步一步地走向马克思主义。在克娄梭城钢铁厂做工期间，他结识了已经成为共产党员的赵世炎、李立三等人，与他们一道组织厂华工组合书记部和勤工俭学会等具有社会主义性质的青年团体。在蒙达尼哈金森工厂工作期间，邓小平常和赵世炎、王若飞等旅欧中国少年共产党负责人散步谈心，在他们的影响下，于1922年夏参加了旅欧中国少年共产党，成为旅欧青年共产主义组织最早的成员之一，也是最年轻的成员。此后，邓小平在辛勤工作之余，积极投入学习马克思主义理论活动之中，得到迅速成长，并于1924年下半年正式转入中国共产党，成为旅欧中国共产主义青年团领导机构执行委员会成员之一，最终实现了由一个爱国青年向坚定的共产主义者的转变。

其次，邓小平在法国期间，两度辍学，先后从事数不清的底层纯体力而无技术的劳动，甚至还曾做扎花标签的这种女人做的工作，其艰难程度难以想象。比如他在克娄梭城钢铁厂期间，今天从煤车向下运煤，明天搬运钢板。一会儿推铁屑，一会儿又去拉钢条，劳动强度特别大，还必须克服生物钟适应早班、晚班和夜班三班轮流循环。这对不满17岁的邓小平来说是一种痛苦，更是一种磨炼，磨炼出邓小平的坚强意志。邓小平以后的人生历程中几度沉浮，尤其“文革”时期的三上三下，但他都能淡然面对，坚强挺过，这与他留学期间形成的坚强意志和抗压能力密切相关。

最后，留学经历使邓小平具有开放的眼光，为他成为中国改革开放的设计师奠定了视野基调。邓小平由于早年留学法国，对资本主义国家有身临其境的感性认识，比毛泽东等人更能客观地分析资本主义的文明、进步和腐朽，对他成为开放性领袖至关重要。20世纪70年代，当全国人民在为我国第一艘万吨巨轮下海而陶醉时，邓小平却说，50年前，我去法国留学时乘坐的就是一艘万吨巨轮。20世纪80年代派遣学生去法国留学，他说“只要留学生有三分之一的回来，就可以继续派”；拍板“轿车可以合资”；拍板“一国两制”；20世纪90年代南方谈话。这些言论和决断只有他这种具有国际视野的国家领导人能够做出——而这对一个国家的发展是非常宝贵的——这些都透有他留学的思想积淀[1]。

总之，邓小平留法5年，虽然学业未成，但此宝贵经历却让他受益终身，是他后来坚守共产主义信仰，百折不屈，开创改革开放大好局面的人生基石。

案例来源：《邓小平：决定一生命运的留学生涯》http：//roll.sohu.com/20110122/n302428915.shtml

三、工作经历

工作是个人正式步入社会的开始，也是领导风格逐步积累形成并趋于稳定的阶段。工作经历同其他经历一样，在很大程度上影响着人的性格、解决问题的思路、心态、视野等。

案例分享

习近平在其自述中提及，“我的成长、进步应该说始于陕西的七八年间，最大的收获有两点”，其中一点是“培养了我的自信心”，培养了他“什么事都不信邪”的自信、笃定。在上山下乡期间“扛200斤麦子，十里山路不换肩”，写过8份入团申请、10份入党申请，报大学时在只有1个名额的情况下3个志愿都填清华大学……后来，他带着满满的自信义无反顾地再下基层，在河北正定正式开启他的政治生涯，带着坚不可摧的自信心与坚定不移的理想信念一路抵达中国政坛巅峰[2]。1969年，习近平从北京到陕北的延川县文安驿公社，扎到梁家河大队。7年上山下乡的艰苦生活对他的锻炼很大，有两点最大的收获：一是懂得了什么叫实际，什么叫实事求是，什么叫群众，这是使习近平终身获益的东西。二是培养了团结精神。习近平的父亲习仲勋要求他从小就要做一个善于团结的人。凡是团结处理得好，工作就能做得比较好；但是若团结处理得不好，

① 珠海留学．邓小平：决定一生命运的留学生涯［DB/OL］http：//blog.sina.com.cn/s/blog_5ddac9700100eb7t.html？ tj=1.2009—07—31.

② 陈海春．领导魅力论——向习近平学做领导者［DB/OL］http：//blog.sciencenet.cn/blog-38949-904365.html.2015—07—10.

凡事就做得不好。

上山下乡的经历使得习近平对基层有了深刻的了解，致使他做出了再下基层的决定。1982年习近平从中央军委办公厅下到河北正定县。当时有许多人对他的选择感到不理解。因为习近平在到河北以前是给国防部长兼任政治委员的耿飚同志当秘书。按理说，跟着耿飚应该会更大有作为。就连耿飚都说，想下基层可以到野战部队去，而不是非要去地方下基层。但是习近平坚信基层离群众最近，最能磨炼人。7年的上山下乡经历使习近平获益匪浅，其间他与群众结下了较深的情谊，为他的成长进步打下了比较好的基础。所以，对于再下基层习近平是充满信心的，就义无反顾地下去了。尽管下乡会有很多的坎坷，但付出跟收获是成正比的。古人郑板桥有首咏竹石的名诗："咬定青山不放松，立根原在破岩中；千磨万击还坚劲，任尔东西南北风。"习近平将之改了几个字，作为他上山下乡的最深刻体会：深入基层不放松，立根原在群众中；千磨万击还坚劲，管尔东西南北风。大家最后对习近平认可到什么程度，后人自有评说，而习近平并不会太在意。通过下乡，习近平结合实践，对中国农村市场化建设、农村摆脱贫困、社会主义市场经济和马克思主义经济学的发展与完善、农村市场化建设与中国加入WTO等进行了系列研究并发表了相关文章。

总之，上山下乡的经历对习近平的影响是相当深的，使他形成了脚踏实地、自强不息的品格。置身于人民群众中就像脚踏在大地上，会使人感到非常踏实且有力量。基层艰苦的生活，能够磨炼一个人的意志。而后无论遇到什么困难，只要想起自己曾在那样艰难困苦的条件下工作，就有一股遇到任何事情都勇于挑战、不信邪的干劲，都能处变不惊、克难前行。

案例来源：习近平，《我的上山下乡经历》，《学习博览》，2016年第12期。

第二节　教育背景

教育背景就是接受教育的总体情况，包括接受教育的院校层次、专业领域、学习成绩、在校经历等。作为领导者，接受正规的、系统的教育是日后开展领导活动的重要基础条件，尤其是现代社会的领导者，不同于封建社会家天下式的统治，领导者必须具备一定的政治、经济、文化等方面的系统学习，才能在某一领域担当领导者的重任，甚至有的时候还必须要出类拔萃才能胜任。教育背景主要包含院校层次、学历高低、专业背景三个方面，这三个因素都会对领导者的领导风格表现产生一定影响。

一、院校层次

院校层次，从横向上可以分为国内、国外两大主体，从纵向上看，国内主要包括如 985 工程、221 高校、本科、专科、高职等。国外的学校由于资金来源不同主要以公立和私立来区分。归纳起来，院校层次的判定主要还是在于办学历史、师资、生源、环境等条件的优劣，也就是名校和普通院校的区别。名校的特点是视野开阔、文化底蕴深厚、平等宽容、尊重每一个人、尽量给每一个人提供潜能发挥空间，这些因素看不见，但最为根本和重要。名校往往宣称是培养未来的领袖，实际上是一种公民教育，培育学生懂得现代社会最基本的常识，更加重视对学生精神上的洗礼，在教学方式上更加灵活，注重培养学生独立思考的能力，要求更加严格。普通院校往往倾向于职业教育，倾向于对学生技能方面的训练，以便于毕业后找到理想的工作。

二、学历高低

从辩证的角度看待学历问题可以发现，个人能力的培养需要一定的学识来支撑，学历是基础，一般的正规学习相对而言要比自学和低学历者有更多的处理问题的思路和方法。但是学历不是能力的根本体现，它只是个人踏入社会的敲门砖，工作能力还要靠不断地实践来获取。

以领导学的视角审视学历高低对于个人晋升影响的问题，有研究显示，从学历、学位与晋升速度的关系来看，中国正部级领导者中学历或学位越高，晋升速度越快。通过分析得出，从科员到正部级，拥有博士学位的领导者大约需要 18 年，拥有硕士学位的领导者大约需要 20.16 年，拥有本科学历的领导者大约需要 29.32 年，而没有进大学校门直接参加工作的领导者则大约需要 36.64 年。由此可见，领导者从普通科员晋升至正部级的平均时间与其学历的高低成正比，学历越高晋升时间越短，晋升速度越快[①]。

三、专业背景

我国政府以往在选拔任用高级领导者时更多考虑的是领导者的资历以及管理经验，对于个人与拟担任职务上的专业匹配度考虑不多，这就造成很多高级领导者担任的职务与其过去学习和工作领域之间缺乏明显的联系，这种情况也造成一些高级领导者对政治的关心多于对业务的关注，在角色中更多考虑的是政治力量和各种因素的权衡，而不是专业的要求和真正对国家和社会有利的做法[②]。

自 2015 年以来，一批大学校长被直接任命为我国政府高级官员，比如，清华大学原校长陈吉宁担任环境保护部部长、中国科技大学原校长侯建国和北京航空航天大学原校长怀进鹏分别担任科技部副部长及工业和信息化部副部长等，尽管大学校长担任政府高级官员在我国早有先例，并且近年来也并不鲜见，但这一轮新的任命仍然引起了社会的广泛关注[③]。这实际上反映了我国在选拔和任用政府高级官员时，更加注对重领导者的专业背景、科学决策能力以及新型领导力的考量，主要原因在于：

（一）对于高级领导者的专业背景方面提出要求，主要是指这些担任高级领导职务的领导者在自己分管的业务领域中，应当具有足够广泛而深厚的知识背景、专业经验以及开阔的视野。中国近年来在国际政治经济地位的不

① 汤俊、邢晨、崔雯燕、杨娅妮 . 我国正部级领导者学历、专业与晋升的关系［J］. 领导科学，2015（3）：36.

② 刘昕 . 选拔和任用高级领导者的专业性取向［DB/OL］http：//www.cntheory.com/zydx/2015-06/ccps150615Z3AT.html.2015—06—15.

③ 刘昕 . 选拔和任用高级领导者的专业性取向［DB/OL］http：//www.cntheory.com/zydx/2015-06/ccps150615Z3AT.html.2015—06—15.

断提升引发世界格局的改变，其他国家一方面依赖中国的经济发展红利，另一方面又对中国崛起保持警惕甚至敌意。在这种国际背景下，我国政府对外交往中，需要有一批在相关业务领域内具有足够的专业知识、相关背景、科学决策能力和开阔的国际视野的领导者，既不妄自菲薄，也不盲目自大。因此，提升高级领导者的专业化水平和决策能力是改善中国国家形象认知的需要，同时也是中国融入全球经济、社会发展的需要①。

（二）对领导者科学决策能力方面的要求意味着，领导者在做出决策时既要有专业知识背景做支撑，又要掌握科学的决策方法及决策程序，避免不按科学决策的要求随意做出决策，给国家和社会造成不必要的损失。未来十年内我国面临的国内社会环境将会非常复杂，潜在和明显的利益冲突也非常多，各级政府需要解决的很多问题都是复杂而又非常棘手的。如果我们不能纠正在以往高速经济增长过程中所犯的错误，不能对过去忽视的一些重要社会问题给予足够的关注，不能把中国带入一个法治化、规范化且可持续的治理模式，后果将不堪设想。因此，很多高级领导者都将面临更为严峻的考验，如果没有基本的专业知识背景，没有能力做出科学的决策，并带领所属部门工作人员贯彻实施所做出的决策，则无法胜任岗位对他们提出的新要求②。

延伸阅读

1. 2013 年的一项数据显示，国务院 10 位博士部长中，除了 2 人为工科专业外，其余都为人文社会科学专业。而综观本届国务院组成部门负责人在内的 33 人中，理工科专业背景 8 人，政经专业背景达 10 人，其余 15 人是文史哲等人文学科专业背景。也就是说近 76% 的人有文科背景③。

---

① 刘昕 . 选拔和任用高级领导者的专业性取向［DB/OL］http：//www.cntheory.com/zydx/2015-06/ccps150615Z3AT.html.2015—06—15.

② 刘昕 . 选拔和任用高级领导者的专业性取向［DB/OL］http：//www.cntheory.com/zydx/2015-06/ccps150615Z3AT.html.2015—06—15.

③ 第一财经日报 . 高层领导多文科教育背景体现时代转型特点［DB/OL］http：//learning.sohu.com/20130320/n369538174.shtml.2013—03—20.

省部级或者更高层领导拥有文科教育背景，体现了时代的转型特点。现代社会要求治国理正的领导者，不仅要具备科技知识，还需要经济、政治、社会、文化等知识，因此文科背景的领导者有所增加。不仅中国如此，世界发达国家也多如此，因为当代国家与社会的治理是一个系统工程，需要全面的知识和技能，而人文科学就是研究这些问题的。

2. 大学校长就职的部委与其所从事的学术领域具有很高的相关性。比如，陈吉宁在担任环保部部长之前，在清华大学从事的就是环保领域的相关研究，曾任清华大学环境科学与工程系的主任，同时担任国家环境咨询委员会委员、环保部科学技术委员会副主任、中国环境科学学会副理事长等职务，其在专业方面的背景和权威性很强。而怀进鹏在担任工信部副部长之前，在北京航空航天大学从事的也是计算机科学领域的研究，除担任北京航空航天大学校长外，他还担任国家信息化专家咨询委员会委员、“863”计划计算机主题首席科学家、国家电子政务试点示范工程总体组组长、国家电子政务标准化总体组组长等职务。中国科技大学原校长侯建国也长期从事物理化学领域的研究工作，特别是在利用高分辨率扫描隧道显微镜研究单分子特征和操纵方面取得了一系列成果，在国内外各专业机构中担任了重要的职务。当这些人进入部委担任高级领导职务的时候，他们的专业背景对于他们将要从事的政府管理工作无疑有着极为重要的支撑作用，同时也能够赢得所在机构广大公务员和各级领导者的认同，这对于他们开展工作是一个非常重要的有利因素。[①]

第三节　外部环境

梁启超曾说“时势造英雄”，还有人说“乱世出英雄”，特定的历史条件，

① 刘昕．选拔和任用高级领导者的专业性取向［DB/OL］http://www.cntheory.com/zydx/2015-06/ccps150615Z3AT.html.2015—06—15.

往往能激发出人的潜能，可见外部环境往往深刻影响着人们的人生轨迹，同时对于领导者领导风格的形成也至关重要。毛泽东之所以能够带领中国共产党、带领全国人民取得革命的最后胜利，根本原因还是在于准确把握时代脉搏，坚持了马克思列宁主义的普遍真理同中国革命的具体实践相结合的正确方向，打造出一支英勇战斗的人民军队，组织一个中国共产党领导的最广泛的革命统一战线，团结一切可以团结的力量，在全国人民的大力支持下取得这场正义之战的胜利。以下主要从时代环境和文化环境两个方面分析外部环境对领导风格形成的作用。

一、时代环境造就

"世界潮流，浩浩荡荡。顺之者昌，逆之者亡。"在领导风格形成原因的问题上，要辩证地看待。既要坚持唯物主义观点，始终认为是时代环境决定领导风格；同时也要反对机械唯物主义的观点，领导者必须在顺应时代潮流的基础上，充分发挥主观能动性。在一定意义上，卓越的领导者能够创造时势，形成广泛的社会影响力、获得广大人民群众的心理认同，从而有力地影响和创造时势、有效地推进社会历史的发展[①]。

（一）时代环境决定领导者所承担的使命

从宏观上看，任何一个社会，要想取得进步与发展，就必须解决它所处时代的主要课题，也就是构成这个社会进步与发展的时代主题。只有那些深刻把握身处于那个社会时代主题的领导者，进而领导民众、改造社会、推进历史，这样的领导者才能被称为那个时代的领袖和伟人。同样，从微观而言，一个组织的发展也是如此，领导者能够深刻把握组织所面临的问题，并充分调动下属共同解决问题，组织才能获得长久发展。[②]

---

① 刘志伟 . 习近平领导风格分析［J］. 领导科学，2015（2）：30.

② 刘志伟 . 习近平领导风格分析［J］. 领导科学，2015（2）：30.

（二）时代环境决定领导者所依靠的力量

无论在什么时代，没有人能够不依靠他人的力量而取得成功。领导者的任何活动，都离不开其追随者的支持和拥护，因而，必须拥有领导活动赖以进行的基本依靠力量。

（三）时代环境决定领导者所运用的方法

任何一个领导活动，领导者明确了需要实现的历史使命，明确了需要依靠的社会力量，那么，如何运用与之相匹配的最合适的方法，从而最大限度地引导其能够动员的社会力量，最大限度地实现其肩负的历史使命，更加圆满地解决时代赋予的主要课题，这也就成为每个领导人必然面临的基本问题。

案例分享

富兰克林·罗斯福——牢牢把握时代脉搏的实用主义者

富兰克林·罗斯福（美国第三十二任总统），无疑是一个时代的伟人，他是一个执着地追求美国现实利益的总统，他的行为方式更多地体现出了实用主义的倾向。他以乐观自信的个人魅力，不拘泥于教条理论的务实态度，牢牢把握时代机遇，在内政和外交方面取得了前所未有的成就。

1. 传递正能量，真诚勇敢。在富兰克林·罗斯福首次履任总统的1933年初，接过的是一个烂摊子，和危机前相比：美国工业下降了53%；国民收入下降了500%；失业工人达1300万。到处是失业、破产、倒闭、暴跌，到处可见美国的痛苦、恐惧和绝望。罗斯福却表现出一种压倒一切的自信，他在宣誓就职时发表了一篇富有激情的演说，告诉人们：我们唯一害怕的就是害怕本身。在1933年3月4日那个阴冷的下午，新总统的决心和轻松愉快的乐观态度，“点燃了举国同心同德的新精神之火”。他提出了旨在实现国家复兴和对外睦邻友好的施政方针。为了推行新政，罗斯福将一批具有自由主义色彩的律师、专家与学者组成“智囊团”，征询方针政策问题；通过“炉边谈话”方式，密切与民众的联系，与反对新政的最高法院进行坚决的斗争并成功地改组最高法院。

2. 博采众长，任人唯贤。1941年年底，太平洋战争爆发。此时，斯大林和丘吉尔极为关注美国政策，就是希特勒也死盯着白宫。罗斯福又一次求助于他的“智囊团”。他的大部分智囊人物——包括精通战略的马歇尔——在分析了轴心集团各国的战争潜力、战略地位以后，认为德国是轴心集团主力，击败了德国，日本就必败无疑。于是提出了“先欧后亚”的建议。历史证明，“先欧后亚”无疑是当时最佳的战略选择。除博采“智囊团”的建议外，罗斯福也把执行权交给智囊人物。第二次世界大战是一场比人力、比智力、比科技、比工业和资源的总体战，指挥作战已不像拿破仑时代那样凭直觉而是要依靠军事科学。罗斯福不是军事专家，但他大胆起用军事人才。在太平洋战场，他依赖麦克阿瑟和尼米兹；在中印缅战区，他让史迪威独当一面；在欧洲，他让艾森豪威尔全权指挥远征军。最后，在华盛顿，还有一个可以信赖的马歇尔，以陆军参谋长的头衔节制三军。作为总司令，罗斯福不像希特勒那样去背诵某一兵器的月产量；也不像斯大林那样守在电话机旁指挥每一场战役；更不像丘吉尔那样亲抵北非沙漠干涉某一个炮兵连的调动。他很少过问战术问题，懂得放权给参谋长们独立判断，见机行事。

罗斯福作为危机年代的领袖，超脱于具体事务之外，正如《美国史》一书的作者拉夫尔·德·贝茨说的那样：“罗斯福或许还不能被认为是一个知识界领袖，在许多领域，他的造诣并不深，也不是一个见地卓绝的思想家。或许正因为如此，罗斯福才不像丘吉尔那样，事必躬亲。而强大的‘智囊团’弥补了他专业知识的缺陷，保证了他政治上的成功。”

3. 懂得倾听，善于沟通。优秀的领导者非常懂得沟通的重要性。人际关系和组织关系中，首先表示沟通意愿的一方往往占据主动，这种主动接触越出乎对方意料，越容易打动人。“二战”时期的富兰克林·罗斯福认为，美国需要在更广阔的国际舞台上发挥作用，为了争取与苏联的关系，罗斯福曾亲自打电话到明斯克市总机，再转接到斯大林格勒，再转接到莫斯科大会堂，再转接给斯大林，然后说一声：嗨，约瑟夫吗？我是富兰克林！罗斯福的思维方式是，既然总要有一方率先表示诚意，那么就由自己来打开局面。[①]

正是基于对时代环境的精准判断和灵活把握，在当时孤立主义盛行的美国，罗斯福充分发掘自身的优势，克服一切困难说服国会批准对日作战，使"二战"形势为之转变，这些历史功绩最终使他的名字载入了史册。

案例来源：http：//baike.baidu.com/item/ 富兰克林 · 罗斯福

二、文化环境浸润

文化，是指一种由历史延续和传承下来，被深深植根于民族心中，无论何时何地何种社会阶层都共同信奉和认同，都必然顽强地在其日常生活和社会行为中表现出来的传统精神。从广义方面讲，文化是指人类社会历史发展过程中所创造的物质财富和精神财富的总和；从狭义方面讲，是指意识形态所创造的精神财富，包括宗教、信仰、风俗习惯、道德情操、学术思想、行为规范、文学艺术、科学技术和各种典章制度等。

所谓文化环境就是指人之所以为人以及人的认识和实践活动所赖以进行的各种文化条件的总和[②]。

人类历史的发展不可能脱离文化环境，文化环境是累积的文化传统的历史再现，是经过千百年的积淀，凝重深厚。人被某一特定的文化环境所塑造。文化环境强大到足以通过无所不在的各种各样的途径潜移默化地给生活于其中的人的思维模式、行为活动方式、道德标准、价值观念等打上它特有的印

① Marina. 罗斯福：驾驭人性的管理者［DB/OL］http：//www.cyzone.cn/a/20130921/245583.html.2013—09—21.

② 王泽峻 . 文化环境及其对人的影响［J］. 北京师范大学学报，1992（1）：102.

记，并且会逐渐积累下来，形成独特的文化深层结构[①]。

中华民族创造了博大精深的璀璨文化，为人类文明进步做出了不可磨灭的伟大贡献。几千年来，古人留下了浩如烟海的文化典籍，贡献了众多泽及人类、深刻改变世界面貌的发明创造，这些都成为任何有所作为的中国政治家和领导人形成领导风格、获取政治智慧、提升人格魅力的重要精神来源。

习近平总书记的领导风格深受中国文化的影响。中国传统优秀文化中强调的“天人合一”思想，成为习近平总书记指导社会经济发展的重要指导思想。2004 年 3 月他明确指出：“要按照统筹人与自然和谐发展的要求，做好人口、资源、环境工作。为此，我们既要 GDP，又要绿色 GDP。”[②] 中国古代众多领导人心系百姓的政治品格，既是习近平总书记的人生楷模，也成为习近平总书记教育各级领导者的从政经典。2004 年 1 月他教育领导者：“古往今来，许多有作为的‘官’都以关心百姓疾苦为己任。从范仲淹的‘先天下之忧而忧，后天下之乐而乐’，到郑板桥的‘些小吾曹州县吏，一枝一叶总关情’；从杜甫的‘安得广厦千万间，大庇天下寒士俱欢颜’，到于谦的‘但愿苍生俱温饱，不辞辛苦出深林’，都充分说明了心无百姓莫为‘官’。”[③] 中国古代众多治国理政的领导方略，成为习近平总书记从政智慧的重要来源。他多次引用《韩非子·显学篇》中的名言“宰相必起于州部，猛将必发于卒伍”，要求各级领导者高度重视在实际工作过程中的历练与成长。中国传统文化注重“协和万邦”，中华民族历来爱好和平，强调亲仁善邻，中国在对外关系中始终秉承“强不执弱”“富不侮贫”的精神，提倡“海纳百川，有容乃大”的胸怀，主张吸纳百家优长、兼集八方精义，这些闪光思想和历史精华，成为习近平总书记外交指导思想和外交战略政策的主要依据，他始终强调要继承爱好和平的优良传统，始终高举和平、发展、合作的旗帜，坚定奉行独立自主的和平外交政策，坚持走和平发展道路，周边外交坚定奉行与

---

① 刘志伟 . 习近平领导风格分析［J］. 领导科学，2015（2）：29—30.

② 习近平 . 之江新语［M］. 杭州：浙江人民出版社，2007.37.

③ 习近平 . 之江新语［M］. 杭州：浙江人民出版社，2007.26.

邻为善、以邻为伴，坚持睦邻、安邻、富邻政策，坚持亲、诚、惠、容的理念，推动建设一个持久和平、共同繁荣的和谐世界。这些都是文化对于领导风格无声浸润滋养的生动体现。[①]

第四节 领导实践

领导实践是影响领导风格形成的关键因素。许多人在没有步入领导实践之前，其行事风格不会体现得很明显，甚至是千人一面。只有经过实践的历练，领导者的领导风格才会真正显现出来。陆游诗云，“纸上得来终觉浅，绝知此事要躬行”，领导风格不是无水之源，是领导者在领导实践中逐步积累形成的。

一、工作性质影响领导风格

依据领导者从事领导工作的性质，其领导工作可以划分为政治领导、业务领导和行政领导。不同性质的领导工作会对领导风格带来不同的影响。

政治领导者，是指专门从事与巩固和加强党和国家政权建设直接相关的领导工作的领导者，是党和国家政治全局的运筹者。由于党在国家的政治、经济和社会生活中处于领导核心地位，党的领导主要为政治领导，即对政治原则、政治方向、重大决策的领导，因此政治领导是一切领导活动中起统率作用的领导。受此工作性质的影响，领导者在自身素质和能力的要求上，必须具有较高的理论素养和广泛的号召力、影响力。

业务领导者是指主管专业工作的领导者。业务领导指生产或专业活动过程中的领导活动。它以创造物质财富为主要目标，肩负着为实现政治目标的物质基础建设——物质文明建设的繁重任务。因此，无论在什么岗位上，都要有一定的专业知识和专业能力。要不断地学习，不断地更新知识，掌握新

① 刘志伟．习近平领导风格分析［J］．领导科学，2015（2）：29—30．

的本领。不管负责哪一行，不专、不懂，就不可能实现强有力的业务领导。业务领导范围广、门类多，包括经济、科学技术、文化教育、国防建设等领域。而每个领域又分为许多专业部门，例如经济领域分为农业、工业、邮电、药业、金融等。这种工作性质及工作要求，会使领导者逐渐形成严谨、理性、勤于思考、求真务实的领导风格。

行政领导者是指相对于政治领导者和业务领导者而处事行政管理的领导者。大至一个国家，小至一个单位，都有行政领导者。行政领导其任务是推行国家政令，管理公共事务。一个组织或团体的行政领导任务，就是推行政治和业务领导的决策。行政领导是政治领导和业务领导的中间环节，它对政治领导和业务领导负责，同时依据法律和制度对业务领导进行检查监督。[①]因此这样的工作性质会促使领导者在执行力上显示出独特的风格。

二、领导岗位影响领导风格

由于组织中不同层级领导者的工作内容和工作职责是存在显著差异的，因而其对应的领导风格具有各自的特点：基层领导者重在提高技术能力，包括业务能力和贯彻执行上级决策的能力；中层领导者重在提高协调能力，包括处理人际或部门之间关系的能力；高层领导者重在提高决策能力，包括分析能力、判断能力、综合能力、创新能力、决断能力等，由此会影响不同层级的领导者形成自己鲜明的风格特点。

三、塑造与领导实践相匹配的领导风格

领导者在领导实践中所面临的领导情境不同，需要领导者具有与之相匹配的领导风格。只有根据不同情境，选用与之相适应的、相匹配的领导风格，才能取得高效的领导效果。

---

① 贺善侃．领导科学和现代行政［M］．上海：上海大学出版社，2001.29—30.

（一）领导者应掌握多种领导风格

由于任何一种领导风格都有其局限性，如果始终单独使用一种领导风格去应对多种领导情境，必将难以应付，会给领导绩效带来负面影响。实践证明，凡只掌握一种领导风格的领导者，领导效果往往都不好。领导者必须认识到，只拥有一种领导风格难以实现有效领导，必须分析不同情境所涉及的工作任务、下属、组织等环境的具体情况，掌握并运用多种领导风格，才能提升领导力，实现领导目标。比如，从调动下属的积极性来看，对于愿干且能干会干的下属，适合采用放任型或分权型领导风格；对愿干但不会干的下级，宜采用以工作为主型领导风格或教练型领导风格；对不愿干而会干的下级，宜采用以人为主型领导风格①。

（二）领导者要通过反复实践来把握不同领导风格

人们学习掌握任何一种领导方式，形成任何一种领导风格，都必须经过实践的检验，只有通过反复实践，才能够习惯成自然，形成一定的领导方式，体现一种领导风格。由于习惯定式的影响，有时即使认识到不同情境必须采用不同的领导风格，也往往自觉不自觉地面对不同情境依然采用惯用的领导风格，结果导致领导决策失误。因此，要掌握不同领导风格，就必须克服习惯定式的影响。②

如果一位优秀的基层领导者提升到中层领导岗位后仍然把业务能力放在首位，每天忙忙碌碌，只注重自己干，不能通过自觉学习来及时提升激励协调能力，结果只会导致“一流的基层变成二流的中层”。

作为基层领导者，工作上必须体现出兢兢业业、求精务实的工作风格。但到了中层领导岗位后，工作风格上要体现出能够沉得住气，把精力和能力放在激励协调上，协调好组织内外方方面面的关系，充分激发下属的工作热

① 任博．领导应让风格与情形相匹配［J］．领导科学，2009（18）．

② 任博．领导应让风格与情形相匹配［J］．领导科学，2009（18）．

情，而不是事必躬亲。同样，中层领导者如果升到高层，就要学会超脱和从容，要擅长“踱方步”，通过用人和授权留出足够的时间，使自己集中主要精力去思考组织发展的战略问题。[①]

本章小结

领导风格的形成，需要领导者个人特质等先天因素和人生经历等后天因素的共同造就。性格特征、行为习惯、思维方式是形成领导风格的基础性因素，通常不易改变，而家庭环境、教育背景、外部环境、领导实践共同作用于领导者，其处事风格随着阅历的丰富被逐渐稳定下来，进而形成了自身独特的领导风格。正如世上没有两片完全相同的叶子一样，领导者的领导风格既不是完全相同的，也不是固定不变的，具体到每个领导者身上，都会呈现出不同的领导风格特征。在影响领导风格形成的因素中，领导者们可以通过把握优势因素（诸如学历较高、性格与职业较为匹配、平台广、视野宽、人脉资源丰富等），顺势而为，紧跟时代潮流，不断丰富并完善自身的领导风格，更好地为组织发展、个人发展创造机遇。

---

① 全国领导者培训教材编审指导委员会组织编写．领导力与领导艺术［M］．北京：人民出版社，2015.12.

C H A P T E R 0 4

第四章

天生我材必有用——风格构成要素

“领导者在长期的个人经历与领导实践中会逐步形成自己习惯的方式，并且在具体的领导实践中自觉或不自觉地发挥作用，这种带有较强个性色彩的习惯化的领导方式所表现出来的特点就是领导风格。”[①] 人的个性各有不同，领导者要想取得良好的领导绩效和实现组织的发展目标，必须善于掌握和运用领导风格方面个性差异的有关知识来指导个人的成才和成长。在第三章里，作者从纵向过程上分析了影响领导者领导风格的因素主要来自领导者的性格、经历、教育背景、外部环境、领导实践等多个方面，对于我们由远入近地系统了解领导风格得以形成的原因具有很好的指导意义。本章里，我们着重从横向结果上研究探讨领导风格的要素构成。通过这样纵横两方面的分析，有助于我们更深入系统地了解和把握领导者领导风格是如何形成的以及形成的领导风格主要蕴含了哪些要素，使我们对领导风格本身的把握能够更系统、更深入、更全面。只有全面了解和掌握了领导风格的构成要素，才能挖掘和激发出自身的特点和优势，真正实现“天生我材必有用”。

第一节　性别差异

自 20 世纪 70 年代末、80 年代初以来，关于两性领导风格的性别差异和领导效能问题，一直是学术界争论的焦点和热门话题。“有人支持也有人反

---

① 张志虎、王义保．领导风格的影响因素与理性选择［J］．领导科学，2014（29）．

对。还有人做了两性领导风格与其他因素的相关性研究，例如两性领导风格与社会文化背景的相关性研究、与决策模式的相关性研究等，这些研究成果都为两性领导风格的研究提供了帮助。”[①]

一、研究性别与领导风格关系的理论视角

随着越来越多的女性进入职场并成为领导者，女性领导者的领导风格和效能问题引起了广泛的关注。女性具有什么样的领导风格，这些领导风格的优势是什么？围绕这一主题，衍生了大量性别视角下的两性领导风格差异的实证研究。

（一）生理视角

从 20 世纪 50 年代开始，国内外学者开始研究生理性别与领导的关系，即从传统的男性或女性的角度去考虑性别与领导的关系。

传统领导学理论认为，男女在生理上的差异被作为上层建筑歧视的根基，人类社会长期以来给不同的男女性别安排了意味着某种等级色彩的角色，这种角色是预先决定和不可逃避的。

“‘男主外，女主内’‘男主事业，女主家庭’，甚至男尊女卑等观念被认为是天经地义的。”[②]

随着社会的进步和时代的发展，这些观点在理论和实践两方面越来越站不住脚。因为，男女不同性别之间的差异的确存在，但只是程度上和倾向上的区别，并非完全不同，而且这些差异完全可以通过后天的学习改造加以消除。很多情况下，男女两性生理上的差异并不完全是由于性别本身的原因造成的，还有其他原因，比如家庭角色、社会地位、教育背景、组织文化等因素。所以，树立正确的性别意识观是很重要的——既承认男女两性生理上客

① 梁巧转、忻依娅、任红军 . 两性领导风格研究评述［J］. 妇女研究论丛，2004（5）.

② 韦生源 . 现代世界女性政治人物单身现象的启示［J］. 领导科学，2015（27）.

观存在的差异，又要对男女两性生理上的差异的原因有清醒的认识[①]。

（二）社会视角

主要是关注男性和女性在社会中被期待扮演的社会角色和社会地位。“在传统的社会生活中，人们对男性和女性的社会性别特征的认知有着本质的差异。女性常常被描述为温柔、娴静、情感脆弱、具有依赖性、擅长形象思维，适合做助手；而男性则刚强、好动、意志坚强、富于理性、具有独立性、擅长逻辑思维，适合做领导。同时，相比男性，女性的社会地位更低。因此，女性的社会性别特征与领导者的角色特征不一致，而男性的社会性别特征与领导者的角色特征相一致。”[②]

（三）人际关系视角

人际关系视角主要关注领导者和上司、同事及下属之间如何相互影响。依据人际关系视角，性别之所以导致两性领导风格的差异，是因为男性领导者与男性下属、男性领导者与女性下属、女性领导者与男性下属、女性领导者与女性下属之间具有不同的人际交往方式，这些交往方式成为影响每个群体人际关系的重要因素[③]。

二、两性领导风格的差异

对于两性领导风格存在的差异，国内外学术界进行了广泛的热议。通过对调查数据的分析，美国学者罗斯奈尔（Rosener）提出，男性领导者多数采用的是一种交易型的领导风格。“交易型领导风格的特征是男性领导者更

---

① 舒丽丽．性别视角下的领导者、领导风格［J］．领导科学，2009（19）．

② 张瑞娟、张丽琍．性别与领导风格 / 效能实证研究的理论视角及现状［J］．中华女子学院学报，2015（5）．

③ 张瑞娟、张丽琍．性别与领导风格 / 效能实证研究的理论视角及现状［J］．中华女子学院学报，2015（5）．

倾向于使用组织所赋予的职位权力。男性领导者依靠在组织中的权威和合法性，关注下属任务的完成和员工的顺从。”“这些男性领导者更多依靠组织的奖励和惩罚手段来影响员工的绩效。相反，女性领导者采用的是一种变革型的领导风格”，即通过设计一个更宽的组织目标，将下属的个人兴趣融合到组织当中，在实现组织目标的同时实现个人目标。并且，女性领导者更倾向于认为自己的权力来自个人魅力、勤奋工作以及与下属之间的个人关系，而不是来源于在组织中的地位。女性领导者通过鼓励下属参与、提高下属的自我价值实现及调动和激励下属等手段，形成了明显区别于传统的命令—控制型的领导风格。女性领导者之所以会形成这种不同于男性领导者的领导风格，罗斯奈尔认为：“这是由于社会对女性角色的期望（善于合作、寻求支持等）和女性的成长经历（没有权利的志愿者、个人奋斗）两个方面的原因造成的。”①

我国学者梁巧转、杨林、狄桂芳等探讨了两性领导者在社会性别特征及以任务为导向和以关心人为导向的领导风格的性别差异。研究发现：“在男性化特征上，男性领导者表现更明显；在女性化特征方面，男性领导者和女性领导者不存在显著差异。在以任务为导向的领导风格方面两性领导者存在显著差异。男性领导者更注重以任务为导向。但是在以关心人为导向的领导风格方面，两性领导者并不存在显著的差异。”②

美国学者法根森（Fagenson）进一步从组织层面研究两性领导风格的差异。法根森的研究表明：“在组织的同一层级水平上，男性领导者要比女性领导者更倾向于交易型的领导风格，但在不同层级上，情况会发生变化。处在较高领导职位上的女性领导者比处在较低领导职位上的女性领导者，更容易表现出男性化的特征。在高层领导职位上的女性领导者在男性化特征方面和

① 梁巧转、忻依娅、任红军．两性领导风格研究评述［J］．妇女研究论丛，2004（5）．

② 梁巧转、杨林、狄桂芳．社会性别特征与领导风格性别差异实证研究［J］．妇女研究论丛，2006（3）．

男性领导者没有明显的区别。”[①]

三、两性领导风格的领导效能

对于两性领导风格的领导效能，1995 年，美国学者伊格里（Eagly）对 76 篇有关两性领导风格领导效能的文章进行了深入分析，研究结果发现：“不考虑组织的背景环境、领导者的层级等因素，两性领导风格的领导效能并不存在显著差异。当考虑组织的背景环境、领导者的层级等因素时，两性领导风格的领导效能具有显著差异。在男性占主导地位的环境中（领导的角色被刻板为男性化时），如在军事领域和政府部门，男性领导者被认为具有较高的领导效能；在女性占主导地位的环境中（领导者的角色被刻板为女性化时），如在教育和护理行业，女性领导者被认为具有较高的领导效能；对于基层的领导者来说，男性领导者被认为更有效，对于中层领导者，女性领导者被认为更有效。”[②]

卡特多（Cuadrado）以西班牙的 35 个工作团队的领导者和员工为样本，探讨了下属的性别、组织的类型对于两性领导风格和领导效能以及下属的满意度和额外努力的影响。研究发现：“男性领导者和女性领导者自我评价的领导效能没有差异。但是下属评价的女性领导者在满足团队成员的需求方面，高于男性领导者；女性领导者的女性下属，相比她们的男性同事，认为女性领导者更有效。男性领导者和女性领导者对下属的工作满意和额外努力的影响没有差异。当考虑组织类型时（依据性别标准，将组织分类为男性类型组织，如运输、金融行业；女性类型组织，如护理、教育行业；性别平衡类型的组织，如政府。依据组织中占主导地位的领导者的性别，将组织分为男性主导和女性主导），研究结果支持了伊格里的研究，即女性领导者在女性占绝对优势或女性化类型的组织中，更倾向于采用与女性化

① 梁巧转、忻依娅、任红军．两性领导风格研究评述［J］．妇女研究论丛，2004（5）．

② 张瑞娟、张俐丽、尹鹏飞．基于性别视角的领导风格及其效能研究综述［J］．妇女研究论丛，2015（4）．

刻板印象相一致的领导风格。”[①]

尽管这些基于不同文化背景的研究并未得出完全一致的结论，但是，对于两性领导风格领导效能的深入分析研究或许能为我们厘清争议提供一些思路，即两性领导风格的领导效能的差异并不显著，两性领导风格有其不同特点，在适合的环境与条件中，都能产生较高的领导效能。现就领导者如何进行领导风格形象的自我塑造举两个案例加以说明。

案例分享

女性领导者如何进行领导风格形象的自我塑造

（一）自信和坚韧不拔是女性领导者获得超人魄力的关键

女性领导者的杰出代表——伟大的民主革命的先驱者孙中山先生的夫人宋庆龄，在长期的革命斗争中，以举世钦仰的品德、光照人间的风采、奋发进取的精神、才智过人的胆略、朴实无华的作风、坦荡豁达的胸怀，塑造了自己完美的形象，在人民心目中树立了一座不朽的丰碑。正如印度前总理尼赫鲁对宋庆龄的评价：“在中国革命的整个暴风雨的时期中……你的形象屹立着，自信沉着、意志坚定，从不动摇。”

宋庆龄从小天资聪颖、才思敏捷，文静好学而又善于思考，曾留学美国。自追随孙中山之后，她把整个身心都倾注在中国革命、中国的命运上。1921年，陈炯明发动政变，炮轰总统府，在孙中山要带宋庆龄一起撤离时，她说出了“中国可以没有我，但不可以没有你”的千钧话语，婉求孙中山先走，她在此掩护。生死关头，宋庆龄临危不惧，处变不惊，在敌人向总统府发起总攻时，她让卫士打开所有电灯，迷惑敌人，造成孙中山仍坚守越秀楼的假象吸引敌人，同时，急忙烧毁机密文件，并要卫队沉着应战，在坚守几小时

① 张瑞娟、张丽琍．性别与领导风格 / 效能实证研究的理论视角及现状［J］．中华女子学院学报，2015（5）．

后，她与卫士冒着枪林弹雨强行突围。危在旦夕时，她抓住敌兵贪财的心理，撒出银圆，乘他们抢钱之机，死里逃生。宋庆龄在这次陈炯明炮轰总统府的危难中，表现出的大智大勇和急国家所急、忧人民所忧、视死如归的大无畏精神，给人们留下深刻的印象，也受到了革命者的尊敬。

1936 年，国民党逮捕了爱国著名人士沈钧儒等 7 人。宋庆龄闻知后，发起了非同凡响的“救国入狱”运动。她向苏州高等法院呈文，向上海新闻界发表书面谈话，又发表了《救国入狱运动宣言》，称“救国无罪，自愿为救国而入狱”。1937 年 7 月 5 日，她不避酷暑，自携行李，亲赴苏州高等法院自请入狱，在全国引起了极大的震动和强烈的反响。由于宋庆龄在人民中享有极高的威望，又以这种罕见的方式，使国民党当局手足无措，政治上极感难堪，最后不得不将“七君子”交保释放。宋庆龄以她高超的胆识、卓越的才智、赤诚的爱国之情，赢得了人民的崇敬。

中华人民共和国成立后，作为党和国家领导人的宋庆龄，由于在世界人民中享有很高的威望，担当了中华人民共和国和平友好的使者，频频出访。1952 年 12 月，她出席在维也纳召开的世界人民和平大会，被选为执行主席。当大会宣布宋庆龄发言时，全场 2000 名来自世界各国的代表一致起立，热烈鼓掌，并有节奏地欢呼“宋庆龄！宋庆龄”。宋庆龄端庄、秀丽、落落大方，频频向代表们点头答谢，然后以洪亮的声音，从容地发表了题为《人民能够扭转局势》的演讲。她的发言一再被暴风雨般的掌声所打断。她更被称颂为“坚贞圣洁的中国女英雄”[①]。

（二）渊博的知识和丰富的社会实践是女性领导者超人魄力的源泉

被称为中国金融“第一女老板”的陈慕华 1985 年兼任中国人民银行行长。她一直从事计划工作和外贸工作，但她干一行，爱一行，学一行，钻一行，上任不久，就很快“进入角色”。陈慕华根据邓小平指出的“银行应该抓经济，现在只是算账、当会计，没有真正起到银行作用”的重要意见，她着重提出，

① 陈秀梅、于亚博．领导艺术古今谈［M］．北京：红旗出版社，1996.273—274.

银行工作要“开阔视野”，“从经济入手，从经济到金融，又以金融到经济，才能使银行工作路子越走越宽”；“不研究经济，不了解经济，就不能发挥调节宏观经济的作用”。当时，根据全国经济形势的发展，人民银行重要的任务是“控制宏观，调活微观”，首先是要严格控制信贷总规模。

尽管全国人大会上已批评 1984 年多发行了钞票，但人大会后，各省、市代表仍纷纷找银行要求贷款。陈慕华对他们说：“1985 年必须稳定货币，严格控制信贷规模，必须给各地的贷款‘切一刀’。当然不是‘一刀切’，但肯定要‘切一刀’。根据各地经济发展的情况，有的切得多些，有的切得少些。”她的话合乎全国大局要求。各地贷款要求大致被“切了一刀”，信贷总规模有所压缩。

不唯书，不唯上，一切从实际出发，是陈慕华的工作特点。当时有一种“通货膨胀无害论”，认为应根据经济发展需要确定信贷规模，只要经济发展了，多发些钞票也无妨。个别领导者也同意这种观点。陈慕华则不同，她认为稳定货币、保持物价稳定关系到全国人民的根本利益。中国人民银行力求稳定货币，控制信贷规模，同时千方百计开拓和增加信贷资金来源。1985 年两次提高银行储蓄利率，增加了城乡居民的储蓄存款。陈慕华以她丰富的知识和卓越的领导才干证明了女性领导者无论在任何情况下，都要勇于实践，勤于实践，在实践中增知识、长才干，锻炼自己驾驭复杂局面的能力①。

（三）正确处理家庭和事业之间的关系

事业与家庭，在妇女界是个老生常谈的话题，有人把它比作女性领导者“难解的方程”。由于每个人所处的家庭和社会环境各异，答案当然千差万别。但有一个基本的观点应当为广大妇女领导者所接受，就是对家庭的责任和完全献身于政治这两者是可以结合的。女性领导者应以事业为重这一点毫无疑问，同时，也不能淡化家庭观念。但随着社会生产水平的提高，对家庭负责并不一定是传统意义上的包揽家务，两副担子一肩挑，并不是物质砝码的机

① 陈秀梅、于亚博．领导艺术古今谈［M］．北京：红旗出版社，1996.283—284.

械加重，并不意味着心力交瘁的必然结果。关键取决于女性领导者扮演双重角色的艺术性，取决于对感情砝码的平衡，如果把握得好，家庭依然可以成为其成就事业的后盾。

印度前总理英迪拉·甘地每天工作十几个小时，是一位工作狂。然而她所记的并不完全是国事，也常想起家务安排，还常常把可笑的、具有讽刺意味的趣事记在便条上。1971 年她在竞选旅行中，曾递给新闻秘书一张条子，题为“重要新闻简报”——那天早晨，英迪拉·甘地的孙子拉胡尔掉了第一颗牙齿。英迪拉·甘地喜欢天真可爱的孙子，她常常在中午匆忙离开办公室赶回家，不是为了休息或吃午餐，而是为了同孙子玩上一会儿。很多夜晚，当英迪拉·甘地坐在书房里处理紧要公文时，任何人都不敢去打扰她，只有她的孙子能够享受特殊待遇——他可以把自己轻便的小书桌放在她的书桌边[①]。

案例分享

习近平“刚柔相济”的领导风格——领导者学习的典范

党的十八大以来，习近平总书记在改革发展稳定、内政外交国防、治党治国治军等诸多方面和领域，表现出高超非凡的领导才干和领导艺术，凸显了其“刚柔相济”领导风格的个性特征，获得点赞，赢得好评，用普通网民的话来形容，展现出了独特的可敬可爱、可亲可近的“主席范儿”“领袖范儿”。一方面，他具有男性领导者的刚强和硬朗；另一方面，他又不乏女性领导者的温柔和细腻，“外柔内刚、柔中带刚、以柔克刚”，是领导者学习的典范。

外柔内刚，柔中带刚、以柔克刚，是习近平总书记行事风格的重要特征。他作风硬朗，刚直不阿，颇具铁腕风格。

① 陈秀梅、于亚博. 领导艺术古今谈［M］. 北京：红旗出版社，1996.290.

敢于担当

在习近平总书记的系列讲话中，“担当”这个词语经常可见。“我们共产党人的忧患意识，就是忧党、忧国、忧民意识，这是一种责任，更是一种担当。”[①] 他反复强调“该承担的责任必须承担”，“要有担当意识，遇事不推诿、不退避、不说谎，向组织说真话道实情，勇于承担责任”，要“在大是大非面前敢于担当、敢于坚持原则”。他指出：“有理想、有担当，国家就有前途，民族就有希望。”

在索契接受俄罗斯电视台专访时，他观点鲜明地阐述：“我的执政理念，概括起来说就是：为人民服务，担当起应该担当的责任。”他还指出敢于负责、勇于担当是好领导者必须具备的基本素质，“担当大小，体现着领导者的胸怀、勇气、格调，有多大担当才能干多大事业”。

习近平总书记不仅反复强调“担当”，而且率先垂范，始终把责任举过头顶、把百姓装在心中，成了敢于担当的一面旗帜、一个标杆和一面镜子。比如，在深化改革问题上，亲自挂帅深化改革领导小组组长，强力推进改革，啃“硬骨头”、涉“险滩”，带头攻坚克难；在实现“中国梦”问题上，扭住“两个一百年”的大目标，不走老路、不走邪路，昂首挺胸地走中国特色社会主义道路；在维护国家利益上，他更是清晰地划出底线“任何外国不要指望我们会拿自己的核心利益做交易，不要指望我们会吞下损害我国主权、安全、发展利益的苦果”；在为人民服务问题上，把人民对美好生活的向往作为自己的奋斗目标。敢于负责、勇于担当成了习近平总书记领导风格中鲜亮的底色。

反腐倡廉，铁面无私

在反腐倡廉、惩贪肃纪、消除丑恶现象、整治领导者作风等问题上，习

---

① 中共中央纪律检查委员会，中共中央文献研究室编．习近平关于党风廉政建设和反腐败斗争论述摘编［M］．北京：中央文献出版社和中国方正出版社，2015.8.

近平总书记从来都是铁面无私、毫不留情。“深入推进反腐败斗争，持续保持高压态势，做到零容忍的态度不变、猛药去疴的决心不减、刮骨疗毒的勇气不泄、严厉惩处的尺度不松，发现一起查处一起，发现多少查处多少，不定指标，上不封顶，凡腐必反，除恶务尽。”①

当年任宁德地委书记时，曾大力清查领导者违规私建住宅，果断处理一批违纪领导者。每到一处工作，他都会告诫亲朋好友：“不能在我工作的地方从事任何商业活动，不能打我的旗号办任何事，否则别怪我六亲不认。”

自从担任中共中央总书记后，他反复强调“打铁还需自身硬”。“‘中华’号巨轮乘风破浪、顺利前行，关键靠党来掌舵，靠党来掌握方向。要坚持治国必先治党、治党务必从严，提高管党治党的能力和水平，靠‘自身硬’凝聚起不可战胜的磅礴力量，创造无愧于历史的辉煌业绩。”② 并以抓铁有痕、踏石有印的作风推行“八项规定”“六项禁令”，反对“四风”。面对领导者作风上的问题，他从来都是直言不讳，“唱黑脸”“撂重话”，用他的话来说，“拍桌子是必要的，拍桌子比不拍桌子好。不拍不足以震慑，不拍不足以引起重视”。特别在反腐倡廉问题上，他强调“苍蝇、老虎一起打”，出“重拳”、用“重典”，绝不手软，绝不姑息。“执行党的纪律不能有任何含糊，不能让党纪党规成为‘纸老虎’‘稻草人’，造成‘破窗效应’。凡是违反党章和党的纪律特别是政治纪律、组织纪律、财经纪律的行为，都不能放过，更不能放纵。”③ 他同时指出：“我们说‘老虎’‘苍蝇’一起打，有的群众说‘老虎’离得太远，但‘苍蝇’每天扑面。这就告诉我们，必须着力解决发生在群众身边的腐败问题，认真解决损害群众利益的各类问题，切实维护人民群众合

---

① 中共中央纪律检查委员会，中共中央文献研究室编．习近平关于党风廉政建设和反腐败斗争论述摘编［M］．北京：中央文献出版社和中国方正出版社，2015.102—103.

② 中共中央宣传部．习近平总书记系列重要讲话读本［M］．北京：学习出版社和人民出版社，2016.106.

③ 中共中央纪律检查委员会，中共中央文献研究室编．习近平关于党风廉政建设和反腐败斗争论述摘编［M］．北京：中央文献出版社和中国方正出版社，2015.44.

法权益。”[①]

另一方面，他有情有义、情真意切，性情率真、真诚坦然。

亲民乐民

走亲民路线，树亲民形象，是习近平总书记领导风格中最为鲜明的特征。“我们的人民热爱生活，期盼有更好的教育、更稳定的工作、更满意的收入、更可靠的社会保障、更高水平的医疗卫生服务、更舒适的居住条件、更优美的环境，期盼孩子们能成长得更好、工作得更好、生活得更好。人民对美好生活的向往，就是我们的奋斗目标。”[②] 2012 年 11 月 15 日，习近平总书记在十八届中央政治局常委同中外记者见面时的这段讲话，朴实亲切，饱含深情，温暖了亿万人的心。

他是这样说的，也是这样做的。党的十八大以来，这种亲民乐民新风从他第一次出京赴广东考察时便凸显出来。车队出行不再封路，也不再封园、不再清场，在深圳莲花山公园瞻仰邓小平塑像时，他与市民相伴而行，边走边与沿途群众交流，与民众“零距离”。

他还多次考察贫困地区，在甘肃、河北“访贫”时，会用瓢舀起缸里的水，尝上一口，还会接过主人递过来的土豆，掰一块吃；他会在百姓炕上与群众盘腿而坐，一起唠嗑；会询问生病的群众吃什么药，会和乡亲搀扶着走在雪地上。他还经常乐于走到普通百姓中去，与民互动，其乐融融。他在北京庆丰包子铺和大家一起排队，点上一份简易套餐；他去北京南锣鼓巷“看看老街坊”，嘘寒问暖、拉拉家常。与民相亲、与民同乐，听了民声、解了民情、赢了民心。

---

① 中共中央纪律检查委员会，中共中央文献研究室编 . 习近平关于党风廉政建设和反腐败斗争论述摘编［M］. 北京：中央文献出版社和中国方正出版社，2015.99.

② 中共中央宣传部 . 习近平总书记系列重要讲话读本［M］. 北京：学习出版社和人民出版社，2016.212.

常抒家国情怀，常念亲情友情

在习近平总书记的话语体系中，经常出现孩子、老人、家庭、生活，感情细腻而真挚；他发表2014年新年贺词时，办公室书架上错落有致地摆放着他与家人推着坐轮椅的父亲、与母亲牵手散步、与夫人彭丽媛早年合影和骑着自行车驮着女儿的照片，温馨又温暖，流淌着柔情似水的孝与爱；他出访时和夫人彭丽媛手挽着手走出舷梯的那一幕，令人动心动容。不仅如此，他对插队时有“一饭之恩”的农民朋友、对河北正定当县委书记时有“神交”的草根作家等，都常表感恩之心、常怀惦念之情，展现出有情有义的另一面。

“观国者观君，观军者观将，观备者观野。”从习近平总书记的领导风格及特点，可以窥探到他的整个执政风格及特点，也可以窥探到新的历史条件下党的执政能力及其走向，是各级领导者提高执政能力和领导水平的范本和样书。[①]

第二节 年龄阶段

优化各级领导班子结构，提升各级领导班子整体功能，是加强各级领导班子建设的重要课题，也是实现科学领导、提高领导效能的重要条件。特别是进入21世纪以来，由于世情、国情、党情的变化，各级领导班子和领导者队伍建设出现了一些新情况和新问题，需要我们对领导班子年龄结构合理化问题进行再分析、再思考、再研究，为此党的十八大报告提出了“要优化领导班子配备和领导者队伍结构”的要求。因此认真研究和着力解决如何把领导群体的积极性和创造性引导到创新驱动发展、经济转型升级上来，使老、中、青各年龄段的领导者，政治上有奔头、工作上有劲头、发展上有盼头，最大

① 文秀．习近平的领导风格及特点［J］．中国党政领导者论坛，2014（6）．

限度地发挥老、中、青各年龄段的独特优势和作用，具有积极的现实意义。

一、法国骑兵与马木留克骑兵作战的启示

恩格斯曾经讲过一个法国骑兵与马木留克骑兵作战的例子：骑术不精但纪律性很强的法国骑兵，与善于单个格斗但纪律性很差的马木留克骑兵作战，如果分散作战，3 个法国兵打不过 2 个马木留克兵；若相对集中兵力，100 个对 100 个，就能势均力敌；而大规模作战，1000 个法国兵就能打败 1500 个马木留克兵。这说明，法国兵只有在大规模协同作战时，才能具有较高的作战功能，取得最佳的作战效果；而马木留克兵则只有在分散作战时，才能具有较高的作战功能，取得最佳的作战效果。

从法国骑兵与马木留克骑兵作战的事例中，我们可以得到如下启示：

一个系统的要素和结构，对于这个系统的整体功能，起着决定性的作用。法国骑兵之所以善于协同作战，是因为他们内部结构设置科学和合理。因而发挥出的作用要大大超出本身所拥有的成员[①]。

优化各级领导班子年龄结构也应遵循领导班子年龄结构合理化的原则。“领导班子年龄结构，是指领导班子成员的年龄构成情况，即不同年龄段的领导成员在领导班子中的分布情况及其组合状态。领导班子年龄结构合理化，是指构成一个领导班子的成员，在年龄上由‘老中青’按一定比例构成梯次搭配，充分发挥各年龄段干部的优势和作用，实现领导班子整体效能最大化。”[②] 就领导班子而言，一个完整的年龄结构，应由老当益壮、稳健、经验丰富的老年，砥柱中流、领导者主体、勇于担当的中年，初生牛犊不怕虎、有闯劲、有活力的青年，构成一个合理、完整的群体。

之所以要求由老、中、青不同年龄段的领导者组成领导班子，首先是因为不同年龄段的领导者具有各自的优势和特点。一般来说，年长领导者“社

---

① 陈秀梅、于亚博 . 领导艺术古今谈［M］. 北京：红旗出版社，1996.158—159.

② 中共中央组织部研究室（政策法规局）编著 . 干部人事制度改革研究［M］. 北京：党建读物出版社，2011.382.

会阅历丰富、分析问题深刻、思想成熟、处事稳健，能把握好方向"，在领导班子中能起到老当益壮和指引方向的作用，但劣势是力不从心，创新意识退化；青年领导者"朝气蓬勃、反映敏锐、想象力丰富、敢作敢为，勇于攻坚破难，是领导班子中的生力军"，但劣势是工作经验欠缺，领导能力尚处于培育阶段；中年领导者在优势特征上虽不及年长领导者和青年领导者明显，但"趋于成熟、年富力强、精力充沛、勇于开拓"，既积累了一定的经验，又保持着活跃的思维，是领导班子中的中流砥柱，无疑发挥着承上启下的作用[①]。老、中、青领导者三者的有机结合，"既发挥各年龄段领导者的最佳效能，又使班子的整体效能与其所承担的工作任务相适应。""如果领导班子由同一年龄区段的领导者组成，呈现为平面的年龄结构，那就可能出现同步老化、精力不济，或者经验太少、处事困难等现象"。[②]

其次，还应该认识到，生老病死作为自然法则，是任何人也难以抗拒的。领导班子梯次的年龄结构，有利于新老干部的交替，有效防止领导人才的"断层"现象发生。即使年长领导者逐步从领导第一线退下来，也可以保证自然递进，后继有人，保持工作的稳定性和连续性[③]。

二、处于不同年龄阶段的领导者领导风格的特点

（一）生理年龄优势带来的领导风格特征

人们随着年龄的增加，人在不同的生长阶段有着不同的生理机制，因而在体力、智力、心理素质等方面具有不同的生理特点。

随着年龄的增长，人的变化最大的是体力。人在18~29岁之间即青年阶段，"骨骼、肌肉和各种器官等已发育成熟，身强力壮，处于体力的

---

① 中共中央组织部研究室（政策法规局）编著．干部人事制度改革研究［M］．北京：党建读物出版社，2011.607.

② 青海省党建研究会课题组．优化地方领导班子结构增强整体能力问题研究［J］．中国延安领导者学院学报，2015（2）．

③ 冯秋婷．领导科学简明教程［M］．北京：中共中央党校出版社，2001.321.

高峰阶段”。30~49 岁即进入中年阶段，“人体的新陈代谢和体力处于平衡和稳定的状态，耐力增加，功能健全，精力充沛，处于体力的稳定阶段”。50~69 岁即进入老年阶段，“其骨骼、肌肉和各种器官不同程度地进入衰退期，体力明显下降”。但老年人在身体上也并非一无是处，他们步入老年而仍能胜任工作，说明他们的身体经受了人生各个阶段的磨炼而对疾病有较强的抗受能力[①]。

年龄与智力也有很大关系。现代生理、心理学研究表明：“人的知觉的最佳年龄阶段是 10~17 岁；记忆能力和动作反应速度的最佳年龄段是 18~29 岁；比较判断能力的最佳年龄段是 30~49 岁；综合分析和反映能力的最佳年龄段是 50~69 岁。”[②]

领导者年龄不同，领导风格也有所不同。青年领导者的情感容易激动，如果引导得好，能激发他们追求真理的热忱和对工作的热情。他们步入社会时间不长，生活中追求的目标有许多还没实现，动机处于较低层次，有强烈的求知欲和创新欲，迫切需要取得成就和做出贡献，好胜心和进取心强，积极向上；他们具有果断的意志，初生牛犊不怕虎，敢想、敢说、敢干。在性格方面，他们好动、活跃，易于接受新思想、新事物。

年长的领导者感情深沉、执着，不像青年领导者那样容易波动；他们走过了大半的人生道路，动机层次高而表现得较为超脱、明哲；在意志方面，他们自制性强，善于克制不良动机和行为；在性格方面，他们多表现得沉静、稳健、老成持重。

中年领导者刚从青年阶段走过来，又进一步向老年阶段过渡，因而在心理素质方面，既留有青年领导者的痕迹，又开始出现年长领导者的某些特点，可以说把青年、老年领导者的优点融于一身，但这两方面的优点又往往不那样鲜明、突出[③]。

---

① 杨杰 . 论领导班子梯次年龄结构的合理性［J］. 新西部，2010（4）.

② 冯秋婷 . 领导科学简明教程［M］. 北京：中共中央党校出版社，2001.321.

③ 杨杰 . 论领导班子梯次年龄结构的合理性［J］. 新西部，2010（4）.

（二）社会方面的年龄优势带来的领导风格特征

人们在不同的生长阶段，经历着社会发展的不同阶段，接受着不同的社会环境影响和不同的社会教育，因而具有不同的社会烙印。

在理论素养、专业知识和实际工作经验方面，老、中、青领导者各有长处。在理论素养、专业知识方面，年长领导者工作时间长，除了接受系统的高等学校教育外，大都多次参加过党校各种在职短期培训，工作经验较多；同时长期在党内接受各种形式的政治教育，掌握了较多的政治理论知识。中青年领导者则比较时尚，与年长领导者接受系统的高等学校教育的区别在于，除了具有一定的政治理论知识外，对现代科学文化、管理以及专业方面的理论知识掌握得较多。在实际工作经验方面，年长领导者经过的晋升台阶多，许多人经历了从基层领导者到中、高层领导者，从领导局部性工作到领导全局性工作的过程，有全面的领导经验，尤其对中、高层领导工作比较熟悉。中青年领导者经过的晋升台阶少，担任过的领导职务少，担任过较高级领导职务的更少，因而一般对基层工作比较熟悉，中下层领导经验较多，而中、高层领导经验则较为欠缺[①]。

三、优化各级领导班子年龄结构，发挥班子成员不同年龄阶段领导风格优势

（一）当前我国各级领导班子在年龄结构问题上存在的问题及原因

近年来，各级党委不断探索改善领导班子年龄结构和领导者任职年龄界限合理化工作，取得了一定成效，但也还存在一些不容忽视而且亟待解决的矛盾和问题。主要表现在：

1. 许多县乡党政领导班子存在年龄扎堆、年龄老化、年龄断层的问题

当前，许多县乡党政领导班子在年龄结构上“要么是上下一般粗的‘木

① 杨杰 . 论领导班子梯次年龄结构的合理性［J］. 新西部，2010（4）.

桶’形状，要么是‘疙瘩’式的分布不均匀”。出现这种现象的原因主要是在调整和配备领导班子时，只注重了换届时的掌握，而忽略了平时的把关，使领导班子年龄结构没能保持动态的合理化配备[①]。

2. 部分结构型领导者质量不高，公认度不够

一些按年龄杠硬框进去的年轻领导者，被实践证明并不全是最优秀的。主要原因是县乡党政领导班子在年轻领导者的选拔上范围越来越小，对象越来越少。过去，县乡党政领导班子的年轻领导者还可以从国有企业、事业单位优秀分子中选拔，但是基层实行公务员登记以后，由于身份限制，县乡党政领导班子年轻领导者选拔的面窄了，出现了“矮子里面挑将军”的现象，质量上受到了影响[②]。

3. 部分年龄偏大的领导者工作激情提前衰退

前些年，一些地方在选拔地方领导班子特别是党政领导班子成员时，为了“年轻化”，采取了领导者任职年龄层层递减的做法，如要求省级党政领导班子成员平均年龄不超过 55 岁，地（市）级领导班子成员平均年龄不超过 48 岁，县（市、区）级领导班子成员平均年龄不超过 43 岁[③]。领导者任职年龄界限上的“一刀切”，使一些年富力强、工作敬业、业绩突出、群众公认的领导者不得不退出领导岗位。

（二）组建领导班子在年龄结构上应注意的问题

在设计和配置领导班子时，要正确理解年龄结构的概念，防止简单化、绝对化的倾向。

1. 领导班子应该实现年轻化

长期以来，重视年轻领导者培养选拔，强调领导者队伍年轻化，是党的

---

① 曾玉平 . 如何优化领导班子年龄结构［J］. 中国党政干部论坛，2008（9）：51—52.

② 领导班子年龄结构存在的问题及原因分析［DB/OL］http：//club.history.sina.com.cn/thread-5165716-1-1.html.

③ 李烈满、李娣 . 关于领导班子年龄结构问题的调查与思考［J］. 学习论坛，2011（10）.

领导者工作的基础和重点。2013 年 6 月，习近平在全国组织会议上讲话中强调："培养选拔年轻领导者，事关党的事业薪火相传，事关国家长治久安。"

2013 年 11 月，中国共产党第十八届中央委员会召开了第三次全体会议，会上通过了《中共中央关于全面深化改革若干重大问题的决定》（以下简称《决定》），《决定》强调："要改进优秀年轻干部培养选拔机制，下大气力抓好培养工作，对那些看得准、有潜力、有发展前途的年轻干部，要敢于压担子，有计划地安排他们去经受锻炼。"但年轻化不等于低龄化，不能简单地以年龄划线，不能搞任职年龄层层递减。全国组织部长学习贯彻党的十七届四中全会精神第 7、8 期培训班于 2009 年 11 月 20 日、21 日分别在中央党校、国家行政学院开班，18 个省区市的县（市、区）委组织部长近 1300 人参加。中共中央政治局委员、中央书记处书记、中组部部长李源潮强调："要坚持党管领导者原则，按照民主、公开、竞争、择优方针，全面推进领导者人事制度改革。要坚持德才兼备、以德为先标准，以用人为中心选人，把领导者用对、用好、用强。要坚持和完善从基层一线选拔党政领导干部制度，优先提拔具有基层工作经验的领导者，树立重视基层的用人导向。要正确理解和把握党的干部政策，坚决纠正领导干部任职年龄'一刀切'的错误做法，从制度上保证老中青梯次配备的领导者任职年龄结构，调动各个年龄段领导者的积极性。领导干部队伍年轻化不是'低龄化'，不能将任职年龄层层递减。"①

2. 领导班子中老中青领导者的比例及年龄差距都要合理

这个比例和年龄差距应该在较大的范围内从宏观上掌握，具体到某一个班子，不宜定得过死，应该有类别、有层次地进行区分。最近几年，中央对领导班子年龄结构有了新要求："中央和国家机关部委领导班子，要保持以 55 岁左右领导者为主体的梯次配备，其中 48 岁以下的领导者要有 1~2 名；部委领导班子正职中，50 岁左右领导者的数量应有所增加。省（自治区、直

---

① 李源潮. 坚决纠正领导者任职年龄一刀切，年轻化不是低龄化［DB/OL］http://www.southcn.com/nfdaily/china/content/2009-11/21/content_6425908.htm.

辖市）党委、政府领导班子，也要保持以55岁左右领导者为主体的梯次配备，其中48岁以下的领导者要有3~4名；党委、政府领导班子正职中，50岁左右领导者的数量应有所增加。市（地、州、盟）党委、政府领导班子，则要保持以50岁左右领导者为主体的梯次配备，其中43岁以下的领导者要有1~2名。党委、政府领导班子正职中，45岁左右领导者的数量应有所增加。县（市、区、旗）党委、政府领导班子，要保持以48岁左右领导者为主体的梯次配备，其中要有35岁左右的领导者。党委、政府领导班子正职中，50岁以上和40岁以下领导者的数量应有所增加。”① 现以江苏省宿迁市在使用各年龄段领导者的成功经验的典型案例加以说明。

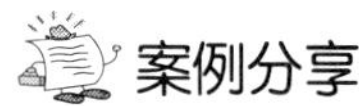案例分享

江苏省宿迁市在使用各年龄段领导者的一些主要做法

20世纪末至21世纪初以来，江苏省宿迁市委连续三届，坚持围绕“实现跨越式发展”目标选领导、配班子，不拘一格用人才，不以年龄定上下，采用多种方式聚人才、强队伍。目前，该市“70后”县处级青年领导者占县处级领导者总数的13.06%，41~50岁的中年领导者占53.50%，50岁以上年龄偏大现担任实职的年长领导者占30.32%，初步实现了“老的少一点，中的多一点，青年领导者够用就行”的科学合理的领导者队伍年龄结构配置，较好地激发了各个年龄段领导者的积极性。主要做法有：

坚持换届调整与平时调整相结合，选拔任用领导者始终从发展需要、班子建设、队伍结构、人才特质等方面出发，不以年龄划线，不搞任职年龄一刀切，较好地实现了各年龄段领导者的合理使用。

（1）强化考核，领导者进退留转凭实绩

年龄不是问题，实绩才是关键。江苏省宿迁市始终以“德才兼备、注重

① 杨杰．论领导班子梯次年龄结构的合理性［J］．新西部，2010（4）．

实绩、群众公认”为原则加强领导者考核管理，强化考核结果的运用，打破领导者进退留转上的平衡照顾，树立领导者选用的实绩导向。一方面，对拟提拔的领导者进行实绩公示。首创于该市的领导者任前公示，是个不断发展完善的过程，从起初仅公示拟提拔人选的个人基本情况，到公示拟任职务，再到公示招商引资实绩，直至目前公示所有工作实绩，公示目的逐渐从告知“用什么人”向“为什么用这个人”转变。另一方面，加强正职管理，强化副职考核。近期宿迁市委专门下发《宿迁市市直机关部门正职领导者管理暂行办法》《宿迁市市直机关部门副职领导者考核评议暂行办法》和《宿迁市县（区）党政领导班子副职领导者考核评议暂行办法》，采取百分制量化评分的形式重点考核领导者的招商引资实绩、工作成效和作风、群众满意度等情况。经考核管理，只要未达到退休年龄、身体条件允许、考核成绩突出的，就继续重用，甚至提拔使用。一批实绩突出、经验丰富、年富力强的领导者被委以重任，有效激发了那些自认为处于“天花板”层面的领导者的活力，打破了任职上存在的“四十靠边，五十赋闲”的年龄怪圈。

（2）注重培养，青年领导者脱颖而出有保障

青年领导者脱颖而出重在实绩明显、能力突出、依据充分。基层是领导者培养成长的源头，领导者到基层培养，领导者在基层成长，是党的一贯育人方针。基于青年领导者经验不足、能力欠缺等实际情况，我们将基层作为培养青年领导者的重要平台。采用公推公派的方式，将市、县（区）机关一批年龄比较轻、学历比较高、各方面表现优秀且富有培养前途的领导者安排到经济一线、民生一线、发展一线、稳定一线任职。自 2008 年 9 月至 2010 年 9 月，先后公推公派 151 名机关青年领导者到县（区）部门、乡镇、村及经济一线任职，其中既有副处级职位领导者到县（区）直部门、乡镇担任一把手，也有科级以下领导者到村担任党组织书记或第一书记；既有 40 岁左右的中青年领导者，亦不乏 30 岁以下的更年轻的领导者。此外，为了将公推公派工作落到实处，在公推公派领导者任职期间，一方面通过定期不定期开展青年领导者季季谈、头脑风暴、现场观摩、座谈等活动及

时了解工作动态，帮助解决实际困难，达到激励与鞭策效果；另一方面加大对公推公派领导者的培训力度，将“走出去”与“请进来”相结合，激活青年领导者的思维，拓宽青年领导者的视野，增强其干事创业的本领。从该市近期集中考核的结果来看，公推公派的领导者大多能较快地融入工作岗位，基层经验得到进一步丰富，开拓创新意识明显增强，驾驭全局、应对复杂局面的能力得到显著提升，在民主测评中平均优秀率在88%以上，称职率在98%以上，取得了一定成绩的同时，也赢得了群众的认可。

（3）疏通渠道，基层领导者向上晋升有途径

宿迁市通过公推公选方式将一批富有基层经验、实绩突出、群众公认，长期在基层一线摸爬滚打的“老黄牛”式领导者适时提拔到市、县机关担任领导职务，在基层遭遇晋升“瓶颈”的领导者上升渠道得以疏通。采取“三公开三差额”的方式，突出领导者工作实绩、德才素质、发展潜力、任职经历等表现，在年龄上不作过多限制，保证各年龄层的领导者都有平等的参与机会。2008年9月和2009年7月，宿迁市委采取公推公选的方式，先后择优选拔9名乡镇党委书记到市直机关担任副处级领导职务，其中既有35岁以下的青年领导者，也有50岁左右经验丰富的“年长领导者”。选人用人上不以年龄划线、不搞“一刀切”的做法得到进一步彰显。

（4）理顺结构，后备领导者队伍管理先行一步

加强后备领导者队伍建设是各级领导班子建设的一项基础性工作，是培养选拔优秀领导者，做好新年长领导者顺利交替的重要举措。宿迁市一直坚持“重在培养，同样使用”的后备领导者管理原则，按照“成熟一个，使用一个”的用人理念，对后备领导者队伍进行管理。结合近期与中长期后备领导者工作实际，将后备领导者队伍结构建设作为调整领导者队伍整体结构的前期准备性工作。2009年底，在对市管后备领导者队伍进行集中调整时，结合党风廉政建设责任制检查和市直机关年度考核，通过民主推荐、民主测评、组织考察、反复酝酿、集体研究等程序进行严格遴选，强化梯次化年龄结构，将年龄限制放宽至50周岁，以此发挥后备领导者队伍

对领导者队伍整体结构的调节作用。调整后，该市党政正职后备领导者平均年龄为 42.4 岁，党政副职平均年龄为 40.8 岁，这对下一步领导者队伍调整将产生重要的实际意义[①]。

第三节　个性禀赋

人的个性各有不同。领导者的领导风格无不打上个性特征的烙印。因此，领导者要想取得良好的工作绩效，必须善于掌握和运用个性差异方面的有关知识来指导和提高自己。

一、个性的构成及其相互关系

（一）个性的构成

"所谓个性就是个别性、个人性，就是一个人在思想、性格、品质、意志、情感、态度等方面不同于其他人的特质，这个特质的外在表现就是他的言语方式、行为方式和情感方式等，任何人都是有个性的，也只能是一种个性化的存在，个性化是人的存在方式。"[②]

就其构成来讲，人的个性主要是由个性倾向性和个性心理特征两部分组成。

个性倾向性主要包括需要、动机、兴趣、理想、信念和世界观等。它是人进行活动的基本动力，是个性中最活跃的因素。在个性倾向性的诸多成分中，世界观居于最高层次，它决定着一个人总的思想倾向。

个性心理特征主要包括智力、气质和性格。智力指人认识、理解客观事物并运用知识、经验等解决问题的能力，包括记忆、观察、想象、思考、判

---

① 中共江苏宿迁市委组织部课题组 . 科学使用各年龄段领导者的实践与思考［J］. 领导科学，2011（3）.

② 百度百科 . 个性［DB/OL］http：//baike.baidu.com/link?url=ZqdvryU6fJcrLAdvfvjZ04M3Wm-nMJcSbmmjP057VGYworpIEjMz5LGdRvHGiAqyxlp0KCKJRqs9_1RlxjwaFKV9cUKF8t-ZZwpX6I86Aw_.

断等，是保证活动成功的潜能系统；气质主要是由人的先天性心理因素所决定的，是表现在心理活动的强度、速度、灵活性与指向性等方面的比较稳定的心理特征，是一种特有的，不可以模仿的内在的由精神到举止的修养，它主要表现为人的自然性的类型差异；性格是人对事物的态度和行为方面较稳定的心理特征，它是在人的生理素质的基础上，通过人的社会实践而逐渐形成和发展起来的。“江山易改，禀性难移”，说的是人的性格一旦形成，就具有相对稳定性，对人的行为具有重要而持久的影响[①]。

（二）领导风格、性格、气质之间的关系

1. 领导风格与性格之间的关系

最为有效的领导风格不是一成不变的，它是随着环境的变化而变化。众多企业经验表明，一成不变的领导方式在实践中证明是不可能成功的。领导方式的变化，相应地会使一个企业的文化也发生变化，由此影响企业的群体行为。而这种变化需要的是一种具备创新意识的勇气与胆略，需要有敢为天下先的风险意识。这种勇气、胆略和风险意识，与领导者的个性紧密关联，使领导者表现出一种相对稳定的特征和风格。

如果谈到个性化领导风格，最好的一句话就是：领导者的性格是构成有效领导的个人品质，性格决定领导风格。而这种个人品质更多的是发自内心的深切感受，有满腔的热情与活力，有强烈的感染力和感召力，能够吸引更多的人加入团队中。领导风格的形成，除了受领导者性格因素的影响外，被领导者的个性特征对领导者的领导风格也会产生重要影响。因为领导别人也是建立在对人的个性特征了解基础之上的，即透过各种名与利的分析，让大家认识到自己在一个社会中应该承担的责任。但对于人的个性的了解，不能从主观意识来看待，而是要经过实践来证明的。如果从行为学的角度来解释就是：对于人们行为发生改变的动力和程序，应该从实证研究中去寻求答案，

① 徐寒 . 现代领导艺术全书（第 5 卷）［M］. 北京：中共中央党校出版社，2006.426.

也就是要形成一种能够促使其他人为实现共同目标而奋斗的一种潜在的影响力、凝聚力与执行力。

2. 气质和领导者的性格之间的关系

气质和领导者的性格既有密切联系，又有所区别。

联系在于，气质影响领导者的性格表现方式，赋予领导者的性格某种独特的色彩；气质可以影响领导者的某些性格的形成和发展的速度；气质在领导者性格的影响下可以被改造。

区别在于，气质主要是先天的，更多地受人的高级神经活动基本特征的自然影响；性格是后天形成的，主要受社会生活条件的制约。气质对人的实践活动的影响，主要在于动力方面的类型，并无性质上的好坏之分。气质可塑性小，变化缓慢；性格可塑性大，变化较快。领导者良好的性格可以凭借教育、训练和领导实践加以培养①。

二、个性的类型及其特征

（一）性格的类型及其特征

人们的性格差异是复杂多样的。心理学家主要从心理学的角度对性格进行分类：

1. 按心理活动的机能划分，可分为理智型、情绪型、意志型

理智型的人善于冷静地思考问题，不易动感情，思想深刻，能独立思考问题和分析问题，用理智支配自己的行为。

情绪型的人其情绪易波动，热情但不够冷静，既平易近人，也易冲动，举止受情绪所影响但适应性强，自尊心强，而自信心差，往往会为一些微不足道的小事而胡思乱想，懊悔叹息。

意志型的人有明确的意图和行动目的，在追求既定目标时坚定果断，持久顽强，常常有不达目的誓不罢休的决心和毅力。这种性格的人在环境比较

① 徐寒. 现代领导艺术全书（第5卷）[M]. 北京：中共中央党校出版社，2006.437.

艰苦、困难比较多的单位工作，会出色地完成任务，但比较主观、固执、倔强。

2. 按心理活动的倾向划分，可分为外倾型、内倾型

外倾型的人乐观，活泼，开朗，善于表露情感，心直口快，兴趣广泛，能言善辩，善于交际，能深入群众，不太计较别人的态度。

内倾型的人不善于表露情感，有些深沉、孤僻、待人接物比较谨慎，不爱交际。

3. 按个性的独立性的程度分，可分为顺从型、独立型

顺从型的人独立性差，易接受暗示和按照他人的意志办事，在紧急和困难情况下，容易表现惊慌失措；在为人处世方面，原则性差，做老好人，但群众关系比较好。

独立型的人善于独立思考和自行解决问题，不易受暗示，遇事果断、坚决，能大胆拍板，有魄力，但容易犯主观主义的毛病，固执己见。

上述类型的划分只是相对的，而且性格也会发生变化，因此，对于每个人来说，应因人而异，只要坚持具体问题具体分析的原则，是不难找出一个人的性格差异的[①]。

（二）气质的类型及其特征

古希腊医生希波克拉底和罗马医生盖伦把人的气质分为四种类型：血液多的人属多血质，黏液多的人属黏液质，黄胆汁多的人属胆汁质，黑胆汁多的人属抑郁质。

各种气质类型的特征第三章有详细的介绍，此处不再赘述。

（三）智力的类型及其特征

一般来说，智力是人们各种能力的总称。在实践中，人们的智力有高低不等的水平差异，智力高，说明这个人智商高，能力强；智力低，说明这个

---

① 徐寒．现代领导艺术全书（第5卷）［M］．北京：中共中央党校出版社，2006.437—438.

人智商较低，能力相对较差。

人们的智力除了具有高低不等的水平差异外，也有类型的差异。智力类型的差异是指智力组成因素的质的差异。人们在知觉、表象、记忆、思维等方面，都表现出个别类型差异：

1. 知觉的类型差异

人们在知觉方面，表现出个体类型差异，可以分为三类：一是知觉综合型。这种人知觉的特点是，观察时注意事物的概括性，但分析能力较弱，对于事物细节的感知不足。二是知觉分析型。这种人知觉的特点与第一种人相反。有较强的分析能力，观察时注意事物的细节，但对于事物整体性的感知不够。三是知觉分析综合型。这种人兼有上面两种知觉类型的特点，在观察中既能注意事物的整体，也能注意事物的细节。

2. 表象的类型差异

人们在表象方面，也表现出个体类型差异，可以分为四类：一是表象视觉类型。这种人视觉表象占优势。二是表象听觉类型。这种人听觉表象占优势。三是表象运动觉型。这种人运动表象占优势。四是表象混合型。这种人几乎在同等程度上运用各种表象。这种个别差异可以作为某种活动的条件，从而成为某种特殊能力的构成部分。同时，从事同一种活动也可能依靠不同的表象。例如有的作家主要依靠听觉表象，另一些作家主要依靠视觉表象。

3. 记忆的类型差异

人们在记忆方面，也表现出个体类型差异。根据参与记忆的情况，可以分为四类：一是记忆视觉型。这种人运用视觉记忆较好。二是记忆听觉型。这种人运用听觉记忆较好。三是记忆运动觉型。这种人有运动觉参加时记忆较好。四是记忆混合型，如记忆视觉听觉型、记忆听觉运动觉型等。这种人运用多种记忆表象时效果较好。许多画家、作家、演员往往具有发展较好的视觉记忆，使他们能在绘画写作或表演动作中准确地再现瞬息呈现的人物景象。

4. 思维的类型差异

人们在思维方面，也表现出个别类型差异，可以分为两类：一是集中思维型。这种人思维时，集中性思维占优势，对一个问题可以得出一个正确答案或一个最佳的解决方案。二是发散思维型。这种人思维时，发散性思维占优势，对一个问题能够得出多种答案[①]。

三、个性的差异及因势利导

（一）贝尔宾团队角色理论

英国剑桥大学产业培训研究部前主任贝尔宾博士和他的同事们经过多年在澳洲和英国的研究与实践，提出了著名的贝尔宾团队角色理论，即一支结构合理的团队应该由八种角色组成，后来修订为九种角色。贝尔宾团队角色理论是，高效的团队工作有赖于默契协作。团队成员必须清楚其他人所扮演的角色，了解如何相互弥补不足，发挥优势。成功的团队协作可以提高生产力，鼓舞士气，激励创新。

1. 贝尔宾团队角色理论的主要内容

利用个人的行为优势创造一个和谐的团队，可以极大地提升团队和个人绩效。没有完美的个人，但有完美的团队。贝尔宾博士将团队角色定义为：个体在群体内的行为、贡献以及人际互动的倾向性。这九种团队角色分别为：

（1）智多星。智多星创造力强，充当创新者和发明者的角色。他们为团队的发展和完善出谋划策。通常他们更倾向于与其他团队成员保持距离，运用自己的想象力独立完成任务，标新立异。他们对于外界的批判和赞扬反应强烈，持保守态度。他们的想法总是很激进，并且可能会忽略实施的可能性。他们是独立的、聪明的、充满原创思想的，但是他们可能不善于与那些气场不同的人交流。

（2）外交家。外交家是热情的、行动力强的、外向的人。无论公司内外，他们都善于和人打交道。他们与生俱来是谈判的高手，并且善于挖掘新的机

① 360doc 个人图书馆．思维的种类（人类思维的基本形式）[DB/OL] http：//www.360doc.com/content/14/0903/09/19209977_406688387.shtml.

遇、发展人际关系。虽然他们并没有很多原创想法，但是在听取和发展别人想法的时候，外交家效率极高。就像他们的名字一样，他们善于发掘那些可以获得并利用的资源。由于他们性格开朗外向，所以无论到哪里都会受到热烈欢迎。外交家为人随和，好奇心强，乐于在任何新事物中寻找潜在的可能性。然而，如果没有他人的持续激励，他们的热情会很快消退。

（3）审议员。审议员是态度严肃的、谨慎理智的人，他们有着与生俱来对过分热情的免疫力。他们倾向于三思而后行，做决定较慢。通常他们非常具有批判性思维。他们善于在考虑周全之后做出明智的决定。具有审议员特征的人所做出的决定，基本上是不会错的。

（4）协调者。协调者最突出的特征就是他们能够凝聚团队的力量向共同的目标努力。成熟、值得信赖并且自信，都是他们的代名词。在人际交往中，他们能够很快识别对方的长处所在，并且通过知人善用来达成团队目标。虽然协调者并不是团队中最聪明的成员，但是他们拥有远见卓识，并且能够获得团队成员的尊重。

（5）鞭策者。鞭策者是充满干劲的、精力充沛的、渴望成就的人。通常，他们非常有进取心，性格外向，拥有强大驱动力。他们勇于挑战他人，并且关心最终是否胜利。他们喜欢领导并激励他人采取行动。在行动中如遇困难，他们会积极找出解决办法。他们是顽强又自信的，在面对任何失望和挫折时，他们倾向于显示出强烈的情绪反应。鞭策者对人际不敏感，好争辩，可能缺少对人际交往的理解。这些特征决定了他们是团队中最具竞争性的角色。

（6）凝聚者。凝聚者是在团队中给予最大支持的成员。他们性格温和，擅长人际交往并关心他人。他们灵活性强，适应不同环境和人的能力非常强。凝聚者观察力强，善于交际。作为最佳倾听者的他们通常在团队中备受欢迎。他们在工作上非常敏感，但是在面对危机时，他们往往优柔寡断。

（7）执行者。执行者是实用主义者，有强烈的自我控制力及纪律意识。他们偏好努力工作，并系统化地解决问题。广而言之，执行者是典型的将自身利益、忠诚与团队紧密相连，较少关注个人诉求的角色。然而，执行者或许会因缺乏主动而显得一板一眼。

（8）完成者。完成者是坚持不懈的、注重细节的。他们不太会去做他们认为完成不了的任何事。他们由内部焦虑所激励，但表面看起来很从容。一般来说，大多数完成者都性格内向，并不太需要外部的激励或推动。他们无法容忍那些态度随意的人。完成者并不喜欢委派他人，而是更偏好自己来完成所有的任务。

（9）专业师。专业师是专注的，他们会为自己获得专业技能和知识而感到骄傲。他们首要专注于维持自己的专业度以及对专业知识的不断探究之上。然而由于专业师们将绝大多数注意力都集中在自己的领域，因此他们对其他领域所知甚少。最终，他们成了只对专一领域有贡献的专家。但是很少有人能够一心一意钻研，或有成为一流专家的才能。

2. 贝尔宾团队角色理论工具的应用点

（1）自我认知，了解伙伴，创造一门团队的共同语言。贝尔宾团队角色经多年研发的个人测评问卷，含自评和他评两部分问卷，问卷提交后生成的贝尔宾团队角色个人报告，将帮助你更全面地了解自己的日常工作行为，也将看到其他工作伙伴对于你工作行为的一些看法，从而明确自身在团队中所能做的贡献；在自我认知的基础上，你也可通过阅读工作伙伴的贝尔宾个人报告，来重新认识其他人的日常工作行为表现。

（2）最大化员工在团队中的效能。在进行“自我认知，了解伙伴”的过程中，团队可根据员工的贝尔宾个人报告，明确他们在团队中所能做的贡献，从而最大化员工个人效能。

（3）选拔人才。当下企业环境复杂多变，传统岗位描述已无法满足企业和业务部门的真实需求，贝尔宾合适性与合格性理论，可以帮助企业找到合适而非合格的员工。

（4）组建高业绩团队。业务团队在清楚了整个团队成员的行为特点后，根据贝尔宾团队报告给出的建议，并结合团队现阶段的目标，帮助业务团队对团队人员做相应发展与调配，最大化团队效能。

（5）化解工作冲突。贝尔宾团队角色对立理论，可以帮助员工掌握冲突产生的深层原因，从而在现实工作中尊重彼此差异，真正实现优势互补，并从根本上缓解冲突员工矛盾。

（6）帮助（新）经理提升知人善任能力。帮助（新）经理明确员工的优劣势，真正实现因人设岗，依据员工的优劣势进行人岗匹配。

（7）跨部门合作优化。帮助企业内多个部门实现“自我认知，了解伙伴”，增加人员相互间对彼此工作特点的识别度，最优实现部门间的优势互补、协同合作。

（8）新老团队融合。帮助新老团队实现“自我认知，了解伙伴”，帮助新老团队成员实现互相认知，帮助企业在最短时间内达成团队融合进程。

（9）组织人才盘点。通过贝尔宾线上测评系统，组织可更好地对现有人才库进行有效管理与梳理，真正实现一键将组织竞争力分层级、部门、个人梳理到具体行为能力的展现。

（二）贝尔宾团队角色理论对优化领导班子成员结构的启示

贝尔宾团队角色理论对优化领导班子成员结构提供了许多行之有效的方法和启示，即用人重在用团队。贝尔宾团队角色理论认为：“团队中的九种人各有优点，各有缺点，任何个人的作用都是有限的，但配合得好，就可以形成一个高效的团队。团队成员必须清楚其他人所扮演的角色，了解如何相互弥补不足，发挥优势。成功的团队协作可以提高生产力，鼓舞士气，激励创新；利用个人的行为优势创造一个和谐的团队，可以极大地提升团队和个人绩效。没有完美的个人，但有完美的团队。”[①]

领导班子也是如此。一个领导班子中的绝大多数成员是“偏才”，他们知

---

① 百度百科．贝尔宾团队角色理论［DB/OL］http://baike.baidu.com/link?url=JfyrRPNPlY_tTr53acX6J25jutgmek4rE28ZkBvMZzbheZFIJzhEbGeg8Cgt6tojIiYXIWdZCwcPM5s080oqfBktn6w_Jsh8H7W0ulR1ZyJOe1Xp9ASU-M-DmhsFSxUMcykXUH4ARVSF29gVtsD8DqDzmwKdzmdbcD2kKg6LqsGQqe7ZTX7CZ2AkYYEAckKo.

识各有多寡，专业各有长短，智能各有高低，气质各有优次，性格各有不同。如果对各个成员进行合理的组织、安排、搭配，使每个成员能够各就其位，各得其所，各负其责，各司其职，各献其能，各种“偏才”就可以合成一个“全才”，从而发挥出“1+1>2”的整体效能；反之，如果结构不合理，就可能会出现“1+1<2”，甚至等于零或负数的现象。因为领导班子成员组合搭配不合理，就会内部矛盾丛生，老扯皮、闹摩擦，力量相互抵消，而且还会影响上下级的关系，上级要花很大精力来调节矛盾，协调关系，或重新调整；下级因缺少强有力的领导而影响工作，有关联的单位也会因工作上的相互制约关系而受到影响等。由此可见，领导班子的整体效能，并不是领导成员个体能量的机械相加，而是与领导班子整体结构是否合理有着密切的关系。要调整、配备领导班子，不仅要考虑领导班子成员的个体素质，而且更要注意整个班子的人才配备，组成合理的整体结构。只有合理的领导班子整体结构，才能产生优化的领导效能。[①]

1. 优化领导班子成员性格结构

贝尔宾团队角色理论认为：“知人善任是每一个管理者都应具备的基本素质。管理者在组建团队时，应该充分认识到各个角色的基本特征，容人短处，用人所长。在实践中，真正成功的管理者，对下属人员的性格特征的了解都是很透彻的，而且只有在此基础上组建的团队，才能真正实现性格结构上的优化，成为高绩效的团队。”[②] 那么，怎样优化领导班子成员的性格结构呢？

优化领导班子成员的性格结构应注意以下几点：

（1）遵循性格互补原则

在调整和配备领导班子时，不仅要看每个成员的个体素质，而且还要从整体结构的需要和有利于发挥整体效能出发，合理配备领导班子成员，使个人性格素质与班子的整体优化相适应。具体地讲，在班子内部应注意不同性

---

① 陈秀梅、于亚博．领导艺术古今谈［M］．北京：红旗出版社，1996.158—159.

② 百度百科．贝尔宾团队角色理论．

格类型的合理搭配，使他们在性格上产生互补效应，这样有利于形成领导班子内部心理相容、性格相适的合理个性结构。所以，一个领导班子的成员，应该具有不同的性格类型，有内向的，有外向的；有稳重的，有灵活的；有独立的，有顺从的，这样不同性格的人协调组合，合作共事，才能产生互补效应，这样的领导班子才是多功能的、高效能的。

（2）明确领导班子成员性格搭配的主次关系

比如，独立型性格的人与顺从型性格的人组合搭配正好能形成性格互补，提高工作效率。如果同在一个领导班子内，那还要看谁领导谁。独立型性格的人领导顺从型性格的人保证没错，反过来就会有问题。因此，一般来说，在领导班子内，正职与副职的搭配，强弱搭配比较合理，当然，这里的“强弱”是相对的，对正职的要求是能力更强一些，宜于刚柔兼备性格的人担任，如理智型、独立型、外倾型等，副职选择面大一些，这样，使决策处于多性格的思维过程中，有利于增强其科学性[①]。

（3）遵循性格与职位相匹配的原则

领导者的工作职位有层次、行业之分，不同的职位对人的性格有不同的要求。根据领导者的性格，将其安排在最能施展也最有利于扩展其才能的职位上，性格与职位相符，各尽其才，职得其人，事尽其功。比如一个工厂，对厂长的性格要求侧重魄力、决断能力，一般要具有独立型、意志型等性格类型；对党委书记，则处理问题要稳重，政策水平要高些，一般要具有理智型、内倾型等性格类型，生产副厂长，则具备专业知识、协调能力，一般要具有意志型、内倾型等性格类型，经营副厂长，具备专业知识、应变能力、交际能力，一般要具有情绪型、外倾型等性格类型[②]。

2. 优化领导班子成员气质结构

贝尔宾团队角色理论认为，从一般意义上而言，要组建一支成功的团队，

---

① 蒋士斌 . 领导班子性格匹配之策［J］. 领导科学，2011（33）.

② 张辽湘 . 领导者的性格特征与领导班子的性格优化［J］. 领导科学，1986（1）.

必须在团队成员中形成集体决策、相互负责、民主管理、自我督导的氛围，这是团队区别于传统组织及一般群体的关键所在。除此之外，从团队角色理论的角度出发，还应特别注重培养团队成员的主动补位意识，即当一个团队在上述九种团队角色出现欠缺时，其成员应在条件许可的情况下，能够增强弹性，主动实现团队角色的转换，使团队的气质结构从整体上趋于合理，以便更好地达成团队共同的绩效目标。事实上，由于多数人在个性上存在双重甚至多重性，也使这种团队角色的转换成为可能，这一点也是为我们测试结果及实践所证实了的。

气质虽然属于个性心理特征范畴，也无好坏之分，但是若能够在领导班子成员的选择与匹配中有意识地配备不同气质类型的领导者，在共谋事业发展的过程中，使气质相容，性格协调，优势互补，从而实现组织目标[①]。

在一个班子中，有开朗、活泼、善于交际的人；有冷静、稳重、认真思考的人；有独立性强，能坚持自己主见的人；有适应性好，容易接受别人意见的人；有热情奔放、情绪饱满、反应迅速的人；有老成持重、感情含蓄、动作稳健的人。这样，才有利于其成员协调一致，合作共事。反之，不注意气质的合理结构，把气质相同或相近的人聚集在一起，很容易因各不相让而争执不休，使各自的气质更加刚烈[②]。试想，如果班子成员多数是胆汁质的人，那就不容易搞好团结，进而既不容易很好地发挥每个成员工作雷厉风行、精力旺盛等长处，也不能有效地抑止其性情暴躁、感情用事等不足；如果班子成员多数是多血质的人，虽然班子富有朝气，反应迅速，适应能力强，但粗枝大叶、缺乏一贯性的毛病也难克服，工作容易浮在面上，多布置少落实；如果班子成员多数是黏液质的人，整个班子也容易表现出迟缓、呆板、无朝气的特征；如果班子成员多数是抑郁质的人，虽说此类人具有思想敏锐、精明细致等特征，但其多疑、孤僻、忧郁、怯懦等不足，也会影响班子的活力，

① 张芳、梁宁建．领导班子成员气质类型相融度研究［J］．心理科学，2006（1）．

② 冯秋婷．领导科学简明教程［M］．北京：中共中央党校出版社，2001.326.

难以开创工作新局面。[①]

3. 优化领导班子成员智力结构

贝尔宾团队角色理论认为："唯有角色齐全，才能实现功能齐全。"正如贝尔宾博士所说的那样，"用我的理论不能断言某个群体一定会成功，但可以预测某个群体一定会失败"[②]。所以，一个成功的团队首先应该是智多星、外交家、审议员、协调者、鞭策者、凝聚者、执行者、完成者、专业师等多种角色的综合平衡。

优化领导班子成员的智力结构，虽然不排除要求选拔智力水平较高的人才进班子这层含义，但主要是指合理配置不同智力类型的领导班子成员问题。在一个领导班子中，应根据工作需要，把具有不同知识、能力、素质、专长的成员进行科学搭配，使得人尽其才，形成一个具有新的更高智力的集体。一个智力结构合理的领导班子，应该由战略家、组织家、宣传家和实干家等组成。就是说，在领导班子中，既要有头脑灵活、能出谋划策的创造型人才，又要有富有远见卓识、善于综合分析、有勇有谋、有决断魄力的统帅型人才；既要有沉着冷静、足智多谋的智囊型人才，还要有善于疏通关系、人情练达的协调性人才；既要有任劳任怨、埋头苦干、兢兢业业的实干型人才，还要有善于组织实施、全面落实的执行型人才[③]。

第四节　文化传承

文化传承是构成领导风格的重要因素之一。中国不仅是世界上的文明古

---

① 刘宗粤 . 论领导班子的气质结构［J］. 理论学刊，2003（2）.

② 百度百科 . 贝尔宾团队角色理论［DB/OL］http://baike.baidu.com/link?url=JfyrRPNPlY_tTr53acX6J25jutgmek4rE28ZkBvMZzbheZFIJzhEbGeg8Cgt6tojIiYXIWdZCwcPM5s080oqfBktn6w_Jsh8H7W0ulR1ZyJOe1Xp9ASU-M-DmhsFSxUMcykXUH4ARVSF29gVtsD8DqDzmwKdzmdbcD2kKg6LqsGQqe7ZTX7CZ2AkYYEAckKo.

③ 孙立樵、邵殿国、张国海 . 领导科学案例教程［M］. 北京：中共中央党校出版社，2004.297.

国之一，而且是世界上文明传统未曾中断的唯一国家。长期以来，中国一直是世界文明的先驱，领先了世界文明发展的潮流。中国古代劳动人民创造了灿烂的古代文明，使中国成为世界上文化最早发达的国家之一，对世界的文明和进步做出了重大贡献，这充分证明了我们中华民族是一个富有智慧的民族，是一个具有特别旺盛生命力的伟大民族。但是博大精深的中国文化需要一代接一代地传承下去，如果文化传统在上一代人身上就已经死亡了，那么下一代人还承接什么呢？因此文化传承问题是一个十分重要的问题。

“文化是人类在社会发展过程中，所创造的物质财富和精神财富的总称，文化传承就是指这两种财富在上下两代人之间的传递和承接过程。”文化传承问题不是一件机械性的事务，也不是建几个传统文化基地就可以解决的，更不是虚伪的形式化的忽悠运动。文化传承，需要的是言传身教，脚踏实地，需要活鲜的思想和生命。本节以企业领导者领导风格为例，说明文化传承对领导风格的影响。

一、领导风格中蕴含的文化传承因素

（一）民族文化因素

客观反省一下中国人的民族性，我们看到其既有积极的一面，又有消极的一面。

中国传统文化博大精深，包括佛、道、儒几大思想体系，其中“和为贵”的思想对中国人的影响最大，它成了几千年来中国人处理人际关系、民族关系、社会关系的准则。受“和为贵”思想的熏陶和影响，在中国的企业管理中形成了集体决策的领导风格。中国企业的领导者在企业的决策机制上注重领导层达成一致，追求决策的民主性，群体的和谐性，倾向于分散决策的责任，而不是勇于承担责任。决策上的集体主义与“和为贵”思想的影响使中国企业的领导者往往不愿说：“这是我做的决定，我来负责。”事实上，集体决策确有其不足之处，即权力相对分散，责任不够明确，有时候效率低下。

但是这种集体决策又有其不可替代的优点，即能够集思广益，使决策层在知识、能力结构互补的基础上，充分发挥集体的智慧和力量[①]。

另外，中国人老成持重、因循守旧、墨守成规、知足常乐的性格与中国民族文化的影响密不可分。文化大师林语堂对中国人的性格做过精辟的观察和论述，在其所著《中国人》一书中，林语堂将中国人的性格归纳出15个突出的特点：稳健、单纯、酷爱自然、忍耐、消极避世、超脱圆滑、多生多育、勤劳、节俭、热爱家庭生活、和平主义、知足常乐、幽默滑稽、因循守旧、耽于声色。林语堂概括这些品质为"老成温厚"，认为中国人为人处世，总体上是比较讲究稳妥稳健的。这既是中国人的优点，也是其缺点，因为，"思想上过分的稳健会剪去人们幻想的翅膀，使这个民族失去可能会带来幸福的一时的狂热；心平气和可以变成怯懦"；忍耐性又可以带来对罪恶病态的容忍，因为"中国人已经容忍了许多西方人从来不能容忍的暴政、动荡不安和腐败的统治"；"因循守旧有时也不过是懈怠与懒惰的代名词；多生多育对民族来讲可能是美德，对个人来讲却又可能是恶习"[②]。林语堂对中国人人格的批判可以说入木三分。

形成这种"老成温厚"的性格的原因有以下两点：

1. 中国的地理环境因素

中国是位于东方的农业大国，中国人从一开始就认为自己的国家是"中央之国"，周边的其他国家被称为蛮夷。适合于农业发展的地理环境使得中国人形成了安土重迁、知足常乐的心态。

2. 中国的历史发展因素

中国自秦朝开始便形成了统一的中央集权制的国家，此后虽然有短暂的朝代更迭，但国家统一、民族融合一直是中国历史发展的主流，中国人的生活相对来说也是比较安逸的，较少有战乱。"中华民族灾难较少，使得中国

① 杨维国．中西文化传统对企业管理风格的影响［J］．中州大学学报，2003（2）．

② 林语堂．中国人［M］．上海：学林出版社，1994.57—59.

人知足常乐，缺乏一种进取心。”[①]

这种“老成温厚”的性格特征在中国国有企业的决策机制上得到了充分的反映，很多企业领导者在行为上谨小慎微，不断观望，不敢决策，生怕因犯错误而葬送自己的前途[②]。

（二）西方文化的因素

由于文化传统、价值取向、宗教信仰、风俗习惯等的不同，西方各国企业领导者的领导风格迥异，各有其不同的特点。

以美国为例。1776 年 7 月 4 日发表并由大陆会议批准的《独立宣言》是美国独立后第一个宪法性文件，是美国最重要的立国文书之一。它在人类历史上第一次以政治纲领的形式提出了如下思想和原则：一切人生来就是平等的，均享有不可侵犯的天赋人权。人人具有不可剥夺的生命、自由和追求幸福的权利，以及政府必须经人民的同意而组成，应为人民幸福和保障人民权利而存在，人民有权起来革命以推翻不履行职责的政府。这些思想和原则为美国此后 200 多年的发展奠定了重要基础。正是这种天赋人权形成了美国文化强调个体、重视个体的特点。美国的居民多为移民，没有正统的人文伦理，人与人之间的关系比较离散，因而形成了自我冒险、拼搏的人文特点。

由于美国文化当中，强调个体、重视个体的特点，加之美国企业当中的企业家和经理人拥有丰富的管理企业的理论和实践经验，所以他们在企业中的决策比较注重个人的意志，因此，决策主观性比较强。这种个人决策机制有其长处，即权力集中，责任明确，指挥灵敏，行动迅速，工作效率较高，也易于考核企业家和经理人的业绩。但也有其不足之处，即受个人经验、能力、精力限制较大，如果监督制约机制不健全，容易产生个人专断。在企业规模日益扩大，市场经济迅速发展的潮流下，这种个人决策机制的弊端正在

---

① 吴艺苑 . 论中国人的文化心理学［J］. 文学界（理论版），2010（4）.

② 杨壮 . 锻造领导力［M］. 北京：北京大学出版社，2009.119.

日益显现，其局限性不言而喻[①]。

二、中西方两种不同文化背景下领导风格的碰撞

近年来，国际市场上的兼并重组一浪高过一浪。国际间购并浪潮的经济目标，是通过整合提高企业的综合价值。但是历史的经验告诉我们，企业购并不易成功。在整合的组织环境里能否迅速解决管理与文化层面可能发生的冲突，是购并企业在海外经营成功的关键。迄今为止，超过三分之二的国际购并案均以失败告终。事实证明，购并企业一旦不能迅速适应新的政治、经济、法律和文化环境的特性，便无法迅速调整使命战略、领导风格、管理文化，势必会出现水土不服的现象，也就摆脱不了失败的命运。大家熟悉的戴姆勒与克莱斯勒购并案就是失败的典型案例。

1998 年 5 月，欧洲最大的工业公司德国戴姆勒奔驰汽车公司和美国第三大汽车制造公司克莱斯勒汽车公司进行了世界工业史上最大的兼并重组。它们之间互补的产品线，不同的市场占有率分布，协同平台低成本的可能性，都给当时大多数投资人和社会公众带来无限的想象空间。但是新婚的蜜月期实在太短，不到两年的时间内，克莱斯勒汽车公司非但没有从合并中获得好处，反而于 2000 年夏天，在美国的市场份额自 20 世纪 90 年代以来首次跌至 14% 以下。2000 年下半年克莱斯勒汽车公司出现了惊人的 18 亿美元的亏损。而在之后的几年中，克莱斯勒汽车公司除了 2005 年曾短暂地再度辉煌过外，整体业绩呈下滑趋势，不得已，戴姆勒与克莱斯勒公司于 2007 年把克莱斯勒汽车公司卖掉了。现在克莱斯勒汽车公司又回到美国人的手中，并且是成为私人控股的公司。戴姆勒与克莱斯勒的购并案代表了完全不同的欧美文化。德国文化以人为本，工作严谨，计划周密，讲究平等；而美国文化则强调效益，提倡绩效，注重创新，短期行为。从购并的第一天起，两个公司就在重大文化理念和管理政策上发生摩擦和冲突，

---

① 杨维国 . 中西文化传统对企业管理风格的影响［J］. 中州大学学报，2003（2）.

涉及美德两方高管人员的工资制定、股票期权的颁发和数额、公司短期与长期综合平衡发展等。由于德国文化在其中占有强势，克莱斯勒汽车公司原任总裁不久便宣布辞职，十多位原班人马也随他一起离开。

对中国企业而言，最可能发生的文化冲突，是由于中国企业的特殊性导致购并企业间在经营目标上的不一致。众多已经在国内从事国际化合作经营或即将走向海外扩张的大型中国企业中，有很多是国有企业。国有企业的经营目标不仅是最大限度地获取利润，还有许多不宜公开的非经济目标，比如社会目标、政治目标、就业目标、市场份额目标，等等。多年来，中国企业在中国的“双轨制”下的经营手法，势必与在国际市场经营多年、以利润为最重要目标的外国合作伙伴发生冲突。这种冲突表面反映为文化冲突，但实质是经营利益冲突、战略目标冲突、经营手段冲突，正所谓在目标导向上的“同床异梦”。1990年来华合资经营的一家美国大型投资银行由于在经营战略、经营目标和方法上与中国国有银行的目标、战略、战术、手段、方法等诸方面都存在巨大差异，尤其是对国有上市企业的选择和评判标准出现争议，导致美国投资银行在2000年初最终退出管理层，成为消极投资者[①]。

戴姆勒与克莱斯勒购并案给中国企业带来很多启示和反思：

（一）对准备走向国际化的中国企业领导人来讲，最重要的条件是要有自己独特的价值体系和做人的基本素质

美国开国创始人华盛顿曾说：“品格是领导者的魅力之源，孚众之本。”一个人的资历是暂时的，但一个人的品格是永久的。有野心的人注重权力，有品格的人重视责任。有品格、有素质的人一定会有超人的魅力。

（二）建设跨文化领导风格

“不同的文化有不同的领导风格，而成功的领导者应根据具体的文化语

① 杨壮．锻造领导力［M］．北京：北京大学出版社，2009.119.

境、成员需求和组织挑战而选择特定的风格。”[①] 在全球化进程日益加剧的当今世界，中国作为世界经济中日益重要的组成部分，正吸引着越来越多跨国企业的目光，随之而来的是越来越多的跨文化外派经理人。与此同时，中国的企业管理却处于发展中阶段，与经济发达国家的先进企业管理有着较大的差距，这就赋予了在中国的跨文化经理人另一项重要角色——“将先进的管理经验通过其领导风格灌输到中国的企业中，并与中国本地文化有效地结合，使之能够顺利运转”[②]。一名国际化的企业领导者要有宽阔的胸怀和换位思考的能力：“他必须对下属的心理期望值和内心需求了如指掌，学会在自己的组织内部寻求文化移入，帮助自己的下属去欣赏不同人群的语言、个性、价值观和传统，并同时保留原有群体的语言及价值观。”[③]

第五节　教育模式

此处所讲的教育作为领导风格的构成要素，是指教育模式的影响在领导风格的重要作用。中国教育要面向现代化，面向世界，面向未来，就应汲取中西教育发展中形成的教育价值观的合理因素，丰富领导风格，提高领导力。

一、教育模式的内涵及其构成要素

教育模式是教育领域用得比较广泛的一个术语。每一种事物都有一定的运行程序和方法。教育也不例外。尽管教育现象、教育问题错综复杂，但人们还是努力去抓住关键要素，进行简洁的概括，归纳出可以认真把握的操作策略和程序来，这就是教育模式。通俗地讲：“教育模式就是人们在充分尊重教育规律的前提下，为提高教育质量和效率而产生的一种相对稳定的集教育

① 舒绍福．跨文化领导的兴起，挑战与应对［J］．教学与研究，2014（10）．

② 黄彦邦．在中国的跨文化经理人领导风格研究［J］．管理现代化，2005（1）．

③ 杨壮．锻造领导力［M］．北京：北京大学出版社，2009.121—124.

方法、方式、策略、理念于一体的实践模型。”[①]

教育模式不是凭空捏造出来的，而是从大量实践当中提炼出来的一种意识、观念和整套操作方案的总称。其包含了足够的教育要素：

（一）符合教育规律

教育模式的实质是让人们易于把握教育规律的一种当下或者当前时期的折中方案。它简明高效地为人们提供一种把握教育规律运行的程序或者步骤。因此，教育模式的产生必须符合教育规律。比如，符合人群的心理特点、认知特点、行为习惯等。成人的教育模式肯定和儿童的教育模式不一样，中国的教育模式也肯定和外国的教育模式不一样。但无论如何，在教育规律上，基本上是必须遵从的。

（二）直抵事物的本质

教育模式是对教育现象、教育规律认识的一种理性操作策略，是帮助人们尽快把握事物本质的一种途径。省去人们重复无效工作的很多不必要的动作和思考。人们只要理解把握了教育模式，就能提高工作效率和质量。由于教育模式是比较近似地把握住了教育实质的共性，因此，这为教育规律的推广、认识提供了方便。这也就是人们为什么竞相寻找种种教育模式的内在驱动力。

（三）相对稳定性

由于在特定的历史时期，人们只能无限地接近或者近似地把握教育真理，而达不到穷尽教育规律和现象的程度，这就决定教育模式在一定时期是比较稳定的，这也从另一方面告诉我们，一种教育模式开发出来后，有较广

---

① 互动百科．教育模式［DB/OL］http：//www.baike.com/wiki/%E6%95%99%E8%82%B2%E6%A8%A1%E5%BC%8F.

阔的生存空间。与此同时，这种较广阔的生存空间只是相对而然的，当人们的认识和科学技术水平实质地提高以后，教育模式的局限性也会凸显出来。例如，当中国的教育不发达时，知识总量可以把握时，人们的知识水平和程度特别低下时，应试教育模式是有生存空间的。因为人们迫切需要更多的知识来充实内心的荒芜。但是当社会经济水平发展到一定程度时，人们发现，光知识丰富不能解决问题时，于是就发展出素质教育模式，认为，综合的素质才是决定生活水平、生产水平的重要杠杆。

二、中西方教育模式的差异

中西方由于历史文化背景、价值取向、道德伦理观的不同，而形成了不同的教育模式。

从宏观上讲，中国的教育模式主要是一种灌输式的教育模式。在中国的课堂上，老师担负的工作是灌输知识，老师要求学生达到“鸦雀无声”的程度，以维持自己在课堂上的绝对权威和形成良好的教学秩序，结果使课堂气氛变得死气沉沉[①]；学生听着老师的经验和答案却快要睡着了，获得的只是书本上的条条框框和老师总结出来的现成的问题答案。在这种教育模式下，学生慢慢丧失的是自主思考的能力和对学习的兴趣[②]。

而西方的教育模式主要是一种启发式的教育模式。它的特点是在教育的过程中，特别强调学生的自我表现。老师鼓励学生“标新立异”，不会对问题给出标准答案，而是让学生自己去思考问题的解决方法和思路。由于每个人的思考角度和思维方式都是不一样的，所以得出的答案也是千奇百怪，各有千秋。在课堂上，学生可以随时打断老师的话，或提出自己的问题，或对于老师的讲解表示异议[③]。这样的方法不但激发了学生自己的兴趣，而且培养了他们的思维创造性。让学生自己去发现问题，自己找到解决问题的方法，

① 赵永乐．中西教育模式比较［J］．江苏市场经济，2001（2）．

② 王亚昌．浅谈中外教育存在的差异［J］．法制与社会，2015（34）．

③ 赵永乐．中西教育模式比较［J］．江苏市场经济，2001（2）．

而不是只学到老师多年来的经验。这种教育模式培养出来的学生，思维更开阔，更敢设想，想法更新颖[①]。

三、教育模式对领导风格的影响

中国的教育模式对领导风格既有积极影响，又有消极影响。

由于中国人接受东方教育的模式，所以中国人的逻辑思维就比较强。在教学上，重视的是学生的基本功，追求的是知识的深度和难度，所以教学水平不断攀升，于是在每年的国际中学生奥林匹克竞赛中，数、理、化和计算机的受奖数以及总分成绩，往往是中国第一；在中国，由于我们的人才或人力资源有良好的知识面，逻辑思维强，加上我们人多力量大——13 亿人，所以，我们建设的发展速度就比西方快。例如，今天的中国航天技术与世界同步。

2003 年 10 月 15 日 9 时 9 分 50 秒，我国自行研制的第一艘载人飞船神舟五号发射升空。大约 21 个小时后，即 16 日 6 时 23 分，神舟五号飞船在环绕地球 14 圈之后，成功着陆。这标志我国首次载人航天飞行获得圆满成功。从此，中国成为继美、俄之后世界上第三个独立掌握载人航天飞行技术的国家。

然而，我们中国的诺贝尔奖获奖人数，远远不如西方发达国家，在一定意义上也可以说具有创造性的人才不如西方。比起西方的教育模式，也要认识到我们教育模式的不足和弱点，主要表现在三个方面：一是在教育中过多地强调“听话”的理念，忽视了学生创造力的培养；二是在教学上过多地“满堂灌”的说教，忽视了学生主动适应的锻炼；三是在行为上过多地强调统一的规范，忽视了学生个体差异的存在[②]。

中国这种灌输式的教育模式对中国人因循守旧的性格和领导风格造成了

---

① 王亚昌 . 浅谈中外教育存在的差异［J］. 法制与社会，2015（34）.

② 林崇德 . 融东西方教育模式，培养“T”型人才［J］. 北京师范大学学报（人文社会科学版），2001（1）.

消极的影响。我们的孩子从小就在课堂上死记硬背，回到家里父母对孩子的教育也是以训斥为主，很少表扬、鼓励，使得我们很多年轻人在社会上显得没有底气，自信心差[①]；培养出来的学生缺乏创造性，在应试教育的重压下，学生们很难想到在学习中应该要创新，况且学生的学习时间被学校安排得满满的，即使他们想要创新也没有足够的时间[②]。

四、学习和借鉴西方国家领导力先进培训理念

美国西点军校在培训领导力的过程中，特别强调领导者的“品格”教育。西点军校的校训和使命始终把培育领导者的品格放在第一位，并且通过学术、军事和体能三位一体的严格训练，一点一滴地培育着士官生的品格素质。

西点军校教官认为，人的个性特征受到天生的影响，但人的品格是可以经过后天培养和训练得到提升的。对于西点军校来讲，一个有品格的领袖要追求真理，评判是非，在行动中还要表现出勇气和承诺。品格不仅涉及伦理道德的最高准则，同时包含坚定、决断、自我约束和判断力。实际上，雷蒙·卡特尔早在 1954 年就首创了“领导力潜在素质”方程式。这一方程式是基于对军中领导人品格所做的研究得出的，包括情绪稳定、主导能力、勤勤恳恳、处事大胆、意志坚强和自制力。而西点军校则提倡培育以下几种品格：

1. 坚韧不拔的意志力

古希腊军事家色诺芬说：“一个领导者必须以行动证明，在夏天能够忍受炎热，在冬天能够忍受寒冷；同时他还必须表明，他在困难的时候，至少能和下属们一样，忍受痛苦。”遇到困难挫折永不放弃是西点人的一个重要品格。一位退休了的西点军校将军在面对“一生中，最让你感到沮丧的事情是什么”的问题时，他思索了长达 10 秒钟，然后坚定地说：“没有。我从来都蔑视任何挑战。”

西点军校对士官生的学术、体能和军事等方面定的标准很高，要达到要

---

① 杨壮 . 锻造领导力［M］. 北京：北京大学出版社，2009.119.

② 赵永乐 . 中西教育模式比较［J］. 江苏市场经济，2001（2）.

求，士官生必须有坚韧不拔的意志和坚定不移的信念。如果在多次尝试之后仍然达不到学校标准，学生将被要求退学。在四年中，西点军校士官生达不到学校要求而退学的比例高达 15%。

2. 换位思考

人们通常认为西点军校最大的闪光点就是“没有任何借口”，下级绝对服从上级指示，将军一句话令行禁止。但是西点军校的教学特色并非如此。西点军校教学中特别强调理解士兵心理的领导品格。领导力教学重点之一是要提高领导者的情商，而在情商五要素中，情感换位思考能力又是领导力核心中的重点。情感换位思考能力是能够准确把握士兵的心理情感，而不要对其武断专横地发号施令。在培育领导者换位思考能力中，西点军校经常放的一部电影描述了北部联邦军队张伯伦将军在对待俘虏问题上的高度敏感性和情感换位思考能力，以致能够在南北军队决战时刻用个人的魅力把大批逃跑的俘虏吸引到自己的队伍中共同参战，最终取得了战役决定性的胜利。

3. 决策能力

在情况复杂、充满不确定性的状态下，保持清醒的头脑，迅速地做出决策和判断，是领军人物的重要品格。西点军校在领导力教学中，经常让士官生做战略决策的游戏，并在体能和军事训练中，把在困难的情境下提高团队决策能力作为训练的主要目标。西点军校提高决策能力的重要方法之一是通过播放美国历史题材故事片，制造情境，让学员在复杂情境中做出决策选择。决策的基础是辨析，它依据直觉与理性进行思考。作为一个领军人物，必须在复杂的情况下，评估各种选择以获取最为有利的局势。决策能力不仅仅依靠直觉和大脑，还动员人的胆识与头脑，来获取最佳判断，为组织寻求最大利益。

4. 专业知识

在西点军校的学术、体能和军事训练中，学术的比例占得最大，因为对于西点军校人来讲，具有丰富的专家经验是一个领军人物所应具备的最重要的品格。前西点军校校长戴夫・帕尔默将军在其回忆中写道：“西点毕业后，我自愿到越南完成第一个军官任期，被分配到金兰湾海岸筑路的一个排里。

一天下午，排里一名士兵在推平一段起伏不平的道路时，推土机陷入水稻灌溉渠中，想尽办法也没把车从沟里开出来。我赶到现场仔细观察，最后我到驾驶室那里，让他试着把推土机的铲板升起到一个方向，转动一边的履带，然后发动另一边的履带。终于一点点爬了出来。”

的确如此，西点军校培养出来的军官有着丰富的专业知识，正是这种专业知识，使得他们拥有无上的权威[①]。

五、加大跨文化培训力度

有人问，中西教育模式相比，哪种教育模式更好呢？笔者认为不是好不好的问题，而是适不适合的问题。中西教育模式各有其特点，我们应该本着兼容并蓄，取长补短的态度，吸取西方教育模式的精华，剔除其糟粕，在人才培养或人力资源开发中，注意相融性和互补性，学贯中西，为培养跨文化型人才做出探索和努力。

随着改革开放的深入发展，中国传统的灌输式教育模式越来越不适应社会主义市场经济发展的新要求，尤其是面对全球化的挑战，更显现出灌输式教育模式有较大的弊病，因此，必须加大对中国教育模式的变革，大胆学习和借鉴西方发达国家领导力先进培训理念，加大跨文化培训力度。如日本的富士通公司为了开拓国际市场，早在 1975 年就在美国檀香山设立培训中心，开设跨文化沟通课程，培训国际人才。美国的高露洁公司从 1987 年开始，就设立了全球性强化培训项目，受训者除了学习商务和产品外，还要参加语言和跨文化知识教育。

跨文化培训应当从领导者做起。“为了迎接跨文化挑战，提升全球化背景下的跨文化领导力，无论是来自政府组织，还是企业的领导者自身首先应该接受跨文化培训，其培训应当主要是观念和意识层面的培训，包括全球意识的培训、跨文化管理和领导力的培训、跨文化技能的培训以及具体国家知

① 杨壮．锻造领导力［M］．北京：北京大学出版社，2009.34—38.

识如社会礼仪习俗的培训等。”①

第六节 岗位使然

领导群体是个复杂的集合体，对于其所处的岗位来说，不仅有层次之分，还有领域和职业类别之分。对每位领导者来说，普遍都要求做到德、能、勤、绩、廉，这是对领导者普遍性的基本要求。但是，对于不同岗位的领导者来说，这些要求又各有所侧重，有所不同。由此成为不同岗位领导者领导风格的构成要素，使领导风格具有不同的特点。比如公检法系统的领导群体和党群系统的领导群体，其行为举止给人们留下鲜明的风格特征；从事企业管理、公共管理、科研管理的领导群体和民营企业、外资企业的领导群体，也有自身所对应的行事风格和个性特征；高、中、基层领导因职责不同，其素质能力也会显现出相对的差异性，由此也会表现出相对稳定的个性特征。

一、分管领域

在政府系统中领导岗位可以分为综合管理类、行政执法类、专业技术类。

（一）综合管理类岗位

主要负责规划、咨询、决策、组织、指挥、协调、监督及机关内部管理工作。综合管理类岗位的领导往往更擅长综合协调、政策制定、监督管理等工作，其领导风格一般以稳健、全面、善于协调为主，更注重关系行为。

（二）行政执法类岗位

指行政机关中直接履行监管、处罚、稽查等现场执法职责的职位。其特

① 舒绍福．跨文化领导的兴起，挑战与应对［J］．教学与研究，2014（10）．

点在于：一是纯粹的执行性。只有对法律法规的执行权，而无解释权，不具有研究、制定法律、法规、政策的职责。二是现场强制性。依照法律、法规现场直接对具体的管理对象进行监管、处罚、强制和稽查。行政执法类职位主要集中在公安、海关、税务、工商、质检、药监、环保等政府部门，且只存在于这些政府部门中的基层单位。从这一类领导岗位走上来的领导者，其领导风格注重领导的权威性，讲究日常事务处理的时效性，往往以集权型领导风格为主。

（三）专业技术类职位

指从事专业技术工作，履行专业技术职责，为实施公共管理提供专业技术支持和技术手段保障的职位。与其他类别职位相比，专业技术类职位具有下列三个特征：一是具有只对专业技术本身负责的纯技术性；二是具有不可替代性；三是技术权威性。如公安部门的法医鉴定、痕迹检验、理化检验、影像技术、声纹检验，国家安全部门的特种技术、特种翻译，外交部门的高级翻译等级位。这一类领导者的领导风格以严谨细致、注重细节为主。

二、职业差别

1. 党政机关、事业单位。党政机关、事业单位作为制定和落实党和国家路线、方针、政策的一类组织，其运行方式和工作目标必须接受法律法规、党纪党规的严格限制和约束，所以领导者的领导风格一般以低调稳健、善于协调、谨言慎行为主，机关和事业单位的领导实践需要领导者在上通下达中变得人情练达。

2. 民营企业。民营企业若要发展壮大，在险恶的资本环境、市场条件下异军突起，往往需要领导者具有胆大、心细、特别肯钻研、肯吃苦的特点。领导者的风格要更加务实、踏实、高效率。相比政府官员，他们往往把个性展露得更为真实全面。

3. 外资企业。外企的领导者一般以外国人或者有过国外生活、学习经历的人为主。由于文化的不同，领导者的领导风格也不尽相同。欧美国家的领导风格注重“信任、自由、尊重个人”，充分尊重人的个性，努力营造平等、透明、宽松的氛围，充分调动员工参与企业生产管理的积极性和创造性，从而树立一流的产品形象和企业形象。日本公司领导风格追求“人和”“至善”“上下同欲者胜”的群体共同意识，强调“献身”“报恩”的精神，严格遵守等级秩序，极力提倡约束个性、服从大局的理念等。韩国、新加坡等东南亚国家企业领导者，融汇吸收了东西方经济发展和企业管理的特点，具有较强的“亲和性”。

4. 军事组织。军事组织最突出的特点就是等级森严，强调团体协作性、高度集权性以及无条件服从性。这就要求作为军事组织的领导者，要有指挥和驾驭的魄力，要善于发号施令。要求其领导风格以集权式、命令式为主。在日常军营的项目活动中，连长、班长首先是以身作则的“示范者”，也是责任担当的第一执行者、示范者。其领导风格除了表现为集权式领导外，还要表现为以示范、教练为主。

三、不同层级

高、中、基层领导因职责不同，其在素质能力的要求上也会显现出相对的差异性，领导风格由此也会表现出相对稳定的个性差异。

（一）高层领导

高层领导的领导风格具体表现为：

1. 思维方式方面：知识面广，抽象分析能力强；视野开阔，能够灵活地考虑各方面的问题；勇于面对不明确的情境；具有高度的直觉洞察力。

2. 进取精神方面：责任感强，工作不受他人的影响；执着精神强但不刻板；表达能力和人际交往能力强，善于处理各种不同意见，甚至是敌意的观点；工作富有开拓性和主动性，善于把握各种机遇；工作中精力旺盛，充满活力。

3. 关心员工方面：时刻关心下属，善于发现人才、培养人才。善于发现下属的优点，做到人尽其用，提高他们工作的积极性。

（二）中层领导

中层领导是组织序列中的中坚力量，兼有管理者和下属的双重身份。一方面，作为下属，在组织完成上级交付的各项任务的同时，也在做管理下属的工作；另一方面，作为管理者，在激励和引导下属完成本部门工作任务的同时，也在接受着上级的管理。可以说是在被领导中学习领导。概括起来，中层领导的特征主要表现为：能力强，有威信；品德好，乐助人；能吃苦，做榜样；有铁杆（骨干），能呼应；善沟通，互信任。在领导风格上要做到：

1. 善于领会上级领导的工作意图。中层领导在实践中，必须领会上级领导层的意志和想法。要经常提醒自己，本部门所做的工作，必须符合决策层制定的工作宗旨、任务要求等。只有树立起这样的忠诚意识，并逐渐形成习惯，工作才能有主动性和积极性，才能真正成为组织决策层实现领导目标的骨干力量。

2. 注重实干，关键时候冲得上去。中层领导工作风格有两个：一是靠前指挥，指挥得动，指挥得法；二是亲自实践，身体力行，带头实干。

3. 具有较强的实际工作能力。所谓实际工作能力，就是在实践中能按一定程序和规范要求开展工作的能力。中层领导既然是“兵头”，那么在带领下属去完成工作任务的过程中，最好的办法莫过于自己能为下属做出榜样和示范。

4. 工作能独当一面。这也是中层领导“生存”和发展的必备素质。中层领导只有把自己部门的工作做好，其自身价值和地位才能得以巩固，才能在组织内立足扎根。中层领导要想走向更高一层的岗位，需要培养锻炼独当一面的能力。

5. 有凝聚力。使主管的部门自觉成为整体的有效组成部分。做为独立负责的一个部门，既要增强本部门的凝聚力，同时还要顾全大局，努力增强整体的凝聚力。不能各自为政，更不能另立山头。

（三）基层领导

常言道：基础不牢，地动山摇。基层领导作为一个庞大的群体，是直接与具体事务、与百姓打交道的群体，其重要性不言而喻。善于基层领导的领导风格要具有如下特点：

1. 处理问题的灵活性更强。基层工作纷繁复杂，对于领导者而言，必须坚持原则性与灵活性的统一才能胜任。

2. 行事风格更具有“闯”“冒”的精神，敢于尝试。

3. 思想上更为解放，敢于突破创新。

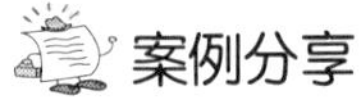
案例分享

习近平在河北正定时，作为基层领导者，敢闯敢冒，敢于突破创新，干在实处，走在前列。多次亲自出面寻访“千里马”，亲自拟写制定面向全国的“招贤榜”。1983 年初，习近平和时任县长的程宝怀专程到石家庄市寻访一位研发医用化妆品的科研工作者。因不知道对方具体住址，他们就挨家挨户询问，到了晚上十点多还没找着，习近平就扯起嗓门沿着大街小巷高喊对方的名字，才找到人。他们一直谈到凌晨，对方当场答应，很快携带科研项目落户正定，一年就为正定带来 30 多万元的利润。

本章小节

人的个性各有不同。领导者要想取得良好的领导绩效和实现组织的发展目标，必须善于掌握和运用领导风格方面个性差异的有关知识来指导和提升自己。从领导实践来看，构成领导者鲜明个性的领导风格要素主要包括其行为方式、处事方法、个性特征及能力素质等，而这些要素与领导者自身的性别、个性、岗位差异及年龄阶段、文化传承、教育模式等有着千丝万缕的联系。了解和掌握领导风格的构成要素，有助于领导者挖掘和发挥自身的特点和优势所在，形成有利于领导力提升的优势领导风格，真正实现“天生我材必有用”。

C H A P T E R 0 5

第五章

横看成岭侧成峰——风格分类

领导风格在领导实践的不同阶段和不同情境中的表现形式有所不同，领导风格是影响领导实践取得效果的重要因素之一，不同的领导者在领导实践中所表现出来的习惯偏好，构成了其独具特质的领导风格。根据领导实践的不同阶段、不同情境、不同目标，领导风格可做如下分类：从决策过程上分为主见风格与兼听风格；从权力运行上分为集权风格与分享风格；从组织执行上分为高效风格与低效风格；从行事方式上分为强制风格与参与风格。无论何种情境中的何种领导风格，就其风格本身并无优劣之分，把握领导风格的关键是要与领导情境相适应，风格要依据情境的变化而变化。

第一节　从决策过程分：主见与兼听

“领导决策是领导者在领导活动中，为解决重大的现实问题，通过采用科学的决策方法和技术，从若干有价值的方案中选择其中一个最佳方案，并在实施中加以完善和修正，以实现领导目标的活动过程。”[①] 决策过程是领导者处在某种领导情境中，结合自身的主观判断而做出决定的过程。包括发现问题，确定目标；集思广益，拟订方案；分析评估，方案优选等内容。从领导者外在表现出的习惯特点来看，领导风格分为主见风格与兼听风格。

---

① 尤元文、唐霄峰著．领导决策论［M］．北京：社会科学文献出版社，2012.

一、主见风格与决策过程

1. 主见风格在决策过程中的重要作用

“决策是领导者的一项基本职能。”[①]领导决策是领导实践全过程的核心和基础，是将领导意志转化为行动落实的重要一环。决策过程的成败对于工作的开展起着决定性的作用。领导者在决策过程中所展现出的“特质”，形成个人领导风格。

主见，是指自己对事物的意见或见解。而主见风格在决策过程中，主要表现为领导者以自身对事物的意见或见解为主导，较为主观地倾向于按照自己的意愿做出决定。

主见风格在决策过程中的重要作用体现在：一方面主见风格能够高效推进决策，尤其是应对突发事件决策时，主见风格所具有的确定性、时效性等特点，对领导准确决策、快速决策具有重要作用，有利于领导者高效推进工作；另一方面主见风格突出强化决策结果，领导者每天都需要对各项工作不断地做出决策，而决策的过程实际上是对诸多处理方案或方法的提出与选择，在这个过程中，领导者面对各种影响决策的因素，主见风格由于在决策过程中体现的主观意愿比较强烈，因此，更突出强化决策结果、决策时效，而弱化决策过程。

案例分享

孙子曰：凡用兵之法，将受命于君，合军聚众，圮地无舍，衢地交合，绝地无留，围地则谋，死地则战，涂有所不由，军有所不击，城有所不攻，地有所不争，君命有所不受（译文：孙子说，用兵的原则，将接受国君的命令，召集人马组建军队，在难以通行之地不要驻扎，在四通八达的交通要道要与四邻结交，在难以生存的地区不要停留，要赶快通过，在四周有险阻容

① 史为磊 . 决策［M］. 北京：国家行政学院出版社，2011.

易被包围的地区要精于谋划，误入死地则须坚决作战。有的道路不要走，有些敌军不要攻，有些城池不要占，有些地域不要争，君主的某些命令也可以不接受）。

“将在外，君命有所不受”是领导主见风格的最直接体现，实践证明领导在决策时“君命有所不受”的主见风格对战争的胜利与否具有决定性作用。特别是对于一支独立作战的军队来说，领导者能否根据作战任务和战场情况，机断专行，灵活制敌，往往能对战局发生根本性的影响，果断处置，在此决策过程中领导的主见风格显得尤为重要。国家政事决策，同样需要有主见风格，有时地方的具体情况中央无法具体了解细致，因而对地方的一些决策有时候会有偏差，在此情形下，地方的政者行政，需要发挥主见风格，特别是在处理突发事件时，应在中央大原则下从实际情况出发，以敢于承担的勇气解决问题、推进工作。同样，在经营企业中，领导者的主见风格表现在领导者需要把握瞬息万变的市场信息，结合个人的认知与经验，对市场的变化做出快速的决策反应，从而减少不必要的损失。

案例来源:《孙子兵法 · 变篇》将在外君命有所不受，网页案例 http://baike.baidu.com/link?url=X05SQ9HεG387VlıJZNDkEA1rjmpF22IOCx22uKxMW7fzrk3NgEG1UKbr-mshLgInjICRsOj5bRKjHXWzkUlLxzbZOpPv_P1hykiXQC6q1S45zMK4IGfB91mBVAkxaU6tLQqfGXTKBilLmzv5SgSnA3a

2. 主见风格在决策过程中的表现特点

主见风格的领导者在决策过程中，具有比较强的代表性，主要体现了如下三个特点:（1）崇尚经验。领导者会根据自身的经验和对问题的认知做出决策判断，这种主见风格会随着领导者经验的不断丰富与积累而逐渐强化，主见风格在决策过程中所发挥的积极作用程度也会逐渐加深。（2）自我意识强烈。领导者在决策过程中往往不善于倾听他人意见，以自我主观意识为中心，在决策过程中体现出的主观意志较为突出。（3）决策果断。主见风格的领导在决策过程中，能够理性分析决策信息，综合运用决策经验，合理推测决策结果，能够在较短的时间内完成决策任务，形成明确的实施方案，果断决策，对加快决策进程、提高工作效率、快速推动整体工作起到积极作用。

3. 主见风格决策的不足与完善

主见风格在决策过程中虽然有助于提高工作效率，能够加快工作进程，但是在领导实践中，主见风格仍存在不足，主要表现为：（1）集思广益程度不够，决策过程中不注重征求多方意见，即使个人决策意见只有少数人支持，一般情况下也会坚持孤注一掷，坚持个人意见做出决策，有时会影响决策的科学性。（2）主见风格的领导由于在决策过程中崇尚经验，因此，某种程度上使领导者的决策创新不够，与时俱进不足。（3）主见风格的领导者在决策过程中，容易鲁莽武断，盲目拍板，有时会出现思考问题片面，决策办法失衡等情况。在实际领导活动中，主见风格容易出现“拍脑袋”决策的决策风险。

结合主见风格在决策过程中表现出的不足，需要领导者在决策中不断完善，加以克服，主要是：（1）领导者在决策过程中应集思广益，即便是在处理突发问题时，可在快速做出决策后，认真听取意见建议，为下一步科学化推进工作或修正工作做好准备。（2）领导者在决策过程中，可以总结之前工作经验，对决策提供有益指导，但绝不能只局限于工作经验，应结合实际情况，思考并把握事物发展变化的规律，做出科学决策。（3）行事鲁莽一般是由领导者的性格决定的，为政者，可果断，不可武断，身为领导者凡事应在成熟思考的基础上，再做决策。

二、兼听风格与决策过程

1. 兼听风格在决策过程中的重要作用

兼听，是指广泛听取意见。兼听风格在决策过程中主要表现为，领导者在决策之前，善于听取多方意见，能够接纳多种声音。这种兼听风格是领导者出于个人主观意愿，习惯在征求多方意见的基础上，经过分析思考，再做决策的领导风格。毛泽东在《矛盾论》中提到：“多方面听取意见才能辩明是非得失；只听一方面的意见，就信以为真，往往要作出错误的判断。”领导实践中，兼听风格对于领导决策工作的重要意义体现在：一是有利于领导者掌握事实全貌，为科学决策提供依据，奠定基础；二是有利于领导者跳出就事论事的单一视角，促使领导者多维度认识思考问题，避免决策出现偏颇；三是有利于促进领导者从微观入手，分析把握解决问题的关键点，在决策中强化细节性处理，提高决策针对性。

案例分享

《资治通鉴》唐太宗贞观二年：上问魏徵曰：“人主何为而明，何为而暗？”对曰：“兼听则明，偏信则暗。昔尧清问下民，故有苗之恶得以上闻。舜明四目，达四聪，故共、鲧、驩兜不能蔽也。秦二世偏信赵高，以成望夷之祸；梁武帝偏信朱异，以取台城之辱；隋炀帝偏信虞世基，以致彭城阁之变。是故人君兼听广纳，则贵臣不得拥蔽，而下情得以上通也（而下情得以上达）。”上曰：“善！”

译文：唐太宗问魏徵：“君主怎样是明君，怎样是昏君？”魏徵答：“兼听则明，偏信则暗。从前帝尧明晰地向下面民众了解情况，所以三苗作恶之事及时掌握。帝舜耳听四面，眼观八方，故共、鲧、驩兜不能蒙蔽他。秦二世偏信赵高，在望夷宫被赵高所杀；梁武帝偏信朱异，在台城被软禁饿死；隋炀帝偏信虞世基，死于扬州的彭城阁兵变，所以人君广泛听取意见，则贵族大臣不敢蒙蔽，下情得以上达。”唐太宗说：“好啊！”

魏徵对唐太宗的回答，用历史君王的实例展现出兼听风格的特点和优势，体现出兼听风格的领导者能够掌握工作全局，在决策过程中，可以全面把握工作进展情况，不被短暂突发现象所蒙蔽，有利于领导者做出科学合理的决策。

案例来源：《资治通鉴·唐太宗贞观二年》，兼听则明，偏信则暗。网页案例 http://baike.baidu.com/link?url=ItnDPN9cbouU6uyihH3Pa2KP5dvnRW137m4ZP_OvkhFbx89WB52yvW1m6ccqpFl0W4WXSmRayF_j5JZwRfEN4a

2. 兼听风格在决策过程中的表现特点

领导者在决策过程中所展示出的兼听风格，主要有如下三个特点：（1）善于广纳谏言。领导者在做出决策之前，乐于听取各方意见建议，善于包容，能够从多方意见中汲取合理的成分，为决策提供有效服务。（2）稳态推动工作。领导者善于客观分析各方意见，理性看待利益得失，经过慎重比较，稳步推进工作，以损益期望值的高低作为选择决策方案的主要标准。（3）把握关键节点。兼听风格在决策过程中，有助于领导者理性客观分析问题，准确把握推进决策、推动工作的关键节点，由此入手，领导者能够牵住解决问题的“牛鼻子”，坚持问题导向，直击问题要害，提升决策的有效性。

3. 兼听风格决策的不足与完善

兼听风格在决策过程中虽然能够广泛听取多方意见建议，汲取积极因素，推动决策任务圆满完成，但是兼听风格在领导实践中仍存在不足：（1）决策时效性略显不足。从征求意见—听取意见—分析意见—采纳意见，需要一定的时间周期，无形中将影响决策进程，使决策节奏放缓，决策程序冗长，降低了决策的时效性。

（2）由于兼听风格的领导者在决策过程中惯于听取他人意见，一般采取分析比较意见建议的行事方式，因此在决策过程中难免会出现过于谨慎、犹豫不决等现象，尤其是在面对突发事件时，容易议而不决，错失良机。

兼听风格的领导在决策过程中，应该发挥优势，坚持广纳谏言，听取不同意见，特别是反对意见。同时，更应扬长避短，弥补不足：（1）加快决策节奏，减少决策程序，有效提高征求、听取意见的效率，尤其是在处理突发事件时，注重把握应对事件处理危机的黄金期，保证决策效果。（2）兼听风格的领导者在决策过程中，应该具有敢于力排众议的定力和胆魄，敢于采纳少数人的正确意见。同时，决策一旦有失误，应敢于承担领导责任，并在工作中及时予以修正。

三、主见风格与兼听风格的比较

1. 两种风格的比较

主见风格与兼听风格是领导者在决策过程中体现出的不同领导风格，两种风格展现出不同的特点，相比较而言，具有以下不同之处：（1）主见风格的领导者在决策过程中善于进行主观的理性思考，一般忽略他人的意见建议；兼听风格的领导者在决策过程中乐于征求听取他人的意见建议，善于在综合分析总结意见建议的基础上，提出决策方案。（2）主见风格在决策过程中体现出决策时间短，决策效率高的特点；兼听风格在决策过程中体现出决策周期长，决策程序多的特点。（3）在决策过程中体现出主见风格的领导者往往行事果断，也易出现武断的情况；在决策过程中体现出兼听风格的领导者行事稳健，能够稳扎稳打地推进工作，但易出现议而不决、工作效率不高的情况。

2. 两种风格的交融

《管子·明法解》中提到："明主者，兼听独断。"可见主见风格与兼听风格的交融，有利于实现领导者决策的科学化。将主见风格的高效能决策与兼听风格的广纳谏言相融合，在广泛听取意见建议的基础上，凭借领导者的经验积累和主观认识，经过分析思考，快速做出决策；将主见风格的果断行事与兼听风格的细节把握相结合，不仅抓住问题的关键节点，牵住了解决问题的"牛鼻子"，而且还直击问题核心，果断决策处理。

第二节　从权力运行分：集权与分享

权力，从狭义上看是指国家权力，即国家的统治阶级为了实现本阶级利益和建立本阶级统治秩序所具有的组织性支配力。权力运行是以领导者为主体，在职责范围内领导和支配力量的过程，旨在实现阶级利益和建立统治秩序。领导者在权力运行过程中，受领导者的性格特点、领导情境、客观要素等方面因素的影响，体现出不同的领导风格，主要表现为集权风格和分享风格。

一、集权风格与权力运行

1. 集权风格在权力运行中的重要作用

集权，“是指决策权力和行动决定完全保留在最高管理者手中的决定”①。在组织权力运行中，领导构架呈现的是“金字塔”形，而领导者被赋予权力的权重与“金字塔”的构架成反比，即从领导构架上来看，“金字塔”由下至上的人数是逐渐减少的，而在“金字塔”中的领导者的权力权重却是由下至上逐渐递增的。从另外一个层面也反映出，位于“金字塔”各层次的领导者在权力运行中体现出的影响力和覆盖面是由下至上逐渐递增的。因此，领导者在权力运行中表现出的集权风格也是按照“金字塔”的构建特点，由下至上在集权程度和影响范围上逐渐加强的。领导者的集权风格在权力运行过程中体现出高度集中的领导意志，权力运行中权重越高的领导者的集权风格所影响的范围越广。集权风格有利于领导快速推进权力运行，缩短权力运行周期，提高任务完成效率。

案例分享

美国第三十二届总统富兰克林·罗斯福一直被视为美国历史上最伟大的总统之一，是20世纪美国最受民众期待和爱戴的总统，也是美国历史上唯一连任四届总统的人，任职长达12年。在美国乃至世界经济发展史中，罗斯福的“新政”都给人们留下了极其深刻的印象。

1929年10月24日，美国金融界崩溃了，股票一夜之间由5000多亿美元的顶点跌入深渊，使5000多亿美元的资产一夜间化为乌有，价格下跌之快，连股票行情自动显示器都跟不上趟，股票市场的大崩溃导致了持续四年

① 尤元文、唐霄峰著. 领导决策论［M］. 北京：社会科学文献出版社，2012.

的经济大萧条，从此美国经济陷入了危机的泥沼，以往蒸蒸日上的美国社会逐步被存货山积、工人失业、商店关门的凄凉景象所代替。86000 家企业破产，5500 家银行倒闭，全国金融界陷入窒息状态，千百万美国人多年的辛苦积蓄付诸东流，GNP 由危机爆发时的 1044 亿美元急降至 1933 年的 742 亿美元，失业人数由不到 150 万猛增到 1700 万以上，占整个劳动大军的 1/4 还多，整体经济水平倒退至 1913 年。农产品价值降到最低点，农民将牛奶倒入大海，把粮食、棉花当众焚毁的现象屡见不鲜。

富兰克林·罗斯福在这种情况下取代了焦头烂额的胡佛，当选为美国第三十二届总统。他针对当时的实际情况，大刀阔斧地实施了系列旨在克服危机的政策措施，历史上被称为“新政”。“新政”的主要内容可以用“三 R”来概括，即复兴（Recover）、救济（Relief）、改革（Reform）。由于大萧条是由疯狂投机活动引起的金融危机而触发的，罗斯福总统的新政也是先从整顿金融入手。在被称为“百日维新”（1933 年 3 月 9 日至 6 月 16 日）期间制定的 15 项重要立法中，有关金融的法律占 1/3。罗斯福的“新政”号准了美国经济环境和社会环境的脉搏，“使人们能够重返工作，使我们的企业重新活跃起来”的口号，符合广大劳动人民的利益，充分唤起了他们的积极性。

罗斯福在推行“新政”的过程中，体现出采用集权领导风格，快速推进权力运行，缩短权力运行周期的重要作用。当今突发应急的领导情境与其时美国经济崩溃的特殊历史时期特点相类似，需要具有集权风格特点的领导者站出来，用好手中权力，有效推进改革，提高工作效率，应对危机挑战，让权力运行惠及民众。

案例来源：《领导学》，陈树文编著，清华大学出版社，2011 年 6 月。

2. 集权风格在权力运行中的表现特点

集权风格的领导者在特定的领导情境下，在权力运行过程中，有其突出的表现特点：（1）惯于将权力集中在一位或几位领导者手中，这种情况有的是由工作任务的特殊性决定的，具有历史传承性，从工作实际出发需要集中领导权力推进工作；有的是由领导者行事风格决定的，在行使权力过程中，习惯于将权力集中在小范围领导者手中。（2）在权力运行过程中的集权领导风格，表现出较高的工作效率，能够快速形成工作方案，具有较强的分析和汲取有效信息的优势，权力运行的有效性增强，避免领导者和工作人员做很多“无用功”。（3）集权风格的领导者，个人主观方面对于能否掌控权力的重视程度较高，比较重视权力运行的程序是否规范合理，善于运用领导权力整合有利因素，使有限的权力发挥最大的效用。

3. 集权风格运行的不足与完善

集权风格在权力运行过程中虽然具有提高工作效率，缩短权力运行周期等突出特点，但是也存在不足，主要是：（1）集权风格一定程度上会制约权力运行质量。具有集权风格的领导者一般惯于站在领导高度推动权力运行，其高站位决定了对一些具体的、基础的问题和情况了解不够全面，在一定程度上影响了决策的正确性和及时性。（2）集权风格一定程度上制约组织在权力运行过程中的适应能力。处在动态变化环境中的组织，必须根据各种客观因素的动态变化不断进行调整。集权风格的领导者，可能使所在单位或部门失去自我适应和自我调整的能力，从而削弱组织的应变能力。（3）集权风格一定程度上制约着下属工作人员的工作积极性。领导者的集权风格，决定着权力运行中的核心任务都集中在领导者手中，使下属工作人员参与权力运行的自主权、发言权大大削减，长此以往，必然会影响下属工作人员的工作积极性、创造性、主动性，从而对全面推进工作产生制约。

根据集权风格在权力运行过程中存在的不足，应从以下几个方面着手完善：（1）注重掌握一手信息。在权力运行过程中，集权风格的领导者所获取的信息往往是经过层层汇报总结而来，势必会影响领导者掌握信息的真实性和准确性，因此，集权风格的领导者应放低身段，下沉基层，掌握最直接的信息，提升权力运行的科学化水平。（2）强化权力动态运行。集权风格的领导者在推进权力运行过程中，应注重培育各部门积极适应新变化的能力，赋予组织和个人自主而为的时间和主动权，实现权力运行的动态化推进。

（3）调动下属工作人员的工作积极性。集权风格的领导者应适度放权，将权力适当赋予基层一线工作人员，不断提升工作人员的参与单位建设发展的责任意识，树立主人翁意识，切实提高一线工作人员的工作积极性。

二、分享风格与权力运行

1. 分享风格在权力运行中的重要作用

分享，即共同享有，与他人共同享有、使用、行使。在权力运行中的分享风格则表现为领导者乐于与他人，包括其他领导者及其下属工作人员，共同分享、使用、行使权力。领导者的分享风格让权力运行的“金字塔”构架，实现了权力重心的下移，位于塔尖的领导者将权力运行的责任适当下放后，能够避免“金字塔”在权力运行中出现头重脚轻的现象，有利于“金字塔”稳固根基，权力实现有序运行。

案例分享

孔子的学生宓子贱有一次奉命担任某地方的官吏。到任以后，时常弹琴自娱，不管政事，可是他所管辖的地方却治理得井井有条，民兴业旺。这使那位卸任的官吏百思不得其解，因为他每天即使起早贪黑，从早忙到晚，也没有把地方治理好。于是他请教子贱：“为什么你能治理得这么好？”子贱回答说：“你只靠自己的力量去进行，所以十分辛苦；而我却是借助别人的力量来完成任务。”

子贱的为政风格是典型的分享风格，通过调动其他工作人员的工作热情，在权力运行中适当下放权力，实现了当地民兴业旺。

案例来源：《领导学》，陈树文编著，清华大学出版社，2011 年 6 月。

2. 分享风格在权力运行中的表现特点

分享风格在权力运行过程中的表现特点主要是：（1）权力运行不容易出现偏差。由于权力运行过程中参与人员数量较多，能够突出集约优势，产生“三个臭皮匠”效应，可以减少工作中出现的不必要错误，有利于促进工作稳态推进。（2）工作人员具有较高的工作积极性，能够主动参与权力运行各个环节。由于分享风格的领导者乐于将权力的运行过程与工作人员一起分享，因此，可以极大地调动工作人员的工作积极性，激发工作人员的主人翁意识，对顺利推进工作起到积极作用。（3）分享风格可以提高组织在权力运行过程中的适应能力。分享风格有利于组织和个人根据各种因素的变化不断进行动态应对，提高本部门自我适应和自我调节的能力，提高组织和个人的应变能力。

3. 分享风格运行的不足与完善

分享风格虽然在权力运行过程中具有推动工作准确度高、员工积极性高、适应变化能力强等特点，但在领导实践中，仍存在不足，体现在：（1）易出现权力分散，很难形成合力，有时制约着工作的有效推进。（2）权力运行效率不高、运行周期时间长。分享风格由其特点决定着易出现权力运行动能减弱、耗时增长的现象。

结合分享风格在权力运行过程中存在的不足，应从以下几个方面完善：（1）避免权力过于分散。分享风格的领导者应适度分享权力支配，分享程度应在领导者的有效控制之中，善于将分享到其他组织和个人的权力形成合力，推动工作顺利开展。（2）提高权力运行效率。分享风格领导者应有意识提高权力运行的效率，强化限定在有限时间内完成权力运行周期，提高工作效率。

三、集权风格与分享风格的比较

1. 两种风格的比较

集权风格与分享风格在权力运行过程中都体现出优势和劣势，相比较来看主要是：（1）集权风格在权力运行过程中，权力主要集中于一位或几位领导手中，降低了权力运行质量，不利于根据工作的动态发展做出动态决策变化；分享风格则将权力重心下移，让更多的工作人员参与到权力运行中，能够提高权力运行质量，便于组织和个人动态适应权力运行要求。（2）集权风格在权力运行过程中能够实现高度统一，权力运行效率高，周期短；分享风格在权力运行过程中容易分散权力，不利于权力运行过程中的意见整合，一定程度上影响工作效率，权力运行周期相对较长。（3）集权风格的领导者不易调动工作人员的工作积极性与主动性，激发工作人员的潜质不够充分；分享风格的领导者能够很好地调动工作人员的工作热情，充分发挥工作人员的主观能动性，促进工作更好地开展。

2. 两种风格的融合

在权力运行过程中，领导者应该将集权风格与分享风格相融合，扬长避短，实现权力的有效运行和工作的稳步推进，主要是：（1）集权风格的领导者适当将工作重心下移，赋予其他领导和工作人员更高的工作自由度，目的在于发挥他们的主观能动性，但要在下移的同时适时整合集约权力运行，避免分享风格出现权力过于分散，进而出现不易于推动工作的现象。（2）将集权风格的实现权力高效运行与分享风格的对权力运行的适应性相结合，不仅推进权力运行高效、快速实现目标，而且在此过程中注重把握权力运行的动态变化。既适应动态发展，又不影响运行效率。

案例分享

美国通用电气公司，是超大型的跨国公司，是传统企业向高技术转换的成功典范，其经营战略是全球大公司的典范，也是将集权风格与分享风格很好融合的代表。它采取了较灵活的集权和分享相结合的“全球中心体制”。一方面，母公司在财务、人事和研究开发三大关键领域对子公司进行严密控制；另一方面，母公司又在营销决策、劳动关系、生产关系等方面赋予各子公司较大的自主权。美国通用电气公司在财务管理上实行“集权为主，分享为辅”的方式。总公司设有财务部，是全公司的中央机构，各集团根据各自的不同业务构成来设置其财务机构，直接向公司的财务副总裁负责。子公司只能在总部制定的财务制度范围内活动，在遵守财务制度的情况下，享有完全的财务自主权。

通用电气公司把事关企业命运的重大决策权集中在公司总部，而把需要灵活反映的具体安排和经营业务分散在各子公司。这种管理模式使集中管理在协作中节约资源、提高效率，并通过分散经营充分发挥了子公司各级人员的积极性，提高了经营的灵活性，从而能获得良好的经济效益。集权和分享相融合的管理体制已成为跨国公司最广泛采用的企业治理方式，也是通用电气公司成功的秘诀之一。

领导者在推动权力运行过程中，在何种情境下采取何种领导风格，也可学习通用电气公司的运行模式，应根据实际，结合不同领导情境，对什么权该集、什么权该分做出明确界定，并建立相关制度进行有效规范，否则不仅不能取得效益，反而会引起更大的混乱。

案例来源:《领导学》，陈树文编著，清华大学出版社，2011 年 6 月。

第三节　从组织执行分:高效与低效

一、领导风格在组织执行中的重要作用

组织执行是指组织及其工作人员依法将决策中枢系统输出的决策指令付诸实施，从而实现组织预期目标的行为，也就是把组织决策方案由理想变为现实的活动过程[①]。领导者在组织执行中有时不直接参与具体落实，更多的是指导、修正下属组织执行落实情况，因此，领导者的领导风格在组织执行过程中发挥着重要作用，主要体现在领导风格在营造组织执行氛围的影响方面。组织执行氛围是能够直接影响工作人员工作表现的各种环境因素的总和，良好的组织执行氛围对提升组织效能、激发工作人员动力、挖掘工作人

① ［美］罗伯特・克赖特纳、安杰洛・基尼奇著，顾琴轩等译.组织行为学［M］.北京：中国人民大学出版社，2007.

员潜能、培育组织文化有着积极的作用，而领导风格在营造组织执行氛围上具有决定性作用。最直观的体现就是在领导实践中，领导的人事变动基本都会改变该单位或部门的组织执行氛围，这都是由领导者的不同领导风格决定的，而良好组织执行氛围的营造，决定着工作人员的工作效率——是事半功倍，还是事倍功半。由此，从组织执行层面来看，领导风格主要体现为高效风格和低效风格。

二、高效风格与组织执行

高效指在相同的时间，甚至在更短的时间里能够完成比他人多的工作任务，并且质量同于或好于其他人。具有高效风格的领导者在组织执行中不仅注重个人工作效率，而且注重提升其他工作人员的执行效率，将高效风格传导到组织执行的每一个环节，推动工作人员高效能、高效率地执行工作任务。

案例分享

2001 年 9 月 11 日，当两架恐怖分子劫持的飞机撞向美国纽约市世贸大厦时，纽约市长朱利安尼正在城市另一端的半岛饭店参加一个会议，并打算在会议结束后参加纽约市长初选的投票。朱利安尼一听到消息立即就取消了所有活动，赶往世贸中心。同时通过助手无线电指挥启动应急方案，并联络警察局切断曼哈顿岛运河街的交通，以保证进入现场的应急车辆和撤离现场的人们能够畅通无阻。随后，抢救伤亡人员的救护车辆和应急方案也确定了。朱利安尼来到世贸大厦，加入临时指挥中心，并亲自到现场协助消防人员指挥人群撤离。距离第一架飞机撞上世贸中心已经过去两个小时六分钟，广播里第一次传来政府的声音，朱利安尼通过纽约第一新闻台向纽约市民发表现场讲话。

讲话过后，临时指挥小组又进行了搬迁，搬到纽约市警察学院——一个相对安全的地方。朱利安尼和幕僚们在就如何保护整个城市，如何往城市运送资源，如何取得联邦政府的资源，试着期望接下来还有什么可以获取，在哪儿设立政府，需要做些什么来保证城市服务设施的运作，各个机构目前运转如何，哪些机构需要立即帮助，我们需要什么，需要哪些人，我们的人怎么样了，如何把信息传递出去，何时、何地对人们说些什么……做出种种决定。朱利安尼召开记者招待会，向大家通报政府的营救行动，详细讲述整个行动计划，并向所有市民保证：现在整个城市已经安全了。通过记者招待会，朱利安尼把所有人的注意力集中起来，以保证所有人朝着一个方向前进。

朱利安尼体现出了领导者在组织执行过程中，高效的领导风格，他在问题发生的第一时间快速做出了反应，调动各方面积极因素，为中心工作服务，具有较强的执行力，有效减弱了不良事件的负面影响，加强了正面引导，提高了工作效率。

案例来源：《领导学》，陈树文编著，清华大学出版社，2011 年 6 月。

1. 高效风格在组织执行中的表现特点

高效风格在组织执行过程中，主要体现出如下特点：（1）执行目标明确，目的性强。高效风格的领导者在指导工作开展过程中，能够对决策指令有深刻的认识和明确的判断，对阶段性的目标和任务有清醒的认识，为顺利推进工作奠定基础。（2）执行力强。在明确任务目标的基础上，高效风格的领导者具有较强的执行力，能够带领工作人员目的明确、有的放矢地贯彻组织意图，完成决策任务，取得良好效果。（3）工作效率高。高效风格的领导者所体现的核心特点即是在推动组织执行过程中，具有较高的工作效率，能够快速整合有效信息，对决策指令快速做出反应，领导工作人员在组织执行过程中，高效能推进，高质量落实决策指令、完成决策任务。

2. 高效风格的不足与完善

高效风格在组织执行过程中，虽然体现出较高的执行力和工作效率，能够目标明确地推进工作，但是高效风格的领导者在指导组织执行过程中，仍存在不足，主要是：（1）工作兼顾性不够。高效风格的领导者比较擅长专攻完成某项单一的工作任务，他们一般具有雷厉风行、立马追驹的工作作风，比较注重工作时效性，一般情况下，高效风格的领导者会比较专注于完成某一项工作任务，在组织执行过程中对其他工作的兼顾性不够。（2）工作应变能力不够。由于高效风格的领导者能够快速完成决策指令和工作任务，因此，他们适应组织执行动态变化的时间有限，容易忽视在工作推动过程中出现的一些新问题，指导适应工作的应变性不够。

结合高效风格在组织执行过程中存在的不足，高效风格的领导者应注重提高在组织执行中对工作的兼顾能力和应变能力，在高效推进工作的同时，应统筹考虑组织执行中各项工作的关联性，提高全局意识，便于领导者从整体上把握全局工作，充分调动有利因素，在保证单项工作见实效的基础上，助推整体工作进程。同时，高效风格的领导者应结合工作实际，把控好组织执行的时间频度，充分考虑到执行过程中可能出现的变化因素，提高适应、把握执行过程中的动态变化的能力，不打无准备之仗。

三、低效风格与组织执行

低效，一般指效能低的，效率低的。需要说明的是，这里我们所谈到的低效领导风格是领导者在组织执行中，与高效领导风格相比较，在一定的领导情境下，工作效能和效率偏低的行事风格，而非普通意义上的低效的贬义含义。低效风格的领导者在组织执行过程中，从个人工作作风上来看，对工作人员的工作效率要求不是很高，注重工作的稳态推进。但当低效风格的领导者遇到的下属素质较高，且全部为自我实现型的高成熟度的成员时，低效风格的领导者会体现出“无为而治”风范。

案例分享

汉朝的著名人物曹参，是县衙小吏出身，他特别推崇黄老之学。黄老之学始于战国盛于西汉，假托黄帝和老子的思想，实为道家和法家思想结合，兼采阴阳、儒、墨诸家观点而成。这种思想的核心是清静无为。曹参在齐国辅佐刘邦的长子齐王时，得到专门研究黄老之学的盖公的真传：“治道贵清净而民自定。”他在齐国做了九年丞相，实行无为而治的领导方略，结果齐国大治，政绩在各诸侯国中名列第一。萧何死后，他被调到中央继任丞相，把“治道贵清净而民自定”奉为圭臬，继续实行“无为而治”的领导方略。曹参向惠帝解释“无为而知”的缘由，问：“陛下比高皇帝如何？”惠帝说：“我哪可比高皇帝！”又问：“陛下看我比萧何哪个能干？”惠帝说：“你似乎不及萧何。”曹参说：“陛下说得是，既然陛下比不上高祖，我比不上萧何，我们谨守他们的成规，无为而治岂不很好？”惠帝说：“很好。”这就是《史记》所说的“萧规曹随”“举事无所变更”“一遵萧何约束”。也是当时民谣所说：“萧何为法，讲若划一。曹参代之，守而勿失。载其清净，民以宁一。”曹参的无为而治，并非无所作为，而是遵循汉高祖、萧何制定的政策，继续照办，不做更张。文帝本人“好刑名之言”，文帝的皇后窦氏也喜欢黄老之学，甚至强令其子（包括未来的景帝）研读黄老学派的著作。在文帝与窦氏熏陶下的景帝，继续采用黄老之学，宽松刑法，精简官吏，轻徭薄赋，提倡农桑。这样，经历了几位皇帝的“无为而治”，缔造了历史上有名的“文景之治”，出现了空前富庶的景象。

高祖死后，惠帝即位，实权操控在吕后手中，继续实行“无为而治”。司马迁在《史记》中说：“政不出房户，天下晏然。刑罚罕用，罪人是希，民务稼穑，衣食滋殖。”文帝时期依然如此。高祖、惠帝、文帝的“无为而治”充分体现出低效领导风格在组织执行中的优势与特点，在特定的领导情境下，低效风格会取得事半功倍的效果。

案例来源：《领导学》，陈树文编著，清华大学出版社，2011 年 6 月。

1. 低效风格在组织执行中的表现特点

低效风格在组织执行过程中所表现出来的特点主要是：（1）对动态工作的调适能力强。低效风格的领导者在组织执行过程中，由于其推进速度不快，因此，领导者善于与时俱进，在工作落实过程中，能够随着事态变化随时调整执行策略，做出比较符合工作实际的执行方案。（2）能够兼顾实现多个任务目标。低效风格的领导者一般不采纳“毕其功于一役”的方式推动工作，而是比较善于站在全局的角度，把握工作的整体性，可以同时兼顾多个任务目标一起推动落实，也由此需要耗费更多的统筹时间，在效率上体现不出比较突出的优势。

2. 低效风格的不足与完善

低效风格的领导者在组织执行过程中，虽然具有突出的动态适应性和统筹兼顾能力，但在领导实践中仍表现出不足，主要是：（1）工作效率相对低。低效风格从字面上看就可得出领导者对于工作在时间方面的要求不高，在领导实践中，体现出推动工作节奏相对较慢，特别是对于时效性不高的工作，落实决策指令的效率不高。（2）工作执行力不强。低效风格的领导者由其工作效能低的特点，决定了领导者在落实决策任务、推动工作进程时执行力不够，不能及时取得效果。

结合低效领导风格在组织执行过程中存在的不足，领导者应在领导实践中注重适当提高工作效能，有效提升工作执行力，以此推动工作效率的提高。同时，领导者应把握好工作细节，在发挥统筹协调优势的基础上，注重落实决策任务的精细化程度，避免出现“贪多嚼不烂”的现象。

四、高效风格与低效风格的比较

1. 两种风格的比较

高效风格与低效风格是领导者在组织执行过程中体现出不同的领导风格，两种领导风格在领导实践中，具有不同的表现特点，分别是：（1）高效风格的领导者在组织执行过程中，一般工作目标突出明确，工作任务重点突出；低效风格的领导者在组织执行过程中，统筹兼顾执行多项工作任务目标。（2）高效风格的领导者在组织执行过程中，工作效率高，工作执行力强；低效风格的领导者在组织执行过程中，工作周期长，时效性不突出，执行力不够。（3）高效风格的领导者在对组织执行的动态把握上不足，对动态工作的调适能力不够；低效风格的领导者有足够的时间思考并适应把握组织执行过程中的动态变化，处理问题的灵活性相对较强。

2. 两种风格的交融

高效风格与低效风格在组织执行过程中体现出不同的特点，也存在各自的不足，将高效风格与低效风格的优缺点相融合，有助于保证组织执行的有效落实；将高效领导风格的高效能执行与低效领导风格较强的动态调适能力相结合，保证组织执行高效率、高质量落实到位；将高效领导风格的较强的执行力与低效领导风格的统筹兼顾多项任务相结合，保证组织执行统筹推进，取得实效。

第四节　从行事方式分：强势与参与

行事，指办事，从事，做事，行为。方式，指说话做事所采取的方法和形式。行事方式则指办事、做事所采取的方法和形式。

一、行事方式在领导实践中的表现类型及重要作用

领导者行事方式的形成受多种因素的影响，包括性格特点、家庭背景、教育方式、职业经历等，这些因素整合起来对领导者行事方式的养成具有综合作用。每位领导者在领导实践中的不同领导情境所体现出的行事风格各不相同，综合各自不同的若干个行事方式的特点，取最大公约数，将领导者在行事方式上做出基础划分，主要表现类型有强势风格和参与风格。

无论强势风格，还是参与风格，就其作为领导者行事方式的一种，都在领导实践中具有重要的作用：一是行事方式对领导实践的促进作用，主要体现在适合于领导实践中领导情境的行事方式，对领导实践达成最终目标，实现促进领导实践效果的积极作用；二是行事方式对领导实践的制约作用，主要体现在同一个领导情境下，不同领导者展现出的不同的行事方式，对领导实践产生的效果可以产生较为深刻的影响。

二、强势风格与参与风格的比较分析

强势风格的领导者在行事方式上，坚持以自己的意愿强制别人的行动，有比较强烈的主见，重视以自我为中心。强势风格的领导者往往具有很强的个性特征，不愿意听取和采纳他人的意见或建议，而是孤注一掷地推进工作。强势风格的领导者工作作风硬朗果断，敢说敢做，执行力强。

参与风格的领导者在行事方式上，把自己作为第二或第三方的身份加入、融入某件事之中。参与风格的领导者往往个性不是十分突出，在领导实践中，能够广泛听取意见建议，善于挖掘不同声音，有利于推进工作顺利开展。参与风格的领导者工作作风委婉平和，善于融入，协调能力强。

案例分享

中国的企业有很大一部分属于劳动密集型的中小企业，员工工时长、工作累、报酬低，劳资矛盾突出，经常为人诟病。而“海底捞”火锅店这样技术含量不高的行业，却创造出了令人羡慕的高昂士气、充满激情的员工团队和出色的业绩。

1994 年，还是四川拖拉机厂电焊工的张勇在家乡简阳支起 4 张桌子，利用业余时间卖起了麻辣烫。截至 2008 年，他经营的“海底捞”在全国 6 个省市开了 30 多家店，张勇成了拥有 6000 多名员工的董事长。张勇认为，人是“海底捞”的生意基石。客人的需求五花八门，单是用流程和制度培训出来的服务员最多能达到及格的水平。制度与流程对保证产品和服务质量的作用毋庸置疑，但同时也压抑了人性，因为它们忽视了员工最有价值的部分——大脑。让雇员严格遵守制度和流程，等于只雇用了其双手。

大脑在什么情况下才有创造力？心理学家的研究证明，当人用心的时候，大脑的创造力最强。于是，让服务员都能像自己一样用心就变成张勇的基本经营理念。怎么才能让员工把“海底捞”当成家？答案很简单：把员工当成家里人。“海底捞”的员工住的都是正规住宅，有空调和暖气，可以免费上网，步行 20 分钟即可到达工作地点。不仅如此，“海底捞”还雇人给员工宿舍打扫卫生、换洗被单。“海底捞”在四川简阳建了“海底捞寄宿学校”，为员工解决子女的教育问题。“海底捞”还想到了员工的父母，优秀员工的一部分奖金每月由公司直接寄给员工的父母。

要让员工的大脑起作用，除了让他们把心放在工作上，还必须给他们权力。200 万元以下的财务权都交给了各级经理，“海底捞”的服务员都有免单权，不论什么原因，只要员工认为有必要，都可以给客人免费送一些菜，甚至免掉一餐的费用。聪明的领导者能让员工的大脑为他所用，当员工不仅仅是机械地执行上级的命令时，他就是一个领导者了。按照这个定义，“海底捞”是一个由 6000 名领导者组成的公司。

“海底捞”把培养合格员工的工作称为“造人”。张勇将造人视为“海底捞”发展战略的基石。“海底捞”对每个店长的考核只有两个指标：一是客人的满意度，二是员工的工作积极性，同时要求每个店按照实际需要的 110% 配备员工，为扩张经营提供人员保障。“海底捞”的领导者这种以人为本的策略，充分体现了领导者强势风格与参与风格的有机融合，这种让员工共同参与企业建设的行事风格取得了极大成功，值得借鉴和学习。

案例来源：《领导学》，陈树文编著，清华大学出版社，2011 年 6 月。

1. 强势风格的表现特点

强势风格的领导者所表现出的特点主要是：（1）固执己见。强势风格的领导者比较坚持自己看待问题的主见，不善于听取采纳他人的不同意见，表现较为严重的领导者易造成群众基础薄弱。（2）不善协调。强势风格的领导者不善于协调不同层面的人际关系，对工作的关注重点往往只在工作本身，易忽略“人情世故”。（3）工作要求高。强势风格的领导者一般具有比较突出的工作能力和水平，对工作的要求也相对较高。（4）工作创新不足。强势风格的领导因过于坚持个人主见，不善于听取多方意见，很难避免工作视角单一，不能多维度思考问题，导致工作创新不足。

2. 参与风格的表现特点

参与风格的领导者所表现出的特点主要是：（1）善于听取他人意见。参与风格的领导者能够广泛听取意见建议，并对合理的意见建议予以采纳。（2）较强的协调能力。参与风格的领导者一般以第二方或第三方身份参与工作，因此，参与风格的领导者一般都具有较强的沟通协调能力，能够为工作的顺利开展争取有益因素，并积极推动。（3）群众基础好。参与风格的领导者工作作风委婉平和，能够建立较为和谐的人际关系，易于得到群众拥护，具有良好的群众基础。（4）利于工作创新。参与风格的领导者在领导实践中，在听取他人意见建议的基础上，便于掌握更多信息，利于拓宽工作思路，能够建立多维度的思考方式，在开展工作中，有利于推动工作创新。

3. 两者的完善与交融

强势风格与参与风格是领导者在行事方式上不同领导风格的体现，两种风格具有不同的表现特点，将强势风格与参与风格进行完善与交融，扬长避短，能够有效提升行事方式对领导实践的促进作用。（1）强势风格的完善。强势风格的领导者可以保持果断行事、敢作敢当的工作作风，但应善于广泛听取意见，尤其是不同声音，对领导者在开展领导实践过程中提供有益帮助。（2）参与风格的完善。参与风格的领导者应在保持广泛听取意见的基础上，有效提高工作标准和工作要求，进一步树立起工作主人翁意识，特别对于主管工作，不能总以第二方、第三方身份参与工作，不利于有效推进工作。（3）两种风格的多层面有效融合。将强势风格领导者的适度主见与参与风格领导者的协调能力相融合；将强势风格领导者的高标准推进工作与参与风格领导者的创新思维相融合。

本章小结

决策过程、权力运行、组织执行、行事方式是领导者在领导实践过程中较为核心的四方面内容，以此从不同角度对领导风格进行分析，能够立体展现领导者在不同领导情境下所体现的不同风格特点。我们始终强调，领导风格本身并无优劣之分，只是在不同的领导实践中、在特定的领导情境下，展示出了相对的特点或不足，需要通过比较、交融，相互弥补，助推领导进程。无论是主见风格与兼听风格、集权风格与分享风格，还是高效风格与低效风格、强制风格与参与风格，都不能仅设定在某种单一的领导情境中，孤立地分析好与坏、优与劣，因为同一领导风格在不同的领导实践阶段或不同的领导情境下，往往会体现出不同的优点与不足。因此，领导者应结合自身实际，通过分析研判，比较领导风格在不同领导实践中的利与弊，思考领导风格在不同领导情境下的不足与完善，充分把握有利于推进领导进程的各种积极因素，为我所用，使领导风格能够合理合情地展现，帮助领导者树立良好形象，实现领导工作科学化推进。

C H A P T E R 0 6

第六章

梨花一枝春带雨——风格价值

价值的原意是指事物或现象的作用或用途，当然，仅指积极的作用或用途。它表示的是人同各种需求对象之间满足与被满足的关系。价值来源于人类的社会实践，这也决定了价值具有社会性的本质特点。在与人无关的地方谈论某种东西是否有价值，这种行为本身是没有意义的。同时，价值的含义又是多方面的，从方法论的角度来说，价值包括理论价值与实践价值；从价值具体的作用对象来说，价值包括经济价值、政治价值、社会价值、文化价值、艺术价值等。其中，理论价值的地位尤其重要。所谓理论价值，就是指某一理论在揭示客观事物发展规律方面，在指导人们社会活动实践方面所具有的独特的引领作用。因此，我们之所以研究领导风格，就是因为领导风格研究对人类领导行为是有益的，领导风格理论研究能够总结和归纳以往领导行为的特点，概括和揭示领导行为的规律性，从而为我们准确地预知和指导领导行为提供科学的参考。然而，像多数其他有价值的研究一样，领导风格研究固然也有多重价值，比如对提升员工工作满意度、更多地施展组织公民行为、鼓励组织创新和提升领导力等方面都有积极的意义，而这些价值往往集中体现在领导行为标识、领导魅力展现和组织团队旗帜三个方面。并且，这三个方面还有依次递进的关系：每一种领导风格都能体现出领导者独特的行事风格和行为模式，由此展现出一定的领导魅力，只有展现出足够的领导魅力，才能赢得被领导者的认同，才能成为引领组织团队前进的旗帜。实践中每种领导风格除了各有优点之外，也各有缺点，但把握住这三个方面价值的领导风格就是好的、有效的领导风格。

第一节　领导行为标识

“标志”和“标识”虽然仅有一字之差，但意义范围并不相同。“标志”一词通常指的是一种用来识别某件事物的显而易见的记号。而“标识”除了表示记号以外，还有更为深层次的内涵，比如风向标的意思。本章中提到的领导行为标识意在表示领导风格是领导行为变化的风向标。从学者们对领导风格的界定可知，领导风格是领导者习惯化的领导行为倾向，是一种稳定的行为模式所表现出来的一系列特点。领导风格产生领导行为，同时又要通过领导者外在的领导行为方式展现出来并发挥作用。

正如世界上没有两片完全相同的树叶一样，领导者的领导风格也形态各异，不同领导风格的领导者表现出来的行为模式也可能天差地别。但是这并不意味着领导风格没有规律可循，在优秀领导风格的耳濡目染下，被领导者会自觉地将这样的优秀风格作为自己进步的标杆，以此来完善自己的价值观与行为方式。同时，通过观察领导者表现出来的种种行为特征，被领导者还可以预判领导者的领导行为。从这个角度上来讲，领导风格具有标识领导行为的价值。这一价值主要体现在，一方面能够为领导群体实现有效领导树立榜样和标杆；另一方面能够为被领导者更好地实现与领导者的良性互动提供有效的引导和激励。

一、优秀领导者的领导风格能为领导群体提供实践教材

领导行为的有效性一直是现代领导学理论关注的核心。但是，关于何种风格的领导行为最为有效这样的探索并未形成定论。尽管如此，领导者对领导有效性所发挥的主导作用是毋庸置疑的。“领导活动是领导者针对被领导者的活动，是高度个性化的活动，因而领导者个人的抉择决定着整个领导

活动的方向和路径。”[①] 优秀的领导者在领导风格上表现出来的行为方式与处事方法，是实现领导有效性的主导因素。高效的领导风格对于领导群体有效开展领导活动具有普遍的指导价值，好的领导者总能在行为方式和处事方法上起到榜样和示范的作用，激励和影响领导群体不断改进领导行为和领导方法，提高领导艺术水平，以更好地实现领导目标。

案例分享

领导班子团结，是成就组织事业的关键因素。在我们党的历史上，邓小平和刘伯承数十年的战斗情谊和亲密无间的同志关系堪称军事首长与政委团结配合的楷模，对我们各级领导者产生了极其深远的榜样示范作用。

抗日战争时期，刘伯承任一二九师师长，1938 年 1 月邓小平调任一二九师政委，从此，二人开始了几十年的亲密合作与同志情谊，党史上经常将二人简称为“刘邓”。刘伯承年长邓小平 12 岁，加上一只眼睛视力较低，行动不便，邓小平经常力争做一些实际的工作，例如起草、签发电报，接听电话，检查、督促作战方案的贯彻执行等。并且邓小平还经常叮嘱工作人员：“刘师长年高体弱，要特别注意！有事多找我和参谋长，师长是军事家，大事找他决策。”而刘伯承则常说：“邓政委是我们的好政委，文武双全，我们大家都要尊敬他，都要听政委的。”“刘邓”二人彼此互相尊重，情同手足，邓小平总是把刘伯承当作兄长一样看待，刘伯承也同样尊敬邓小平，把他当作自己的亲兄弟一样看待。靠着这种同志加战友的深厚情谊，“刘邓”二人建立了一个团结稳定的领导班子，成就了军政主官密切配合，“刘邓”二人不可分隔的佳话，带出了一支战无不胜的“刘邓大军”。解放战争时期以及中华人民共和国成立后，邓小平和刘伯承二人有时尽管因工作原因分隔两地，但两人的心仍然还连在一起。1986 年 10 月 7 日，刘伯承元帅与世长辞，10 月 14 日，邓小平携全家老小来向老战友做最后的诀别。按照我国的习俗，只有

① 王雪峰 . 领导学学科体系［M］. 北京：人民出版社，2014.49.

世交情分的家族，才能享有这样崇高的礼遇。邓小平在《悼伯承》一文中说："我认识伯承，是1931年在中央苏区。初次见面，他就给我留下忠厚、诚挚、和蔼的深刻形象……我比他小十多岁，性格爱好也不尽相同，但合作得很好。人们习惯地把'刘邓'连在一起，在我们两人的心里，也觉得彼此难以分开。同伯承一起共事，一起打仗，我的心情是非常愉快的。伯承善于与同志团结共事的高尚风格，在今天仍是我们领导者的表率。"①

纵观邓小平和刘伯承二人几十年并肩协作的领导过程，我们可以得出这样的结论，邓小平和刘伯承二人亲密无间、同舟共济的领导协作和配合产生的领导行为是极其高效的，"刘邓"二人团结协作的高效领导风格不仅提高了二人的领导水平与领导艺术，还为其他各级领导者加强领导班子团结，增强领导集体的领导力树立了光辉的榜样。

"刘邓"二人亲密无间、团结协作、以身作则的表率作用，在二野将士中产生了巨大的凝聚力和战斗力。1989年11月20日，邓小平在回顾二野历史时这样说道："二野的内部关系是非常团结和非常协调的。上下级之间，各纵队之间，甚至更下层一点，关系都很协调。""野战军的领导人相信自己的部下，下面也相信领导，这种互相团结、互相信任的关系从作战一开始就是这样的。这是个了不起的力量。二野所以能炼成这样一个了不起的部队，主要靠的这一条。"

案例来源：袁南生，伍国用《邓小平的领导艺术》，中国文史出版社，2012年版。

二、优秀领导者的领导风格能够引导被领导者形成良性互动

判断一种领导行为是否有效，要看在这种领导行为的影响下，被领导者能否积极主动高效地实现领导目标。在领导过程中，被领导者对领导者的工

---

① 邓小平．邓小平文选（第三卷）［M］，北京．人民出版社，2001.185.

作是支持还是反对，是热情还是冷漠，是满意还是不满意，直接取决于被领导者能否认同并接纳领导者的领导风格。社会认同原理指出，“人们进行是非判断的标准之一就是看别人是怎么想的，尤其是当人们要决定什么是正确的行为的时候。如果看到别人在某种场合做某件事情，人们就会断定这样做是有道理的”。[①] 在我国，受传统文化的影响，人们对领导者有着天然的敬仰、信赖和认同，特别是优秀领导者的领导行为更容易为被领导者认同、接纳和效仿。在与领导者的互动过程中，被领导者会通过自己的观察了解到领导者的领导风格，进而能够对领导者的思维模式和行为方式作出一定程度的预判，从而增加其与领导者在互动方式上的契合程度，这对领导目标的达成无疑助益良多。

案例分享

唐太宗的虚怀纳谏是历代帝王无法企及的。唐贞观四年（630 年）给事中张玄素上书谏，以为：“洛阳未有巡幸之期而预修宫室，非今日之急务。昔汉高祖纳娄敬之说，自洛阳迁长安，岂非洛阳之地不及关中之形胜邪；景帝用晁错之言而七国构祸，陛下今处突厥于中国，突厥之亲，何如七国；岂得不先为忧，而宫室可遽兴，乘舆可轻动哉；臣见隋氏初营宫室，近山无大木，皆致之远方，两千人曳一柱，以木为轮，则戛摩火出，乃铸铁为毂，行一二里，铁毂辄破，别使数百人赍铁毂随而易之，尽日不过行二三十里，计一柱之费，已用数十万功，则其余可知矣；陛下初平洛阳，凡隋氏宫室之宏侈者皆令毁之，曾未十年，复加修缮，何前日恶之而今日效之也！且以今日之财力，何如隋氏？陛下役疮痍之人，袭亡隋之弊，恐又甚于炀帝矣。”唐太宗对张玄素说，爱卿说我不如隋炀帝，那么跟桀纣相比呢？张玄素说：“若此役不息，亦同归于乱耳！”唐太宗感叹道，是我考虑不周全，于是停止了修洛阳宫的想法，并重赏了张玄素。此外，至于敢于犯言直谏的诤臣魏徵，更是常常因为进谏

① 严国栋、刘拥军．“微内容”传播的社会学分［J］．东南传播，2010（5）：64—66.

而惹唐太宗生气，有时甚至是龙颜震怒，但是事后唐太宗也明白，魏徵直言进谏是为了防止自己犯错，因此在贞观年间，唐太宗共先后接受了魏徵二百多次进谏，并把魏徵比作时刻提醒自己改正错误的一面镜子。

贞观十七年（643年），著名谏臣魏徵病逝，唐太宗自制碑文，并为书石。唐太宗思徵不已，谓侍臣曰："人以铜为镜，可以正衣冠；以古为镜，可以见兴替，以人为镜，可以知得失；魏徵没，朕亡一镜矣！"善于纳谏是唐太宗非常鲜明的领导风格，通过了解唐太宗的这种领导风格，贞观时期的文武官员才敢于向唐太宗直言进谏，而不用担心因言获罪。依靠这种领导风格，唐太宗虚怀纳谏，广开言路，聚拢了一大批治国理政的人才。唐太宗常思己过，不断纠正不当的施政行为，保持正确的施政方向。依靠这种领导风格，唐太宗与大臣们建立了默契的君臣关系，君臣之间上下一心，共同开创了"贞观之治"。

唐太宗本人汲取了当时历史上历代王朝兴衰的深刻教训，在治理国家、驾驭群臣的过程中显示出虚怀纳谏的领导风格。这种领导风格对具有家国情怀的大臣具有极大的影响力与感召力，得到了文武百官的认同与接纳。在进谏纳谏的互动过程中，唐太宗与大臣们的默契程度得到了极大的提高，而这也为开创"贞观之治"奠定了组织基础。

案例来源：司马光《资治通鉴（三）》，岳麓书社，2009年版，第525、569页。

第二节　领导魅力展现

领导魅力的概念最早是由德国社会学家马克斯·韦伯（Max Weber）于20世纪初提出来的。然而，在魅力型领导概念的提出之初，仅仅是用来服务于社会政治领袖的。1977年组织行为学家罗伯特·豪斯（Robert House）等将魅力型领导理论引入商业组织之后，魅力型领导理论才逐渐兴盛和发展起来。“领导魅力是指领导者所具备的非凡的品质，在领导活动中表现为对追随者的吸引力、凝聚力和感召力，并因此而形成领导者和追随者之间的和谐关系。”[①] 本章中所阐述的领导风格在展现领导魅力方面的价值，意指领导风格是领导魅力的源泉。领导风格蕴含的外在构成要素包括领导者的行为方式和处事方法，内在的构成要素包括领导者的品格、情感、胆识、能力等。在领导风格内外因素的共同作用之下，领导者的领导魅力就会于无形之中展现出来。而领导魅力与领导力密不可分，它是领导力高效并持久的核心因素。深入研究和把握领导风格展现领导魅力这一价值，对于领导者自觉提高自身修养和能力、保持优良的作风和品格，以提升领导魅力、提高领导效能具有深远的现实意义。

一、领导风格的外在要素展现领导魅力

领导风格的外在构成要素包括领导者的行为方式和处事方法等。

（一）行为方式

从根本上来说，领导者的领导风格就是一种能够为被领导者所感知到的行为方式。作为领导实践的客体，对于领导者是更关心员工的工作结果还是更关心员工的合理需求这件事，只有被领导者最清楚。比如能察觉到结构导向型的领导者视组织绩效的按时完成为自尊心，宁愿牺牲员工的需要来保证也在所不惜；能够发现关怀导向型的领导者虽然也关心生产，但更注重以满足员工的合理需求为自己的首要责任，鼓励和帮助员工克服工作困难。所以，站在被领导者的立场，关怀导向风格的领导者自然更受欢迎。领导者通过处理各种复杂的具体事务，做到善于抓住主要环节、懂得协调、掌握分寸、注意言行等，能够展现出领导者的个人品格、情绪智商和领导

---

① 苏洁、肖洁 . 解析领导魅力［J］. 山东行政学院山东省经济管理领导者学院学报，2007（6）.

能力，进而会被认为是具有领导魅力的。这种感受越强烈，其领导魅力也就越大。

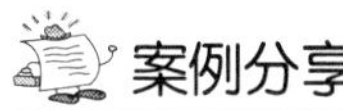

案例分享

撒切尔夫人果敢坚毅的领导风格

英国前首相撒切尔夫人有句名言："你愿意屈服就尽管屈服，但我不会。"她在西方文化中给人留下了一个理想领导者的印象——坚决果敢。对于撒切尔夫人来说，伴随着坚决果断而来的是远见卓识、开拓进取、坚韧不拔、永不屈服、勤奋务实的品质。这些优良品质综合起来共同构成了其独具领导魅力的"铁娘子"形象。

1982 年 4 月 2 日，阿根廷军政府突然攻击被英军实际控制的马尔维纳斯群岛（英国称之为福克兰群岛）。对英国来说，这是自第二次世界大战结束以来，首次遭到的入侵。阿根廷自 19 世纪 30 年代以来便声称拥有福克兰群岛的主权，因而一直与英国发生纠纷。撒切尔夫人不出数日，便下令英军重夺群岛，遂爆发马岛战争。1982 年 6 月 14 日，阿根廷战败，英国重回马岛。这段时间内，撒切尔夫人重燃了英国上下的爱国热情。撒切尔夫人在处理福克兰群岛冲突期间表现出来的果敢坚毅的领导风格，给英国民众留下了极其深刻的印象，这促使她在 1983 年 6 月的大选中获得压倒性的胜利。撒切尔夫人身上所具备的果敢型的领导风格通过行为方式表现出来。受这种领导风格的影响，她对于领导政策的执行，坚决果敢，毫不妥协，这使她获得了"铁娘子"的称号，同时也赢得了大批追随者的认同，从而在英国政坛上绽放出了独特的领导魅力。

案例来源：都市快报：《撒切尔夫人执政：给英国经济下"重药"对外不妥协》http://news.ifeng.com/world/special/saqieerfuren/content-4/detail_2013_04/09/23992342_0.shtml

（二）处事方法

处事方法是指领导者处理具体事宜时的一系列方法和态度。在与下属的互动中，沉稳型领导者处事四平八稳、喜怒不形于色；雷厉风行型领导者说了就做、追求效率和速度等。不同风格的领导者会有不同的处事方法，比如领导者根据情境需要而采取的具有支配性、果敢性、感染性、自信性、坚定性等各具特色的领导方法，都会极大地影响和感染下属，使下属对领导者由衷产生敬畏、欣赏、钦佩和信赖的心理，愿意追随领导者实现组织的愿景和目标。领导者领导魅力的展现就是源自于领导者别具一格而又稳定的处事风格。这种风格表现得越明朗，其领导魅力展现得就越充分，其影响力也就越大。

案例分享

曹操削发代首，为严法纪身体力行

东汉时期，法纪废弛，社会秩序相当混乱。曹操针对积弊，厉行法治，以法治政，以法治军。厉行法治的处事方法从某种程度上促进了社会的安定与发展，同时，曹操身体力行遵守法律的行为方式也极大地彰显了他超凡的领导魅力。

有一次，曹操兵发宛城，适逢麦熟季节，曹操下令："大小将校，凡过麦田，但有践踏者，并皆斩首。"孰料在过麦田时，曹操自己的马受到了惊吓，践踏了一片麦田。他很严肃地让执法官为自己定罪。执法官依照《春秋》"罚不加于尊"之义，认为可以免除处罚。但是曹操却认为，自己制定的法令，自己却违反，怎么能获得下属的信服呢？作为全军的统帅，必须要受到一定的刑罚。于是便拔剑割下自己的头发表示接受惩罚。并传令三军："丞相踏麦，本当斩首号令，今割发以代。"曹操"割发代首"的行为，对三军的震动很大，于是三军将士无不钦佩曹操模范的遵守法令的领导行为，同时也使全军将士无不谨遵曹操的军令。

曹操身体力行有法必依的领导处事方法极大地提升了曹操的领导魅力，有助于他厉行“法治”的领导行为，从而为实现以法治政、依法治军的有效性奠定坚实的基础。

案例来源：罗贯中《三国演义（亚东图书馆足本普及本）》，太原：北岳文艺出版社，2013年版，第99—100页。

二、领导风格的内在构成要素展现领导魅力

领导风格的内在构成要素包括领导者的品格、情感、胆识和能力等方面。

（一）品格因素

“品格因素是展现领导者领导魅力的本质性因素，它涵盖了领导者的人格、道德品质、生活作风、价值观念等方面。”[①] 从某种程度上来讲，领导者身上优秀的品格是其领导魅力的灵魂。英国画家威·亚历山大曾说过这样一句话：“命令只能指挥人，榜样却能吸引人。”《论语·里仁》里也有过“见贤思齐焉，见不贤而内自省也”的阐述。由此可见，高尚的品格会对其他人产生一种无形的吸引力。在领导过程中，优秀的领导者往往具有高尚的品格，而且品格因素越优秀，领导者的领导魅力就越大。

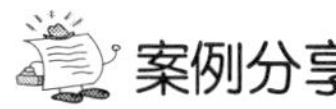
案例分享

刘备三顾茅庐，凭借谦虚诚恳的态度打动了诸葛亮

官渡大战后，曹操打败了刘备。刘备走投无路，只得投靠荆州刘表。在此期间刘备四处招贤纳士，广罗天下英才。经徐庶介绍，得知离自己驻地不远的卧龙冈有个奇才，复姓诸葛，单名亮，字孔明，号卧龙先生。当时天下传言：“卧龙凤雏，得一人便可安天下。”

第二天，刘备就和关羽、张飞去南阳拜访诸葛亮，却被书童告知诸葛亮

① 苏洁．领导魅力是有效领导的关键［J］．领导理论与实践，2009（2）：35—37.

出游去了，刘备只得无功而返。又过几日，刘备和关羽、张飞冒着大雪再次来到了诸葛亮家，遇到一位正在读书的青年，刘备急忙行礼，却被告知是诸葛亮的弟弟，诸葛亮外出访友去了。刘备只好留下书信，以图改日再登门拜访。这时关羽、张飞面色稍有不悦，主张改日将诸葛亮绑到刘备面前。刘备听闻，对关羽和张飞大加训斥，并再三强调诸葛亮是天下名士，要以诚相待。

转眼间过了新年，刘备和关羽、张飞再一次来到了卧龙冈，和前两次不同，这次诸葛亮刚好在家，却被书童告知诸葛亮正在午睡。刘备叮嘱书童，不要去打扰诸葛先生，与关羽、张飞在庭院等了几个时辰。诸葛亮被刘备枉自屈尊的诚意彻底打动了，同意出山辅佐刘备。为答谢刘备的知遇之恩，诸葛亮此后几十年为完成刘备兴复汉室的伟业鞠躬尽瘁、呕心沥血，直至生命的最后一刻。

论行军打仗、冲锋陷阵，刘备不如关羽、张飞、赵云那样勇猛无敌。论运筹帷幄、排兵布阵，刘备不像诸葛亮那样胸有成竹。但是，刘备以仁义著称于世，具有高尚的道德品格，他之所以能够使那些才能远在自己之上的人心甘情愿地受其领导，正是依靠道德的力量，进而提升了自己的威望，绽放了独特的领导魅力，对下属的文臣武将形成了一种无形的影响力与感召力。

案例来源：罗贯中《三国演义（亚东图书馆足本普及本)》，太原：北岳文艺出版社，2013 年版，第 212—213 页。

（二）情感因素

“情感是人们对客观事物好恶倾向的最直观的反应，同时也是人际关系好坏的风向标。作为一种人际关系，领导者与被领导者之间也需要有情感上的联系。”[①] 情感因素可以于无形之中拉近人与人之间的距离。关于情感的重要性，华兹华斯说：“情感和气味是这么一种东西：它们犹如光之于太阳，音乐之于风。”在领导者与被领导者的互动过程中，如果领导者能懂得通过情感的维系来关心下属，那么领导者就能够获得被领导者的认可和追随，这种情感联系越多，则领导者的领导魅力会越大。

---

① 魏钢毅、王越、孟津 . 论领导魅力——从危机中的领导魅力谈起［J］. 技术与市场，2010（6）：53—54.

案例分享

孙权重情重义，巧设“庆功宴”为属下打抱不平

“天下英雄谁敌手，曹刘，生子当如孙仲谋。”南宋著名词人辛弃疾所提到的孙仲谋，便是三国时期吴国的开国之主孙权。孙权在协调人际关系方面非常注重情感的因素，他在管理下属时，经常采用以情动人的策略，极大地提升了孙权的领导魅力，促使下属对他感恩戴德，心甘情愿地追随左右。

孙权屯兵宣城，此地山贼众多，有一次山贼突然来袭将营寨团团围住，孙权多次突围均不成功。危难之际，周泰挺身而出，不顾个人安危，冲锋陷阵，为孙权突围杀出一条血路，直到护送孙权安全冲出重围，周泰才因身上多处受伤，失血过多，昏于马下。事后，孙权有感于周泰的忠诚与勇猛，破格提升了周泰的官职，位列徐盛、朱然两位老将之上。但是两位老将军心里不服，认为周泰难当此大任。为了替周泰打抱不平，缓解下属的情绪，孙权设宴款待群臣，并名其曰“庆功宴”，群臣不解，不知为谁庆功。孙权端起酒杯，告诉大家要论功敬酒，当走到周泰面前时，孙权命其脱去上衣，并说：“周泰身上的伤疤就是军功，为周泰的伤疤敬酒。”孙权命周泰说明身上每一处伤疤的来历，每说完一处，孙权都提议群臣为周泰的勇猛举杯。待周泰说完，每人已经十几杯酒下肚。

孙权的这个举止以情动人，极大地提升了他的领导魅力。感受最深的是周泰，见到主公如此重情重义，为自己伸张正义，从此他更加忠诚地效忠孙权，追随孙权冲锋陷阵，出生入死，为东吴立下了汗马功劳。同时，徐盛、朱然二位老将军也为周泰把生死置之度外、忠心护主的赤诚所震动，并为自己的行为感到惭愧。此外，孙权的这一行为也让群臣看到了孙权对有功之臣的敬重，从而激励着群臣更加发愤图强。

案例来源：刘丹忱《治国为政需读史》，中央文献出版社，2011 年版，第 191 页。

（三）胆识因素

所谓胆识，从字面上理解，就是指一个人的勇气和见识。作为一种领导风格因素来讲，胆识就是指一位领导者在危机面前凭借过人的勇气与魄力，临危不惧，泰然自若的处事态度。实践已经无数次证明，越是大家都认为“不可能”的事，往往就越隐藏着很有胜算的“可能”。当领导者面临复杂的领导情境时，能够凭借着丰富的实践经验、渊博的学识、开阔的眼界以及过人的胆识而力挽狂澜，紧紧追随其后的被领导者怎么能不为这样的领导者所倾倒？通常情况下，领导者的胆识越高，领导者的领导魅力就会越大。

案例分享

诸葛亮有胆有识，巧设空城计逼退司马懿十万大军

三国时期，诸葛亮因错用马谡而失掉了战略要地——街亭，司马懿乘势亲自率领十五万大军向诸葛亮所在的西城蜂拥而来。当时诸葛亮身边没有大将，只有一班文官，原有的五千军队，也有一半运粮草去了，只剩下两千名士兵在城内，而且大部分还都是老弱病残。众人听闻司马懿亲率大军前来的消息大惊失色。诸葛亮登城楼观望之后，对众人说：“大家不要惊慌，我略用计策，便可叫司马懿退兵。”

诸葛亮传令，把所有的旌旗都藏起来，士兵原地不动，若有私自外出及大声吆喝者，立斩不赦。同时又命令士兵把 4 个城门打开，每个城门安排 20 名士兵扮成百姓的模样，洒水扫街。诸葛亮自己披上鹤氅，头戴纶巾，领着两个小书童，带上一张琴，到城上望敌楼前凭栏坐下，焚香弹琴。司马懿的前头部队到达城下，见了这种情形都不敢轻易入城，急忙返回报告司马懿。司马懿笑道：“这怎么可能？”便命令大军停止前进，亲自带人前去察看。只见诸葛亮端坐在城楼上，笑容可掬，焚香弹琴。左面一个书童手捧宝剑，右面一个书童手里拿着拂尘。城门外，20 多个百姓模样的人正在低头洒扫，旁若无人。司马懿看后，疑惑不已，便来到中军，命令后军充前军，前军作后军交替撤退。他的二儿子司马昭很是不解："莫非诸葛亮家中无兵，才故意弄出这个样子来？父亲为什么要退兵呢？"司马懿说："诸葛亮一生谨慎，不曾冒险，现在城门打开，城中必有埋伏，我军进去，正中埋伏，还是赶快撤退吧！"于是各路兵马都退了回去。

诸葛亮巧设空城计，不废一兵一卒退去了司马懿十五万大军，这里面固然是利用了兵法里面虚虚实实的谋略，同时他也摸准了司马懿生性多疑的性格特点。但是诸葛亮个人超凡的胆识因素也是不可忽视的，事后虽然他也出了一身冷汗，但是他依旧凭借其过人的胆识赢得了下属的钦佩，无形之中也提升了诸葛亮的领导魅力。假如没有过人的胆识，即使再熟练运用兵法，再熟悉司马懿的性格，也无法在当时的情境下做到镇定自若，泰然处之。

案例来源：罗贯中《三国演义（亚东图书馆足本普及本）》，太原：北岳文艺出版社，2013 年版，第 540 页。

（四）能力因素

能力，是指生命体探索、认识和改造客观事物的技能。也因为人类认识和改造客观事物的方式不同，可以对人的能力进行分类，例如领导能力、组织能力和协调能力等。"而所谓领导能力，是指作为领导者，为了达成一定的领导目标而具备的领导技能，这种技能是建立在丰富的实践经验、深厚的知识储备、超强的心理素质基础之上的。"① 作为展现领导魅力的主要因素之一，领导者的能力因素是不容忽视的。历史已经证明，具备高超领导能力的领导者身上会展现出非凡的领导魅力，而这种领导魅力会对被领导者产生无法估量的正向影响，能带动整个组织群体顺利完成组织目标。从这个角度来讲，领导者的能力越大，领导者的领导魅力就越大。

---

① 董鹏飞 . 新时期领导科学素质研究［D］. 济南：山东大学，2012.

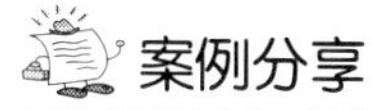
案例分享

重庆市长黄奇帆高超的经济管理能力使重庆经济得到跨越式发展

作为现任重庆市市长，黄奇帆素有“金融市长”“资本市长”之称，并被公认为是全国省级行政首长中最精通经济的领导者之一。主政重庆之前，黄奇帆在上海接触宏观经济管理长达20多年，积累了丰富的经济管理经验。

经济学家张五常曾经这样评价黄奇帆：这个人思想细致缜密，组织能力强，对数据的掌握又系统。黄奇帆的经济发展策略优于其他领导者的地方在于：他的宏观经济构思系统而清晰，他做出来的经济发展策略大气，最重要的是在遇到经济发展难题时，他往往能够想出绝妙的解决策略。

2001年调任重庆之后的短短十多年时间，黄奇帆在重庆金融界主要干了三件大事，第一件是把重庆的“不良”贷款降到了最低。第二件是推动重庆的五大本土金融机构上市，黄奇帆有句名言，“世界是可以重组的”。重庆五家本土金融机构的华丽转身，是黄奇帆实践他重组理论的经典案例。第三件是用好中央的政策，搞好重庆的金融改革。重庆的金融业蹄疾步稳飞速发展，在全国屡创奇迹，有效地推动了重庆实体经济的发展壮大，为深化金融体制改革奠定了坚实的基础。他本人的经济管理知识和才华也得以充分发挥，在重庆的金融界人士看来，这是一个不但高瞻远瞩懂政策，还注重懂操作的专家型市长。黄奇帆高超的经济管理才华使他赢得了下属以及同事的钦佩，他的领导魅力也因此得到绽放。

案例分析：中国经济周刊《“网红”市长黄奇帆：金融地产改革获中央肯定》http：//money.163.com/16/0216/08/BFUBB6L100252G50.html

三、内外因素的深度融合绽放领导魅力

一个领导者的内在品德无论多么高尚、情感多么亲好、胆识多么过人、能力多么超群，不经领导者的外在行为方式和处事方法去展现，被领导者也

无法感知。反之亦然，不管一个领导者的外在行为方式和处事方法如何，没有内在的品德、情感、胆识和能力去做支撑也是空壳，不能长久。因而，只有将二者深度融合在一起，才能保证领导风格的完整性，也才能充分展现领导者的领导魅力。

案例分享

2013 年 12 月 5 日，南非前总统曼德拉逝世，全球的人民都在为他的逝世表示哀悼。曼德拉是截至目前，唯一一个被全球所有的国家都认同并高度评价的政治家。曼德拉的超凡领导魅力突破了宗教信仰、意识形态、国家、种族……这种超凡的领导魅力是曼德拉领导风格内在和外在构成因素综合作用的结果，其中领导风格内在的构成因素对他的领导魅力绽放起了主导作用。

曼德拉出生于南非一个部落酋长家庭，作为家中长子而被指定为酋长继承人，拥有了世袭传承的领导魅力。但是，他坚定地表示“绝不愿以酋长身份统治一个受压迫的部族”，而要“以一个战士的名义投身于民族解放事业”，为此，他毅然走上了追求民族解放的道路。为了推翻南非白人种族主义的统治，曼德拉成功地组织和领导了“蔑视不公正法令运动”，进而被投入监狱长达二十七年，遭受了南非种族歧视政策的残酷迫害。但是，他依旧不屈不挠，以一种顽强抗争的精神持续斗争了五十多年。为此，曼德拉赢得了全体黑人乃至世界人民的敬仰和尊重，同时也享有了超凡的领导魅力。1994 年担任南非首位黑人总统后，曼德拉不计前嫌，全力推动种族和解、“黑白”共处的政策，从而为新南非开创了一个民主统一、种族共处的局面。1995 年的橄榄球世界杯决赛中，全白人组成的南非跳羚队在本土夺冠，曼德拉身穿跳羚队队服为他们颁奖，全场六万两千名白人球迷边哭边喊：“纳尔逊！纳尔逊！”当时有三个人的三句话见证了曼德拉创造的种族和解奇迹。一名白人球迷边哭边说：“他是我的总统，他是我的总统……”球队的核心皮纳尔在回答记者提问时说：“支持我们的不是现场六万两千名球迷，而是全南非四千三百万人民。”南非橄榄球元老说：“那一刻，所有的人都认为，只要能让这个老人开心，那我们就算尽职了。”

曼德拉推动种族和解的政策赢得了南非全体人民的一致敬重，而他之所以能够推动种族和解，除了他本身所具有的领导权力以外，最重要的还是因为曼德拉领导风格的内在构成因素，比如他宽容、平等、博爱的道德品格，对全体国民赤诚的感情，以及高超的组织协调能力等。坚定、果敢和富有感染力的处事方法及民主的行为方式使得曼德拉的领导魅力如一簇充分绽放的焰火，他也因此被人们尊称为“南非国父”。

案例来源：李新烽《论曼德拉精神及其产生原因》，西亚非洲，2014（6）。

第三节　组织团队旗帜

组织内所信奉的信念主义、所倡导的观念价值、所描绘的愿景理想是引领组织团队不断前进的旗帜，是组织文化构建的核心要素。因而，组织团队旗帜的实质就是领导者对于组织文化的建设和引导。组织文化的导向功能能够将组织成员的价值取向和行为取向导向组织的核心发展意愿，引领组织成员的价值观，规范组织成员的行为，确保组织朝着预期的轨道正常发展。领导风格在组织团队旗帜方面的价值主要是通过领导风格蕴含的领导者的价值观、理想信念、发展理念等因素在组织文化构建中所起到的不可替代的决定性作用体现出来的。领导者是组织文化的缔造者，领导者的理想信念和价值观在一定程度上决定了组织文化的前进方向。组织文化是组织的灵魂，灵魂不正行为就不正，灵魂不健全行为必有缺陷，行为的不正与缺陷将劣化组织的命运。[①] 深入研究领导者的领导风格对组织团队旗帜的价值，能为领导者构建组织文化提供科学的理论参考，也能为组织实现其发展目标提供坚实的思想保障。

① 王雪峰. 领导学学科体系［M］. 北京：人民出版社，2014.171.

一、理想信念对组织文化构建的价值

“理想信念，是哲学的范畴，也是心理学的重要课题，人们对一种生活、一种理想、一种理论或一项事业深信无疑、执着追求，并为之实现而勇往直前、努力奋斗的思想、精神和行动。”[①]“领导者的理想信念往往是组织核心发展意愿的集中体现，而确立组织的核心发展意愿是领导者履行组织文化构建职能必须做好的最基础的环节。”[②]因此，理想信念是整个领导职能中最重要的事。核心发展意愿是组织文化的基因，是组织文化发展壮大的根本动力。领导风格中的理想信念因素对组织文化构建的价值主要是通过领导者的理想信念对组织核心发展意愿的影响来实现的。领导者作为组织文化的缔造者，其在确定组织的发展意愿时，会将自己的理想信念融入组织的核心发展意愿中去，并在领导过程中充分发挥自己的榜样示范作用，将自身的理想信念传递给组织成员，激励团队齐心协力共同推动组织文化的构建。

案例分享

阿里巴巴无疑是中国互联网史上的一次奇迹，这个奇迹是由马云和他的团队创造的。阿里巴巴创业伊始，钱也不多，只有50万元，而且还是18个人东拼西凑凑起来的，50万元，是他们全部的家底。然而，就是这50万元，马云却喊出了这样的宣言：我们要建成世界上最大的电子商务公司，要进入全球网站排名前十位！

马云具有超强的活动能力和演讲口才，他善于把自己的理想信念以演讲的形式灌输给创业合伙人以及公司员工。马云创业之初，先后经历过四次失败，但是他始终都没有忘记自己创业时的理想信念，在理想信念的鼓舞下，马云一次又一次从失败的阴霾中走了出来。互联网行业素来以烧钱著称，阿

① 方宇杰．面对WTO的冲击坚定信念是警察的基本政治素质［J］．警察教育，2004（5）：42—44.

② 王雪峰．领导学学科体系［M］．北京：人民出版社，2014.174.

里巴巴创办时也面临着沉重的资金压力，最为窘迫的时候银行的账户上只有200元。有一次马云去见上海的投资商，对方提出了一个苛刻的条件，马云不满意，但还是犹豫了，他溜出去打电话问财务，得到的消息是公司账上已经没钱了。回去之后马云还是咬着牙放弃了这笔投资。他不说，没有人知道当时他的内心有多么煎熬。在时隔15年之后的纽约IPO路演会上，马云以开玩笑的形式一吐当年的窘境："15年前我为融资200万美元来到纽约，但以失败而归。15年来我没有放弃，这次来纽约就是想多要点钱回去。"

马云对理想信念有着执着追求，凭借非凡的活动能力和演讲口才，他将这种理想信念深深地植入阿里巴巴的组织文化当中，带动了公司员工为实现建成全球最大电商公司的理想目标而不懈奋斗，齐心协力共同造就了阿里巴巴的奇迹。北京时间2016年3月21日14时58分37秒，阿里巴巴2016财年电商交易额（GMV）突破3万亿元人民币，也就是说，13岁的阿里巴巴用不到一财年的实践，创造了全球零售业老牌霸主沃尔玛在2015年财年中实现的GMV数据，而且很有可能在本财年内（2015年4月1日—2016年3月31日）超越沃尔玛，2016年4月6日，阿里巴巴正式宣布已经成为全球最大的零售平台。

案例来源：林忠周《马云的逆袭成功之道》https://www.douban.com/group/topic/63246751/

二、价值观因素对组织文化构建的价值

领导者的个人价值观对于组织文化的架构具有极其深远的影响。一方面领导者通过与被领导者的互动将自身的价值观注入组织的核心价值观中，由少数人的认同和践行变为多数人的认同和践行，慢慢地沉淀为组织文化的一部分；另一方面领导者直接通过组织文化战略的制定将自身的价值观植入组织文化之中，而为组织全体成员所认同并身体力行。两个方面都对组织文化的构建具有重要的理论意义和现实意义。

案例分享

宜家是一家有鲜明价值观的公司，同时也是一家创业型公司，其创始人英格瓦·坎普拉德（Ingvar Kamprad）的印记镌刻在公司的每个角落。以成本主义为例，虽然荣列《商业周刊》评出的全球首富，但坎普拉德70多岁高龄坐飞机仍然选择经济舱。在宜家，成本概念深入经营方式、产品生产等各个方面，比如大部分家居产品都需要顾客手工组装以节省成本，顾客要自行开车运送家具等。

宜家的这种风格吸引了同样有“成本主义”情结的人。在宜家，即使是管理层员工，也鲜有开着奔驰宝马、穿着昂贵服装上班的。创始人—公司—员工，让他们表现一致的纽带就是价值观。他们都强调自我意识和团队合作，成本意识强烈，并具亲民性。

就像稳定的婚姻是以相同的价值观为基础一样，在宜家，企业与员工一旦因为共同的价值观而走到一起，这种关系就很难破裂。据宜家中国人力资源经理常扬介绍，几年来宜家的员工流失率一直维持在10%，远低于26家同行业的平均水平。

宜家是价值观因素对于组织文化构建的一个典型案例。创始人坎普拉德在生活中就是一个特别俭朴的人，他将自己生活中“节省成本”的价值观融入了公司的经营理念中，全公司从经营管理到产品的生产和销售，甚至招聘人才等各个方面，都形成了共同的价值观——成本主义。逐渐地，“成本主义”也沉淀为宜家组织文化的一部分。也正是通过这样一个过程，领导者才得以将自己的个人价值观植入组织，进而提炼为组织核心价值观，最终升华为组织文化。这个过程也是任何风格的领导者都应当学习和掌握的，以此方能扛起组织团队旗帜，并将组织团队旗帜扛稳、扛久。

案例来源：Jenny Ding《宜家用价值观与员工“联姻”》，人才资源开发，2008（5）

三、实现新发展理念下的领导风格对重建组织文化的价值

党的十八届五中全会通过了《中共中央关于制定国民经济和社会发展第十三个五年规划的建议》，提出："实现'十三五'时期发展目标，破解发展难题，厚植发展优势，必须牢固树立并切实贯彻创新、协调、绿色、开放、共享的发展理念。"在新发展理念的指导下，构建高效卓越的组织文化，是领导者在新时期、新形势下调整领导风格，转变领导方式，提升领导力的必然要求。领导风格的调整归根结底是领导者思维方式的转变，"习近平总书记曾经用'新办法不会用，老办法不管用，硬办法不敢用，软办法不顶用'来形容一些领导者存在的能力短板"①。领导者出现能力短板，根源在于思维上的短板，在于思想观念和领导风格还停留在过去传统的思维中，较现实环境存在一定的滞后性。领导者思想观念上的滞后必然会影响组织文化的先进性，进而影响到组织的正常发展。因此，各级领导者面对新发展理念的新要求，要善于转变思维方式，积极采取适应当前政治、经济、文化、社会发展的领导风格和领导方式，把科学、高效、合理的思想观念注入组织群体当中去，用新理念培植组织的核心价值观，用全新的思想观念重建组织文化，引领组织的发展步入新常态，在践行五大发展理念的过程中提升组织和领导者个人的领导力。

本章小结

在本章内容里，我们梳理了领导风格三个方面的价值，即领导行为标识、领导魅力展现和组织团队旗帜。在第一节内容里，我们梳理了领导风格在领导行为标识方面的价值，即为领导群体和被领导者提升能力和素质提供了榜

① 刘云山．增强问题意识，坚持问题导向［J］．组织人事学研究，2014（6）．

样因素和激励因素；在第二节内容里，我们梳理了领导风格在展现领导魅力上的价值，即在领导风格多种构成要素的影响下，领导者的领导魅力可以得到极大的绽放；在第三节内容里，我们梳理了领导风格扛起组织团队旗帜的价值，即支撑领导者形成自身领导风格的理想信念、价值观及新常态下的发展理念对组织文化的构建具有无法替代的决定性作用。

由此，我们对于领导风格的价值有了一个较为全面的认识。领导风格的这三大价值是环环相扣、相互联系、相得益彰的。首先，优秀领导者自身稳定的领导风格及行为模式，能够为领导群体实现有效的领导起到榜样和标杆作用，为被领导者实现与领导者的良性互动提供积极的引导和激励；而这种榜样和激励作用所展现的领导魅力，正是来自领导风格蕴含的外在行为方式和内在的思想观念、能力品格等内外构成要素。优秀领导者的领导行为固然能使其领导魅力绚烂多彩，但领导者的思想、品格、情商、胆识、能力、价值观等内在要素，是让领导魅力更持久的根本所在；而这种持久的领导魅力所传递的思想、信念及价值观，对树立团队旗帜、构建组织文化具有不可替代的决定性作用。

系统的研究领导风格在领导行为标识、领导魅力展现、组织团队旗帜三方面的价值，有助于我们科学合理地认识领导风格的作用和用途，深入地总结和揭示领导风格的特点和规律，促使领导者积极自觉的培养塑造高效的领导风格要素，使领导风格更好地服务于领导实践。同时，领导风格价值的系统研究，也填补了领导风格理论研究的空白，对于丰富领导学的内容具有一定的理论意义。

C H A P T E R 0 7

第七章

等闲识得东风面——风格测评

21世纪既是一个充满机遇和希望的时代，又是一个充满竞争和挑战的时代。面对前所未有的激烈竞争，如何加强领导和管理就摆到了所有组织的面前。大量的研究证明，领导者的领导风格引领了组织前进的方向，主导了组织成员的行事方式，可谓领导者的一举一动都会影响到组织的发展。因此，探讨组织在不同的发展阶段，如何选拔任用拥有与组织自身的发展特征和相应领导岗位相匹配的理想领导风格的领导者，评价不同的领导风格与被领导者的行为之间的相互作用，以及探讨在各种可能的领导情境下何种领导风格类型更理想，具有丰富的理论意义和现实意义，而对领导者的领导风格进行测量和评价乃为题中应有之义。

通常，现代意义上的测评是指以心理学和行为科学等学科的相关理论为基础，通过运用心理访谈、心理测验、情景模拟等科学的测量方法对受测者的情绪情感、价值取向、性格特征以及发展潜力等的心理与行为特征系统地进行科学的测量与客观的评价。领导风格测评则是指依据一定的领导学、心理学和行为科学等理论，通过运用心理访谈、心理测验、情境模拟等科学客观的测量方法，经过一定的操作程序，使用数字或相应的度量单位来对领导者的领导行为倾向做出变化状态或程度方面的描述，以区分其领导风格类型并予以科学的评价。它是通过一系列的手段，将领导者的某些领导行为数量化，来衡量领导者个体的领导行为差异的一种科学的测量和评价方法。主要是各机关事业单位、企业组织等用来选拔领导人才、安置领导岗位，以及专门的研究机构对领导者个体进行分析、评价和辅助研究的一种手段，是一种专门的、有针对性的测评。

本章的主旨是要通过介绍领导风格测评的使用说明和评价，让领导者了解自身的领导风格类型及该类领导风格的相应特点，为组织甄选合适风格的领导者到相应的领导岗位给以科学的参考，也为身处一定领导岗位的领导者根据领导情境的实际需要及时调整自身的领导风格提供科学的指导。故此，我们将在第一节理论综述中介绍领导风格测评理论的起源与发展，在第二节心理测评中介绍领导风格测评的内容、测评工具的选择和测评结果的分析，在第三节实践考察中结合领导实践分析不同领导风格的领导效果、为组织不同发展阶段和不同领导岗位的领导者调整适宜的领导风格提供科学的建议。

第一节　理论描述

现代管理之父彼得·杜拉克（Peter F.Drucker）认为，没有什么决策比人事方面的决策更难做出。同理，没有什么决策比选任领导者更难做出，因为其后果往往影响深远、经久难消。同时，虽然对领导者的选任举足轻重，但其难度真是不小。大多数组织在领导者的甄选任用过程中局限于传统的甄选模式，只重视任用对象的知识和技能。而事实上一个领导者工作成功与否与其领导风格具有莫大的关联性。知识、技能在一个领导者身上通常显而易见，而领导者的习惯化领导方式则必须借助专业化的测评技术——领导风格测评来进行测量和评价。知其然，还要知其所以然。要学会做领导风格测评，首先要了解领导风格测评的起源及其研究的发展状况，这样才能有助于我们更好地选择领导风格测评的工具，对测评结果的分析也才能有更加深入的把握。

一、国外领导风格测评研究

（一）20 世纪 40 年代之前的领导风格测评研究

最先提出对领导风格进行分类的是美国艾奥瓦大学的研究者、著名的心理学家勒温。他和同事们早在 20 世纪 30 年代就发现，领导者们通常会以不同的领导风格去诠释他们的领导角色，并且会表现出不同的领导方式。他们以领导者对权力的定位为划分标准，将领导者在领导活动过程中展现出来的领导风格概括为三类，即专制型、放任型和民主型。然而，没有足够的史料证明他们有继续探索如何对领导风格进行测评。

（二）20 世纪 40~50 年代的领导风格测评研究

考察范围最广且重复频次最高的领导风格理论是俄亥俄州立大学的几位专家学者在 20 世纪 40 年代所从事的研究，他们希望借此能够对领导行为的独立维度加以确定，即领导风格类型。首先是亨普希尔（J.K.Hemphill）等人的研究。研究人员于 1941 年采用因素分析的方法，从被领导者描述的一千余种领导行为的因素中归纳出了两个颇具代表性的因素，也由此概括出了两个相互独立的领导行为维度（即抓生产和关心人），并运用测验量表的方式来评定这两个维度上的领导行为表现。其次是在第二次世界大战以后，以埃德温·弗莱希曼（Edwin A.Fleishman）为首的一批研究人员于 1948 年对领导效能进行的大量研究。他们使用多套问卷做了大批量的测量工作以后，察觉有两个方面的领导行为总是凸显出来，最终将这两种领导行为提炼为“结构维度”和“关怀维度”。

与俄亥俄州立大学的研究同期，相同类型的研究还发生在密执安大学调查研究中心，结果也是惊人地相似，将领导行为提取为“员工导向”和“生产导向”两个维度。而且，这些研究都认为，这两个维度在不同的领导者身上所表现出来的强弱程度并不是一致的，由此可以归纳出低结构与低关怀、高结构与低关怀、低结构与高关怀和高结构与高关怀四种组合。

这两个大学的三项研究虽然都通过运用问卷等测量工具将领导风格划分出了结构和关怀两个维度，但都没有继续对这两个维度的领导风格测评做出进一步的努力。直到 1957 年，通过发放 1800 余份调查问卷，亨普希尔同库恩斯（A.E.Coons）才编制出了划分为结构和关怀两个维度的领导行为描述问卷（Leader Behavior Description Questionnaire，简称 LBDQ 问卷）。他们最初设计的问卷里包含了组织、整合、信息沟通、管辖和生产等有效领导行为的9个方面。后来，哈尔平（A.W.Halpin）等学者又将其中的“信息沟通”这一方面进一步区分为“向上沟通”和“向下沟通”两个方面，从而将LBDQ问卷拓展为10个因素。他还于1966年对LBDQ问卷进行了因素分析，为结构和关怀两个维度分别设计了五个陈述。其中，定规维度的陈述为：领导者是否对下属态度明确，是否对下属有遵守相关规定的要求，是否让下属了解外界对他的期望等；关怀维度的陈述为：领导者有没有对下属的行为表示肯定和支持，有没有重视下属的福利，有没有对下属的困难表示关心等。然而，该问卷并未强调领导者要根据领导情境的不同而调整自身的领导风格，因而没有反映领导情境的因素。

（三）20世纪60年代的领导风格测评研究

这一时期，从领导者体恤下属和重视产出两个维度来考察领导者的风格类型的思想引起很多学者专家的兴趣，许多有益的探索和拓展接踵而至，发展了俄亥俄州立大学的领导风格理论研究，但对领导风格测评的研究则几乎停滞。

1947年以后，密歇根大学社会研究所所长伦西斯·李克特（Rensis Likert）及其同事，曾就公共组织和私立机构的诸多行业的领导行为进行了一系列专业研究。1961年，他们又依据领导行为侧重点的不同将领导者划分为两大基本类型，即“以工作为中心”的领导者与“以员工为中心”的领导者。然而，李克特透过大量的研究和实践还认为，有效的领导者应该保持沟通渠道的畅通，尤其是要加强组织成员对组织管理的参与，使得下情能够上达，这样的组织才像是一个整体。这样，组织成员才能够感受到他们与组织之间存有着某些共同的利益，例如共同的需求、目标和期望甚至价值等，才更愿意为组织花心思、出力气。据此，1967年，李克特对领导风格的分类又有了新的看法：专制权威式、专制温和式、民主协商式和民主参与式。但他并没有针对这四种风格的测评做进一步探索。

1964年，美国得克萨斯大学的两位学者罗伯特·布莱克（Robert R.Blake）和简·莫顿（Jane S.Mouton）在汲取前贤关于领导风格二维分类的研究成果的基础上，提出了著名的“管理方格理论”。在全面总结和综合了俄亥俄州立大学与密执安大学的二维分类研究成果之后，他们将领导风格理论的研究推向了高峰。该理论的依据则是，最有效的领导者应该是一位既重视工作的完成，又关心员工的需求的管理者。一个领导者可能对生产高度关心而对员工不关心，或者恰好相反，还可能在两个维度上都居中。管理方格图则是一种通过使用量表加以评定和采用图示加以界定的方式将领导者的领导方式归纳为九种类型的方法与手段。但是，学界目前还没有任何关于该理论所使用量表的考察，因而我们无从查究。

（四）20世纪70年代以后的领导风格测评研究

由于20世纪60年代及其以前的领导特质研究和领导行为研究均没有对领导者的领导实践起到突破性的指导作用，关于权变型领导理论的研究由此逐渐兴起。这一时期，认识到根本就不存在一种适用于任何性质的组织和任何组织环境状况的领导风格类型和领导行为模式的专家学者不在少数。因而，领导效果还取决于领导者之外的因素。这一时期的领导风格测评研究中纳入了情境因素。

弗莱德·费德勒（Fred Fiedler）于1967年“在大量调查研究的基础上提出了较为系统的领导权变理论，认为有效的群体绩效还取决于两个因素的合理匹配，即领导者与下属相互作用的领导风格和领导情境对领导者的影响程度”①。他总结前贤的研究，开发出了一种领导风格测评量表——最难共事者问卷，用于测量领导者个体是任务取向型的还是关系取向型的。关于这一测量工具，我们将在下一节详加介绍。此外，费德勒经过15年的研究，分

① ［美］斯蒂芬·P.罗宾斯著，孙健敏、李原等译.组织行为学［M］.北京：中国人民大学出版社，1997.320—346.

离出来3项情境因素——领导者与被领导者之间的关系、任务结构（即对工作任务的要求是否明确）和领导者的影响力。他坚信，如果能通过某种操作将这3项情境因素与领导者的领导风格进行适当的匹配，定会收获良好的领导效果。继费德勒的权变理论后，情境因素成为领导风格测评研究中不可或缺的因素。

日本大阪大学的心理学教授三隅二不二曾基于对各流派领导风格理论的长期探索，提出了PM（Performance and Maintenance）理论，认为领导者因其领导作用而表现出来的行为就在于执行达成绩效目标（P）和改善团体运转（M）这两种团体机能。不仅如此，他还于20世纪60年代初开始针对该理论进行实证研究。直至1978年，积累了大量实证研究经验的三隅便编制出了PM量表，测试了10多种职业的15万员工。PM量表由P因素、M因素和情景因素3个分量表共10个因素构成。其中，除了P因素和M因素之外，还有工作理想、待遇满意度、组织满意度、心理保健、集体主义、绩效规范、会议成效和信息沟通等8个情境因素。这一分量表能够客观有效地评价领导者的领导行为和组织的环境状况。

1985年，伯纳德·巴斯（Bernard M.Bass）在《领导与超越期望的绩效》（Leadership and Performance Beyond Expectation）一书中真正建构和发展了詹姆斯·伯恩斯（James M.Burns）的变革型领导理论，并由此开发了一种领导风格评估工具——多因素领导问卷。下一节内容里将有关于该问卷的详细介绍。

2000年樊景立与郑伯埙总结了自罗伯特·斯林（Robert H.Silin，1976）以来的所有关于家长式领导的研究，将家长式领导风格定义为："一种内隐于领导者的人格之中的，既蕴含强烈的权威和纪律性，又含有父亲般的仁慈和德行的领导行为方式。"[①] 因而，他们为家长式领导风格归纳出三个重要的维度：威权、仁慈和德行。郑伯埙和彭泗清等学者2003年编制出家长式领导风格量

---

① Farh，J.L.，B.S.Cheng Cultural Analysis of Paternalistic Leadership in Chinese Organizations［J］.Management and Organizations in the Chinese Context.London：Macmillan，2000a.

表（Paternalistic Leadership Scale，简称 PLS 量表）。在大陆企业组织中的实证研究发现，该量表在大陆仍具有较高的信效度，其中威权领导分量表包括 13 个题项，仁慈领导分量表包括 11 个题项，德行领导分量表包括 9 个题项。量表的编制采用的是李克特 5 点计分法：1 表示“很不符合”，2 意味着“不太符合”，3 的意思是“不确定”，4 代表“有点符合”，5 则说明“非常符合”。后来的研究还发现：“一些具有集体主义和高权力距离文化特征的非西方国家和地区也存在家长式风格的领导者。”[①] 但是，随着现代民主文明的发展，家长式领导风格终将为历史的车轮所碾过，因而不再详细介绍此量表。

二、国内领导风格测评研究

中国知网数据显示，我国自 1980 年才开始有关于领导风格的研究，研究方向主要集中于国家领导人个体领导风格的归纳研究、领导风格有效性及其影响因素的研究、领导风格前因后果的研究等，而鲜有关于领导风格测评的专门研究。

1980 年中科院心理研究所的徐联仓等学者通过对西方领导理论的研究，结合对我国国情的审视将 PM 量表进行了标准化的处理。同为中科院心理所的凌文辁（1986 年）在 PM 量表的基础上开发了品德绩效维系量表（下一节内容里将有详细介绍）。中国人大的李超平和中科院的时勘（2005 年）在借鉴巴斯的多因素领导问卷的基础上，联合开发了适用于中国国情的变革型领导问卷（Transformational Leadership Questionnaire，简称为 TLQ 问卷）。该问卷共 26 道题项四个维度，采用李克特 5 点式量表法标示分值，已经成为测量中国背景下变革型领导风格的权威量表。另外，北京对外经贸大学的陈捷（2007 年）根据我国国情，编制了一个包括 12 个题项的领导风格问卷（据其英文缩写简称为 LSQ 问卷），蕴含了决策参与和激励机制两个维度，分别包含命令和参与、任务导向和关系导向四个因素。该问卷已为国内公开发表的

① 庞彦翔. 家长式领导研究综述［J］. 领导科学，2011（4）：10—12.

研究成果所采用。

第二节　心理测评

据可靠的文字记载，人类对于自身的思考源于三千多年前被人们称为“大地肚脐眼”的古希腊圣地德尔斐的阿波罗神庙。在该神庙的旁边镌刻了7位圣人的训示，其中的塔列斯给人类留下的圣谕是：“人啊，认识你自己。”从此，这句圣谕成了人类永恒的坐标，屹立至今。其实，每个人都需要认识自己，领导者更不能例外。想要成为一名高效的领导者，首先需要发掘自身特有的领导风格，了解自身所属领导风格的特点，并学会充分利用这些特点。虽然每位领导者的基本领导风格所产生的领导绩效是有限的，但卓越的领导者能够及时调整自身的领导风格，转变领导方式，去完成其他领导者所不能完成的领导绩效。比如，有些领导者可能非常善于分析复杂的局势并在紧要关头做出上佳决策；有的领导者平常在时间管理上可能会遇到种种困难，但在紧要关头能得心应手；还有的领导者可能并不擅长公开演讲，但在同追随者建立领导与被领导的关系方面可谓专家。

然而，许多领导者并没有认清自身的领导风格，更没能很好地运用自身的领导风格，这样的领导风格跟阴影中的日晷几乎没有差别。领导者唯有了解自身的领导风格，方能有效地运用自身的领导风格，做出更大的贡献。领导风格测评就是了解领导者自身领导风格的一种手段，通过科学、客观、标准的测量工具对领导者的领导风格进行测量、分析和评价，以帮助组织和领导者了解领导者所属的风格类型及其特点，辅助组织和领导者更好地发挥领导风格的领导效力，提高领导效能。所以，我们将在本节介绍几种具有代表性的领导风格测评量表，以为组织和领导者们选择量表做测评提供科学的参考。这里所说的代表性，是指学者先达们倾心研发的，为后继学者做研究时提供较多参考的，同时又对既往研究所区分的领导风格类型都能有所概括和涵盖的领导风格测评量表。我们认为，这样的量表主要有三种，即最难共事者量表、多因素领导问卷和品德绩效维系量表。

一、最难共事者量表

弗莱德·费德勒曾是美国华盛顿大学的心理与管理学教授，同时也兼任荷兰阿姆斯特丹大学和比利时卢万大学两所名校的客座教授，享有美国当代著名的心理学家和管理专家的盛名。他所提出的“权变领导理论”打破了静态领导风格研究的传统，使领导风格研究转向动态的新轨道，开创了领导风格研究的一个崭新的阶段，也将费德勒本人一举推向西方管理学界“权变管理的创始人”的宝座。

费德勒假设领导者个体的基本领导风格是制约其领导有效性的关键因素之一。这与领导者的个性有关系。每一个领导者的身体里都住着一个特定的自我，会受到他们特有的知识水平和个性品质的影响。这同他们的年龄、经历和职位等也都脱不开关系。一个人对另一个人的看法会影响到他们之间的人际氛围，领导者对自己下属的看法也会有这样的结果。如果在领导者的眼里，下属对同事友好、对工作热心且善于团队合作，那么他们之间的人际氛围会越发融洽，反之，如果在领导者的眼里，下属对同事冷漠、对工作淡漠且不善于团队合作，那么他们之间的人际氛围会越发尴尬。领导者的看法究竟是怎样影响他和下属关系的呢?

费德勒将领导风格区分为两类，即关系导向型和任务导向型，任何一位领导者都可以被归为其中的一类或另一类领导风格。关系导向型领导者注重与下属的人际互动，给下属留有平易近人的印象，为下属所喜爱。任务导向型领导者注重提高下属的工作产出，使下属保质保量地完成工作任务。为了探索领导者究竟如何去看待他的下属，一个领导者到底属于哪一类领导风格，费德勒首先设计了一种领导风格测评工具——最难共事者量表，也被翻译为最不受欢迎的同事测量量表（Least Preferred Coworker Questionnaire，简称 LPC 量表）。量表分为 16 个项目，由 16 组相互对照的形容词构成。受试者首先需要在脑海里回想一下自己在工作期间接触过的所有同事，然后找出一个最难共事的或者最不喜欢的同事，在所有对照形容词中按 1~8 八个等级对他进行尽可能精确地描述和评估。具体如下：

指导语：回想一下你自己最难共事的一个同事（同学），他（她）可以是现在和你共事的，也可以是过去与你共事的。他（她）不一定是你最不喜欢的人，只不过是你在工作中相处最为困难的人，然后用下面 16 组形容词来描述他（她），在你认为最准确描述他（她）的等级上打钩。请不要空下任何一组形容词，看看你的得分。

			得分
快乐——	8 7 6 5 4 3 2 1	——不快乐	________
友善——	8 7 6 5 4 3 2 1	——不友善	________
拒绝——	1 2 3 4 5 6 7 8	——接纳	________
有益——	8 7 6 5 4 3 2 1	——无益	________
不热情——	1 2 3 4 5 6 7 8	——热情	________
紧张——	1 2 3 4 5 6 7 8	——轻松	________
疏远——	1 2 3 4 5 6 7 8	——亲密	________
冷漠——	1 2 3 4 5 6 7 8	——热心	________
合作——	8 7 6 5 4 3 2 1	——不合作	________
助人——	8 7 6 5 4 3 2 1	——敌意	________
无聊——	1 2 3 4 5 6 7 8	——有趣	________
好争——	1 2 3 4 5 6 7 8	——融洽	________
自信——	8 7 6 5 4 3 2 1	——犹豫	________
高效——	8 7 6 5 4 3 2 1	——低效	________
郁闷——	1 2 3 4 5 6 7 8	——开朗	________
开放——	8 7 6 5 4 3 2 1	——防备	________

总得分：____________

这个量表的总得分可以用来评价领导者对下属的态度倾向，也可以用来表示领导者同下属的情感距离或心理距离。如果对最不喜欢的同事都能用相对积极的词汇来评价，LPC 得分是 64 分或更高，这样的领导者就可以算是一位把处理好与人的关系放在首位的领导，很乐意在与下属的相处中营造良好的人际氛围，他就是关系导向型的领导者。这类领导者对下属往往抱有谅解和肯定的态度倾向。相反，如果对最不喜欢的同事都是用相对消极的词汇去评价，LPC 得分是 57 分或更低，则意味着这样的领导者对同事和下属的看法很消极，就可以算是一位把工作的产出效率摆在首位的领导，他就是任务导向型的领导者。这类领导者关心的是完成工作任务的效率和效果，下属的高效率和高效果能够满足他们的自尊心，即使为了工作效率和效果而破坏了与下属之间的人际氛围也决不吝惜。

费德勒坚持认为，通过 LPC 量表的使用，能够对领导者的基本领导风格有一个相对客观的判断。如果受试者对最难共事者的评价相对更加积极（即 LPC 得分高），则表明受试者很乐意同下属积极友好地相处，也就意味着，一个领导者能够公正客观地看待最不受欢迎者，这样的领导者会被看作对下属是宽容的，也是体贴的，能够与下属建立友好关系，表现为关系导向型的领导风格。相反，如果受试者对最难共事者的评价相对更加消极（即 LPC 得分低），则表明受试者并没有同下属友好相处的意愿，也就意味着一个领导者更重视下属的工作产出，这样的领导者会被认为习惯于控制下属、向下属下达命令等，是以完成工作为首要任务的，因而表现为任务导向型的领导风格。另外，通过对 LPC 量表的批量施测，大约有 16% 的受试者总得分居于 57~64 之间，很难对其领导风格倾向作出属于其中一类或另一类的评价。

费德勒认为，领导者的基本领导风格是由个性内生而出的，具有内在倾向性，因而领导者个体想要通过调整自身领导风格的方式去应对变幻莫测的组织环境是不可能的。这意味着如果组织面临的内外环境迫使组织需要一个任务导向的领导者，而此时身居领导岗位的又是关系导向的领导者，这时仅有两种方法能够破解组织的燃眉之急：①更换在岗的领导者以适应组织环境的变化。如果组织当前所处的环境被评估为内外交困，而目前在岗的又是一个关系导向风格的领导者，那么及时更换一个任务导向风格的领导者则更有可能提高组织绩效、化解困难局面。②调整组织环境以适应在岗的领导者。通过对领导者同下属的关系、任务结构以及领导者的影响力等 3 项情境因素的调整，努力转变组织环境，使之能够为在岗的领导者所用，而不是为其领导实践所掣肘。

费德勒模型强调要从领导活动的目的出发去考虑应该采取什么样的领导行为，而不应该从领导者自身的领导素质出发去考虑应当实施什么样的领导行为，这为西方领导学界开辟了一个新的研究方向。该模型，一方面，提醒组织的领导者，并不存在一种能够以不变应万变的领导风格形态，必须增强自身的适应能力，以使自身做好准备应对领导情境的变化；另一方面，也提醒各类组织，必须根据组织环境的需要选用合适风格的领导者。LPC 量表的效用已经得到了普遍的认可，尽管在量表的使用方面仍存在施测结果不够稳定、情境因素的评估比较困难等问题，但是 LPC 量表在实践中仍然具有重要的参考价值和指导意义。

二、多因素领导问卷

1985 年，巴斯拓展了豪斯（1976 年）和伯恩斯（1978 年）的研究成果，真正构建和发展了一个更加全面和更加系统的变革型领导理论，他更加注重员工的需要而不是领导者的需要。他在《领导与超越期望的绩效》（Leadership and Performance Beyond Expectation）一书中指出，"变革型领导是领导者通过改变下属的价值与信念，引导下属超越自我利益，以追求更高的组织目标"[①]。伯恩斯将变革型领导与交易型领导的关系视作单一连续带的两端，二者是互相排斥的；而巴斯（1985 年，1990 年）却认为这二者虽然同在一个连续体上，但并不是相互排斥的，二者的领导过程虽可明确划分，却是相辅相成的，后者能够为前者奠定有效基础，且前者的提出并非为了取而代之，而是希冀能

① Bass，B.M. Leadership and Performance beyond Expectations［M］.New York：The Free Press，1985.

够拓展后者的效果，只有交互运用这两种领导风格，才能释放组织成员的工作潜能。

他还将伯恩斯的概念具体转化为一种心理学研究，开发了一个评估工具——多因素领导问卷（Multi-factor Leadership Questionnaire，简称 MLQ 问卷），从下属的实际感受来研究其直属上级领导的领导风格，而不是和 LPC 量表一样以领导者为问卷的调查对象。MLQ 问卷既可以测量变革型领导风格，又可以测量交易型领导风格和放任型领导风格，形成了一个全范围的领导风格测量模型。该模型分为三个部分，分别是变革型领导风格分量表、交易型领导风格分量表和放任型领导风格分量表，共 38 个题项。其中，变革型领导风格分量表主要包括了四个维度，分别是“领导魅力、鼓舞性激励、智力激发和个别化关怀”[①],23 个题项；交易型领导风格分量表包括了“权变奖励、积极例外管理和消极例外管理”[②] 三个主要维度,11 个题项；放任型领导风格分量表则仅包括了放任无交易一个维度，4 个题项。

领导魅力维度（10 个题项）：另有学者将之翻译成“理想化影响力”维度，描述的是领导者为追随者树立标杆，并获得追随者的认同和仿效。领导者通常德高望重，追随者也对他们寄予厚望。备受尊崇的领导者会为追随者描绘一个目标愿景，以此来凝聚他们的向心力，赋予他们一种使命感。

鼓舞性激励维度（4 个题项）：也有学者将之翻译为“感召力”维度，描述的是领导者对追随者的能力赋予信任，通过动机激励的方式引导他们为实现组织的远大目标而努力奋斗。领导者能够激发追随者的工作动机，使追随者了解工作的重要价值，从而提高他们对工作的期望，使他们相信自己能够表现得更好。

智力激发维度（4 个题项）：描述的是领导者唤起并改变下属对问题的认

① 李晓青 . 领导行为有效性的影响机制——关于变革型领导与交易型领导的研究［M］. 厦门：厦门大学出版社，2014.23—32.

② 李晓青 . 领导行为有效性的影响机制——关于变革型领导与交易型领导的研究［M］. 厦门：厦门大学出版社，2014.23—32.

知和解决办法，通过思想、信念和价值等观念的启发，使他们解决问题的能力不断得到提升。换言之，领导者能够将追随者的思路引导到一定的高度，对他们完成工作的方法有所启发，从而使问题迎刃而解。

个性化关怀维度（5 个题项）：在这个维度中，领导者能够关注到需求的个体性，发掘追随者身上尚待开发的潜能，并辅助他们完成高难度的工作任务。领导者也会注意到组织成员的个性差别，进而提供差异化的支持和辅导。

权变奖励维度（4 个题项）：领导者确定绩效目标，提出要"论绩行赏"。这一维度可以细分为两个亚维度，其一是承诺的权变奖励，即领导者允诺将根据下属的工作表现所给予的奖赏；其二是实际的权变奖励，即领导者根据下属的实际表现所提供的应得奖赏。

例外管理（共 7 个题项）：领导者对下属的错误和与规范不符的行为加以纠正、反馈或处罚。只有当下属没有达到绩效标准时，领导者才会与下属产生互动。在这种互动的过程中，领导者则会经常采取负面反馈和惩罚的方式进行干预。例外管理又分为积极例外管理（4 个题项）和消极例外管理（3 个题项）两个亚维度，"前者是指领导者主动监控下属的偏差行为，并对这种行为进行修正，强化规则以确保下属能够达成规则目标；后者则指领导者平时并不会对下属的行为进行干预，只有当下属出现偏差行为时才会采取权变式惩罚或者其他修正行为"。[①]

放任无交易维度（4 个题项）：这个维度描述的领导者本质上是一种非领导者，淡漠于领导舞台，并不主动为下属提供支持和指示。他们经常缺席各类场合，甚至漠视下属的合理需求，致使下属之间在职权和职责方面经常产生争端，甚或寻求替代支持和指示。这种领导风格的主要特点是：对领导工作不感兴趣，不做决策，不负责任，拒绝表态。

下表是我国学者华中科技大学毛忞歆博士等翻译过来的 MLQ 问卷。其

---

① 李晓青．领导行为有效性的影响机制——关于变革型领导与交易型领导的研究［M］．厦门：厦门大学出版社，2014.23—32.

中，第 1~23 题构成变革型领导风格分量表，第 24~34 题构成交易型领导风格分量表，第 35~38 题组成放任型领导风格分量表。

请您根据自己的真实感受，在您认为适当的数字上打“√”，判断标准如下：						
1 表示“完全不同意”；2 表示“不太同意”；3 表示“不确定”；4 表示“比较同意”；5 表示“完全同意”						
我所在单位的领导：						
1	让我因为与他 / 她共事而感到骄傲	1	2	3	4	5
2	为了集体利益而牺牲个人利益	1	2	3	4	5
3	以行动来赢得我的尊重	1	2	3	4	5
4	展示权力和自信	1	2	3	4	5
5	谈论他们最重要的价值观和信仰	1	2	3	4	5
6	考虑决策中道德和伦理的结果	1	2	3	4	5
7	强调有集体使命感的重要性	1	2	3	4	5
8	对目标的完成有信心	1	2	3	4	5
9	详细说明拥有一个坚定的目标的重要性	1	2	3	4	5
10	积极谈论哪些事情是必须要完成的	1	2	3	4	5
11	描绘一个引人注目的未来蓝图	1	2	3	4	5
12	增强我更加努力的意愿	1	2	3	4	5
13	乐观地谈论未来	1	2	3	4	5
14	提升我对成功的期待	1	2	3	4	5
15	重新检验关键的假设是否正确	1	2	3	4	5
16	在解决问题的时候考虑不同的观点	1	2	3	4	5
17	建议用新的方法来考虑如何完成任务	1	2	3	4	5
18	引导我从很多不同的角度看问题	1	2	3	4	5
19	有效处理与我工作相关的需要	1	2	3	4	5
20	帮助我提升我的实力	1	2	3	4	5
21	花时间在教育和指导上	1	2	3	4	5
22	将我看成单独的个体而不仅仅是组织的一般成员	1	2	3	4	5
23	认为我有与他人不一样的需求、能力和期望	1	2	3	4	5
24	向我提供帮助以获得我的努力	1	2	3	4	5

续表

25	以特定的形式协商由谁来负责完成绩效目标	1	2	3	4	5
26	清楚地描述达到绩效目标时个人能期望得到什么	1	2	3	4	5
27	当我达到期望时表示满意	1	2	3	4	5
28	明白所有的失误	1	2	3	4	5
29	集中他 / 她所有的精力来解决误会、抱怨和失败	1	2	3	4	5
30	为符合标准引导我的注意力放在错误上	1	2	3	4	5
31	注意力集中在非常规、错误、例外和偏差上	1	2	3	4	5
32	直到问题变得严重才进行干预	1	2	3	4	5
33	等事情出错了再采取措施	1	2	3	4	5
34	坚持"东西不坏不修理"的信念	1	2	3	4	5
35	避免在重大问题发生时被卷入进去	1	2	3	4	5
36	在需要的时候不在场	1	2	3	4	5
37	避免做决策	1	2	3	4	5
38	延迟对紧急问题的反应	1	2	3	4	5

该问卷采用标准的李克特量表法编写，每一题项均有"完全不同意""不太同意""不确定""比较同意"和"完全同意"5 种回答，分别记为 1 分、2 分、3 分、4 分和 5 分。每个分量表的各个题项分数之和的平均数则为该分量表的得分，针对某一领导者的所有受试下属在该分量表上的平均得分数则为该领导者在该分量表上的得分。最后，得分最高的分量表所对应的领导风格则为该领导者的领导风格。

巴斯和艾沃里奥对变革型领导风格的结构维度的探究已经得到了学术界的普遍认可，他们编制的变革型领导风格分量表经过多次的修订和完善，其信度和效度得以提高，已经成为领导风格研究中使用频次最多的问卷。但是，也有一些实证研究对变革型领导风格分量表的内容效度和构想效度提出了质疑。国内学者对另外两种领导风格的研究较少，大部分国内学者会直接采用 MLQ 问卷中的交易型领导风格分量表和放任型领导风格分量表。经过多次修订和调整，MLQ 问卷已然成为西方领导理论研究中使用最为广泛的领导风格测评工具，该问卷中所包括的三个领导结果分量表额外努力、领导行为有效性和领导行为满意度也已成为领导风格研究者们最为常用的检验领导风格领导效果的量表。

三、品德绩效维系量表

在上一节内容里，我们了解了日本心理学家三隅二不二的 PM 理论，得知任何组织的领导者，其职能都是执行完成团体既定目标的机能（即 P 因素）与维系和强化团体的机能（即 M 因素）。由此可知，由团体成员所代表的团体机能是领导行为的具体体现。尽管三隅从团体机能出发来界定领导行为的内涵，并据此对领导风格类型进行划分的做法广受赞赏，但是，将领导行为与领导效果分开考察的做法并不为后来学者所认同。况且，领导效果不仅会受到组织团体机能的制约，还容易受到领导者个人品德的影响。因此，领导行为不但是以领导者为代表的组织团体机能的内在表现，而且是领导者个人品德的外在表现。所以，团体机能因素和个人品德因素应该都是领导行为的内涵。中国科学院心理研究所的凌文辁等学者提出的品德绩效维系理论（Character Performance Maintenance Theory，简称为 CPM 理论）正是对这一新的领导理念的充分反映。CPM 理论既不单纯属于领导特质理论，也不单纯属于领导行为理论，而是将争议不断久而未决的领导特质理论与领导行为理论有机地结合了起来，同时还融入了领导权变理论的思想。

同时，三隅还汲取了众多测评的优点，从 1963 年开始的 15 年间对冶金、运输、银行、政府和医院等众多行业进行了大规模的调查，在 PM 理论的指导下编制了测量领导风格类型的 PM 量表。然而，该量表的编制并未涉及科研机关单位的领导风格测评。20 世纪 80 年代初，我国正经历由终身制向聘任制转变的领导干部制度改革，应中央组织部的领导干部考察要求，中国科学院心理研究所徐联仓等学者则将 PM 量表引入国内。通过对 30 多家工厂企业等 6000 多名员工进行的领导行为评估研究，徐联仓等学者由此将 PM 量表按照国际通用的规范和准则进行了标准化的编制。在此基础上，我国学者还着手编制了适用于科研单位和行政部门的领导风格评价量表。

在对 PM 量表进行标准化的过程中，许多人事管理部门的领导提出，我国的领导干部任用政策除了有“才”的硬要求之外，还应有“德”的软要求。而即便已经经过标准化处理的 PM 量表也未能反映出广大人民群众对领导者“德”方面的要求。为使领导风格测评能够适用于我国的国情，凌文辁、陈龙和王登等学者在编制量表时考虑到这一情况，在参考 PM 理论中的 P 因素和 M 因素的基础上增加了 C 因素，即个人品德（Character and Moral）因素。三位学者以领导者如何看待公与私的关系来作为评价领导者个人品德的内容。这种考虑的根本原因在于，公与私的标准比其他任何标准都更具稳定性，难以受到不易掌控的时代特点和政治色彩的影响。所以，他们选用个人品德来作为领导风格测评的“德”的因素。由此编制了囊括 45 个题项的品德绩效维系量表（Character Performance Maintenance Scale，简称为 CPM 量表）。

经过 1984 年初至 1985 年底的三次修订，形成了一个按照预想分别聚类成 C 因素、P 因素和 M 因素各 10 个题项的第三稿 CPM 量表。1987 年，因为研究的发展，凌文辁又对该量表进行了修订，最终形成了一个 C、P、M 三个因素各 5 个题项的 CPM 量表。其中，第 1~5 题测量 P 因素，第 6~10 题测试 M 因素，剩下的题项都评价 C 因素。正如下表所示：

下面题项描述了您的直接上级主管与您在互动中的行为表现，请根据您自己的实际情况和真实感受，对下列各项陈述的符合程度做出评定，并在右侧“非常不符合”至“非常符合”5 个等级的相应数字上画“√”，评判标准如下：						
非常不符合 1　不符合 2　不确定 3　符合 4　非常符合 5						
1	我的主管在工作中能提出独创性的主意和计划	1	2	3	4	5
2	当情况发生变化时，我的主管能灵活采取应变措施	1	2	3	4	5
3	当需要做出决策时，我的主管敢于拍板	1	2	3	4	5
4	我的主管严格对待完成任务的期限	1	2	3	4	5
5	当下级在工作中面临困难时，我的主管能有效地指导	1	2	3	4	5
6	我的主管能客观地评价下属的工作成果	1	2	3	4	5
7	当工作出了问题时，我的主管对下级没有不恰当的责备	1	2	3	4	5

续表

8	主管体谅部下工作中的难处，并在可能范围内给予考虑	1	2	3	4	5
9	我的主管能公平地对待下级	1	2	3	4	5
10	我的主管对部下的工作能给予支持	1	2	3	4	5
11	我的主管不给人穿小鞋，不搞打击报复	1	2	3	4	5
12	我的主管任人唯贤，不嫉贤妒能	1	2	3	4	5
13	我的主管先人之苦，后人之乐	1	2	3	4	5
14	我的主管克己奉公，把公司利益置于个人利益之上	1	2	3	4	5
15	我的主管不搞宗派主义	1	2	3	4	5

该量表也采用了标准的李克特量表法编写，每一题项均有“非常不符合”“不符合”“不确定”“符合”和“非常符合”5个等级的回答，分别记为1分、2分、3分、4分和5分。每个因素的各题项分数之和的平均数则为该因素的得分，针对某一领导者的所有受试下属在该因素上的得分的平均数则为该领导者在该因素上的最终得分。最后，根据在C、P、M三个因素上的得分与常模进行比较（在没有常模的情况下，可与本单位所有领导者的分数的平均值进行比较），这样领导者就能知道自己在哪方面比较擅长，哪方面不太擅长，并有针对性地进行自我提升，有利于其提高自身的领导水平。

CPM量表可谓从实践中来，又回到实践中去。在学者们的研究之初，只是为了适应我国领导干部制度改革实践的需要而研制的一套领导风格测评量表，以供组织和人事部门在考核领导者时使用。经过多年的探索和修订，CPM量表的信度和效度可谓久经考验，并且已经在中央和地方的上百个企业事业单位的领导班子考核实践中得到了应用，广受好评。目前看来，该量表既可以用于领导实践的考核，又可以用于改善领导者的领导实践，还可以用于领导者和后备领导人员的选拔任用以及领导班子的合理搭配。然而，我们还应当意识到，参照性数据的收集并不容易，因而该量表的使用在便宜性方面较之于其他量表要差一些；同时还应该知道，该量表并未对领导风格类型做出严格的区分，而仅为提升领导者的领导水平提供了参考。

第三节　实践考察

毫无疑问，做领导风格测评的最终目的是要为提升领导效能的领导实践提供科学的指导。当领导者已然了解自身的领导风格及该领导风格的特点之后，就应该探索如何根据领导实践的需要来调整自身的领导风格。而在领导者与被领导者的相互关系中，领导者主要是通过其施展的领导行为来影响或者改变被领导者的认知、情绪、态度及行为等的状态来实现其领导目标的。如果领导者的领导行为不能达到这样的效果，领导目标将难以实现。领导者通过运用其富有职位权力和非职位权力的领导行为引导或影响其下属和整个组织去实现既定的领导目标，这种行为的结果就是领导效能（Leadership Effectiveness），又称为领导有效性。简而言之，领导效能就是领导者通过施展其领导行为影响或改变下属和员工的心理和行为方式等的状态，从而影响领导目标实现的程度。

众所周知，涉及领导者、被领导者和领导情境的领导活动本身就是一系列非常复杂的领导行为的集合，还是一种领导者发挥领导作用的过程。因而，不同的研究者研究领导效能的视角和侧重点也会有所不同。在对领导效能的衡量指标的择取上，有的认为应以组织绩效的完成情况来衡量，比如弗莱德·费德勒曾指出可以用下属的和群体的任务绩效来评价领导者的领导效能；有的认为应以下属的工作满意度来衡量，比如巴斯在对变革型领导理论的阐述中认为可以把员工在工作中的情绪反应、价值取向等作为领导效能的评价指标；也有的认为组织和员工两个层面都应该有相应的衡量办法，例如曼彻斯特大学的卡里·库珀（Cary Cooper）教授觉得“在组织层面上可以用服务质量和财务绩效、在个体层面上可以用工作满意度和组织承诺来评估领导效能”①；等等。我国学者秦梦群跟库珀的观点相似，认为领导效能是领导

① Gadman，L.，C.Cooper　Open Source Leadership［M］.London：Palgrave Macmillan，2009.

行为的最终结果，理所应当包括组织目标的完成率和员工的工作满意度等；郑智文则更加强调员工层面，认为领导效能是指员工对组织的认同感和满足感，以及员工对领导者的认知与态度。

尽管学界对领导效能衡量指标的看法因人而异、观点不一，我们仍然可以将其概括为两个层面：一个是主观或者微观层面，领导效能的核心在于领导者通过其领导行为合理地影响下属和员工，因而可以从下属和员工对领导者的认知角度来分析，如工作满意度、组织承诺等；另一个是客观或者宏观层面，领导效能的落脚点在于实现组织的整体目标，因而可以从最终达成的组织目标来分析，如组织绩效。即可以从主观的态度层面和客观的绩效层面、微观的个体层面和宏观的组织层面来全面地考核不同领导风格的领导效能。近年来，国内外关于领导风格和领导效能二者之间关系的探究不胜枚举，按照领导效能衡量指标的不同可以将不同领导风格与领导效能的关系做如下梳理：

一、不同领导风格影响领导效能的主观指标考察

詹姆斯·莫里斯（James H.Morris）和丹尼尔·舍曼（Daniel Sherman）1981 年的研究表明，领导风格中的关怀和定规两个维度都与员工的组织承诺有着正相关的关系。约翰·马蒂厄（John E.Mathieu）和丹尼斯·扎亚克（Dennis M.Zajac）1990 年的研究发现，“领导风格中的关怀行为对员工组织承诺产生的影响比定规行为要大”。[①] 彼得·洛克（Peter Lok）和约翰·克劳福德（John Crawford）1999 年的研究结果同马蒂厄等的研究结果相类似，即领导风格中的关怀行为比定规行为同组织承诺的正相关系数更大，所以影响更加强烈。泰国易三仓大学商学院的法蒂玛·海米蒂法（Fatemeh Hamidifar）2009 年的一项问卷调查发现，交易型、变革型和放任型三种领导风格对员工的工作满意度影响不同，变革型领导风格里的个性化关怀维度和放任型领导

---

① Mathieu，J.E.，D.M.Zajac　A Review and Meta-analysis of the Antecedents，Correlates and Consequences of Organizational Commitment［J］.Psychological Bulletin，1990.

风格里的自由放任维度对工作满意度的积极影响最为突出。

西安交通大学的梁巧转和李海静（2006 年）以中国企业为研究对象，研究了领导风格与员工工作满意度的关系，得出了“关系导向型的领导风格比任务导向型的领导风格更容易使员工获得满足感”。[①] 南开大学的曹花蕊和崔勋（2007 年）通过对国有制造企业的问卷调查验证了领导风格与员工组织承诺之间的关系：“在‘低工作、高关系’和‘高工作、高关系’的领导风格的影响下，员工组织承诺的程度差异不明显，且都相对较高；‘高工作、低关系’的领导风格影响下的员工组织承诺的程度最低。”[②] 四川大学的吴敏和中科院心理所的时勘等学者（2007 年）比较了交易型、变革型和家长式三种领导风格，发现“在员工的工作满意度、组织承诺和离职意向等主观方面，变革型领导风格相对于其他两种领导风格更具有积极的作用”。[③] 中国科学技术大学的仲伟强（2009 年）通过使用时勘（2005 年）对 MLQ 进行中国化修订的变革型领导问卷（TLQ）分析了变革型领导风格与员工的工作满意度之间的关系，而且前者对后者具有正向的预测作用。

复旦大学的李乐（2010 年）以女性企业家为研究对象的主观领导效能研究表明，不同的领导风格所产生的领导效能的确存在差异。她所得出的研究结论同曹花蕊等（2007 年）的研究基本一致：低关怀高定规、低关怀低定规、高关怀高定规、高关怀低定规四种领导风格在员工的工作满意度和组织承诺方面的主观领导效能逐渐升高。华东师范大学的韩琼（2010 年）经研究发现，“领导风格与组织承诺呈正相关关系；关怀维度与组织承诺的相关系数大于定规维度”。[④] 西南财经大学的李亚楠（2013 年）通过问卷调查的方式对领

---

① 梁巧转、李海静．领导风格对工作满意度的影响研究［J］．统计与决策，2006（2）：65—66.

② 曹花蕊、崔勋．领导风格对员工组织承诺的影响研究［J］．山西财经大学学报，2007（9）：74—79.

③ 吴敏、黄旭、时勘等．交易型领导，变革型领导与家长式领导行为的比较研究［J］．科研管理，2007（3）：168—176.

④ 韩琼．高校学生会领导的领导风格对成员组织承诺的影响——以组织公平作为中介变量［D］．上海：华东师范大学，2010.

导风格与员工工作投入之间的关系进行了回归分析，发现无论是在工作投入（包括专注、活力和奉献三个维度）的哪一个维度上，“变革型领导风格的解释度都显著高于交易型领导风格”[①]。

二、不同领导风格影响领导效能的客观指标考察

北京航空航天大学的沈宜超和于军（1995 年）结合了我国组织机构实际运行的特点，探讨了领导风格与组织绩效之间的关系，发现二者之间并没有直接的影响关系，而是通过其他的中介变量来实现的。在厦门大学攻读完博士的斯里兰卡学者普施潘（Ambalam Pushpanathan，2008 年）的研究也显示，“领导风格对于组织绩效的影响会受到员工士气和决策的中介影响”[②]。而华东师范大学的荆丰（2013 年）则不这么认为，他通过对我国江浙沪三省市的 100 家零售医药店进行调查后发现，“远见型和有机型领导风格往往比经典型和交易型领导风格更能有效提升组织绩效”[③]。根据他的描述，远见型领导风格和经典型领导风格就相当于变革型领导风格和家长式领导风格；有机型领导风格目前还没有得到广大学者的普遍认可，所以我们暂时不予评论。由此，将他的结论转换之后可以发现，变革型领导风格比之交易型和家长式领导风格对组织绩效的提升更为有效。

厦门理工学院的李晓青（2014 年）通过梳理文献比较了变革型领导风格和交易型领导风格对领导有效性的预测效果，发现之前的研究大多认为变革型领导风格比交易型领导风格对组织绩效的影响更大，对领导效能具有更强的预测能力，但少有研究同时考察交易型领导风格对变革型领导风格的补充作用。从总体上来看，变革型领导风格的预测能力的确比交易型领导风格

① 李亚楠．不同类型领导风格对员工工作投入的影响——以自我效能感为中介变量［D］．成都：西南财经大学，2003.

② ［斯里兰卡］普施潘（Ambalam Pushpanathan）．领导风格与组织绩效——基于斯里兰卡小型家族式制造企业的研究［D］．厦门：厦门大学，2008.

③ 荆丰．领导风格与组织绩效关系研究［J］．山东大学学报（哲学社会科学版），2013（4）：53—61.

要强。然而，无论是控制了变革型领导风格，还是控制了交易型领导风格，另一种领导风格都对领导效能具有额外的解释力。她还继续通过实证研究证明，这并不能简单地理解成前者对领导效能的预测能力比后者更强，也可能二者都具有相互独立的预测能力，能够相互增强对领导效能的正向影响。

北京邮电大学的杨雪芳（2015 年）则通过对领导风格与组织创新气氛的实证研究证明，倾向关怀维度的领导风格和倾向定规维度的领导风格均对组织创新氛围有着正向的影响，但前者的影响明显大于后者。上海交通大学的马喜芳和颜世富（2015 年）通过对 CEO 领导风格、组织激励对组织绩效的协调研究发现，“不同的领导风格对组织绩效会有不同维度的影响，交易型领导风格对组织利润绩效的影响会更大，变革型领导风格对组织成长绩效的影响会更大”[①]。

本章小结

对领导风格测评的研究，有助于我们科学合理地选择领导风格测评的工具，从而正确认知领导者的领导风格，预判不同类型的领导风格将会取得什么样的领导效果。“没有调查就没有发言权”，调查研究，顾名思义应该包括“调查”和“研究”两个环节。“调查”就是在科学的世界观和方法论指导下，深入实际，考察了解客观情况；“研究”就是运用科学的世界观和方法论，对通过调查所获取的客观情况进行综合分析和抽象概括，到“事”中去探求“是”，认识事物的本质和规律。每一个认识的过程都应当包括这两个环节，且二者相辅相成、缺一不可。

在第一节的内容里，我们梳理了领导风格测评研究的发展历程；在第二节的内容里，我们介绍了在相应领导风格理论指导下编制的领导风格测评

① 马喜芳、颜世富 . 变革型领导一定比交易型领导更有效吗？ CEO 领导风格，组织激励对领导绩效的协同性研究［J］. 中国人力资源开发，2015（19）：47—55.

工具，用以把握领导者的领导风格这一客观情况；在第三节的内容里，我们考察了不同的领导风格究竟具有什么异样的领导效能。由此能使我们对领导风格与领导效能的规律有一个较为完整的认识。也只有认识了领导风格的测评、测评工具及其影响领导效能的规律以后，才能“远眺窗外”，合理地调整领导者的领导风格或者合理配置领导班底，最大限度地发挥领导效能。

然而，领导活动是领导行为三个要素综合博弈的过程，领导效能则是这三个要素综合博弈的结果。领导活动不仅应该是一种非零和博弈，还必须是一种正和博弈，是要获得领导效能的博弈；否则这类博弈的价值就荡然无存了。当领导者的特性一定时，被领导者的状态和领导情境的状况对这种博弈的结果就显得格外重要。所以，在领导活动这种博弈中想要取得成功，获得较高的领导效能，除了要考虑领导者的领导风格之外，还需要权衡被领导者的状态和领导情境的状况。另外，如果将领导活动三要素的互动视之为领导者的“才”，那么，领导效能的发挥除了会受到领导者“才”的影响，还会受到领导者“德”的影响。

CHAPTER 08

第八章

万类霜天竞自由——典型领导风格

领导风格没有绝对的好与坏、对与错之分，不同领导风格在领导实践中会给组织发展带来不同的结果。在本章中介绍八种典型领导风格：举重若轻型、举轻若重型、雷厉风行型、谨言慎行型、抓大放小型、事必躬亲型、大权独揽型、民主参与型。希望通过具体案例来为读者呈现不同领导风格在实践中的具体影响力，帮助读者在实践中融会贯通地运用不同领导风格，实现领导力的提升。

第一节　举重若轻与举轻若重

一、举重若轻型

举重若轻就是要达到“读之似不甚用力，而力已透十分”[①]的境界。举重若轻型的领导风格，是指在领导行为中善于把纷繁复杂的事务简单化、明确化，能够迅速快捷地判断形势，并做出提纲挈领的指示，从而奠定大局。举重若轻型的领导风格着重点在于决断，具有这种领导风格的领导者能够从大处着眼处理事务和矛盾，坚信自己具有驾驭处理问题矛盾的才识和胆量，领导行为挥洒自如。在团队中举重若轻型的领导风格适用于团队一把手或决策中心人物。团队一把手或决策中心人物必须总揽全局，其根本任务是谋大局、

① （清）赵翼著，马亚中、杨年丰批注．瓯北诗话・卷五苏东坡诗［M］．南京：凤凰出版社，2009.

议核心、抓方向。如果团队一把手或决策中心人物时时过问、事事精心，必然会造成决策精力分散，无法形成团队重点和核心，从而影响整个团队的领导效果。

案例分享

“举重若轻”的典范——邓小平

邓小平以其“举重若轻”的领导风范，成就了第二代党的领导核心的历史地位，也成就了他改革开放总设计师的历史功勋，是举重若轻型领导风格的典范。

20世纪70年代末，中美谈判的关键时刻，出现了一个重大问题：中国要求美国废除与台湾的共同防御条约，美国总统感到很为难。要废除这个条约，必须走旷日持久的国会程序，这样必然会推迟中美关系正常化的进程。时任美国总统卡特当时能够办到的就是终止这个条约，这样就不必国会批准。但是终止条约带来的问题是按国际法规定：终止这个条约从通知台湾到生效有一年的灰色期。卡特担心邓小平不会同意，抱着试一试的心态，派美联办主任求见邓小平。听完美联办主任的话之后，当场有人强烈反对。邓小平问，你们认为应怎么办？美联办主任：采用终止条约的办法。邓小平轻声说：“就按你说的办。”邓小平轻声的一句话就搬掉了横在中美关系正常化进程中的这块大石头，令美国总统卡特十分佩服，称赞他是一位胸有大局的领袖。

按照全国知青工作会议精神，农垦知青不在返城之列，理由是农垦知青视同招工，是正式职工。当然，更深层次的问题是城市就业压力大，当时全国有两千万知青，其中农垦知青有五百万之多，城市一时没有这么多就业岗位。邓小平的初衷是通过发展经济来逐步化解知青返城压力。可是，农垦知青返城愿望十分强烈，几次给邓小平写公开信。农场十分艰苦的环境与领导的官僚主义使矛盾激发，爆发了知青群体性上访事件，连王震出来对话也不管用，中央的压力十分大。不解决，知青不答应，一次性解决，的确困难重重。参加中央知青工作会议的人也存在严重分歧，难以决断。小平同志只轻声说了一句话："你们问我的意见，我只有一句话：还是让娃娃们回来吧！"如此棘手的问题，化解于和风细雨之中。其实，邓小平对这个问题早已胸有成竹，他观察问题善于从大局考虑，他与其他一些人看问题不一样，许多人只看到了眼前问题，看不到更深远的意义。邓小平不是把知识青年当包袱，而是看成一笔宝贵财富，他已预见到，知青将会成为未来现代化建设的一支生力军。

纵观邓小平一生半个多世纪的风雨历程，遇事拿得起、放得下、踢得开，具有一种"谈笑间，强虏灰飞烟灭"的大家风度，充分展示了他"举重若轻"的领袖风范。

案例来源："举重若轻"邓小平 http://www.yyrb.cn/whiy/iywc/201409/68700.html

1. 举重若轻的魅力何在

举重若轻的领导风格反映了领导者"胸有成竹"的从容自信。举重若轻型领导者具有从容自信、无所畏惧的精神品格，在组织决策过程中，能够深谋远虑并保持平和心态，做出最优选择，做到应对自如。举重若轻型领导者面对艰难复杂问题时，更有"泰山崩于前而面不改色"的领导气魄，能分清轻重缓急，制订循序渐进的解决方案，展现出超强的领导能力。

举重若轻的领导风格展现了领导者"一览众山小"的领导格局。举重若轻型领导者在组织决策中，因为不拘泥于事务性的旋涡，所以能够腾出精力思考大事，在大处着眼、决策大事。举重若轻型领导者注重规划轮廓、提出原则，而把细节的发挥空间留给组织成员，进而激发组织成员的积极性和战斗力，使之愿意为实现组织目标进行智力补充、实现个人价值，为组织发展建立坚实的人力保障，展现了高明的领导智慧。

举重若轻的领导风格体现了领导者"举棋无悔"的领导魅力。举重若轻型领导者在领导行为中，能够保持一直将工作重心放在大事、关键点和主要矛盾上，能够保持避免在小事、细节与次要矛盾上纠缠过多。"简约而不简单”的举重若轻型领导思维坚持抓住主要矛盾后，其他枝节问题就能迎刃而解，展现了领导者善于决断的宏大气魄和发展眼光。

2. 如何做到举重若轻

首先要提升能力。对优秀领导者来说，要达到举重若轻的领导境界，必备的第一要素是要有“举重”的实力。领导者自身能力与领导实践要求的差距越小，就越能够达到举重若轻的领导境界，反之则离举重若轻的领导境界越远。试想一下，如果让一个吐字不清的人去当主持人，让一个五音不辨的人去作曲，又如何轻松自如呢？所以，举重若轻的首要任务是提升领导者自身的决策能力和领导水平，缩小能力与要求之间的距离。

其次要增强信心。领导者要做到举重若轻，应该有笑对天下的冷静和成竹在胸的气魄。在具备了“举重”的能力后，能不能“举”得起来，心理因素至关重要。每年高考都有一些平时成绩不错的考生，由于过分焦虑、过度紧张等心理状况致使最终成绩不理想，甚至落榜。对于领导者也是一样，工作中的急难险重是不能回避也不可预料的。面对意料之外或者突发的状况，领导者自信沉稳、从容不迫，能够以平和的心态直面重任，在冷静之中做出理性抉择，就达到了举重若轻的领导境界。

最后要统筹兼顾。领导者要达到举重若轻的领导境界，要避免一个错误的认识，不能将“举重若轻”等同于“举重若无”。真正的举重若轻要做到“在战略上藐视‘重’，在战术上重视‘重’”，要学会“弹钢琴”的领导艺术，要自觉运用灵活多样的工作方法，按照先紧急后稍缓、先重要后一般的原则，统筹全局、合理安排工作顺序。在具体决策时，领导者要学会整合力量，积极争取组织成员尤其是优秀人才的专业支持，调动组织整体的积极性，充分放手放权，努力营造轻松舒适的组织氛围，力争取得事半功倍的领导效果。

二、举轻若重型

举轻若重型的领导风格，是指领导者在其领导行为中非常重视对落实决策意图的方法步骤的研究和推敲，秉持谨慎小心的处事原则，行为上追求细致缜密、力求万全的目标和要求。

案例分享

人民的好总理——周恩来

周恩来是举轻若重的大师，郭沫若称赞他“思考事物的周密如水银泻地，处理问题的敏捷如电火行空”。周恩来作为世界上人口最多的大国的“总管家”，是政务最繁忙的人，但他举轻若重，游刃有余，无论是复杂问题，还是简单问题，都处理得自然流畅，井井有条，节奏分明，有声有色。

周恩来时常保持着“戒慎恐惧”的心态，在外交工作中，他经常教育外事工作人员“外交无小事”，必须细致地工作。1954 年日内瓦会议期间，中国代表团放映了电影《1952 年国庆节》后，有个美国记者说，这部影片表明，中国在搞军国主义。周恩来间接听说后指出，即使是个别人这样说，也值得注意。于是，周恩来指示中国代表团再为外国记者放一部片子《梁祝哀史》。放映那天，剧场坐满了各国记者，数百名观众被绚丽缤纷的画面所吸引，为高雅委婉的唱腔所倾倒。当演到“哭坟”和“化蝶”时，观众席中不断有阵阵啜泣声。影片结束，华灯复明，观众仍然如痴如醉，全场静默数分钟后，才突然迸发出热烈的掌声。一位外国记者说，中国还在朝鲜战争和土地改革时，就拍出这样好的片子，说明中国的稳定，这一点比影片本身更有意义。

周恩来的举轻若重，贯穿了他的一生，既体现在他处理纷纭变幻的外交工作上，也体现在他处理繁重艰巨的国内事务上；既体现在他处理中美、中苏、中日等大国关系和万隆会议、日内瓦会议等重大国际事件上，也体现在他处理周边关系的棘手问题上；既体现在他处理三年经济困难调整、抗美援朝、“文化大革命”等重大经济、政治、军事问题上，也体现在他处理繁杂琐碎的日常工作上。以周恩来在三年经济困难时期解决粮食问题为例。根据周恩来工作台历的记载，从 1960 年 6 月至 1962 年 9 月，两年零四个月里，周恩来关于粮食问题的谈话就达 115 次。其中 1960 年下半年 19 次，1961 年 51 次，1962 年 45 次。他及时审阅粮食报表，精心计算粮食安排，多次出京调查粮食情况，解决粮食调拨问题。从周恩来办公室退给粮食部办公厅、现仍保存的 32 张报表中，周恩来的笔迹有 994 处之多。例如在《1962 年至 1963 年度粮食包产产量和征购的估算》这张表上，周恩来用红蓝铅笔做标记 145 处，调整和修改数字 40 处，在表格边上进行计算 6 处，批注数字 70 处，批注文字 7 处，整个表格密密麻麻地留下了周恩来的手迹。这些报表作为珍贵的历史文物，是周恩来极端负责精神的生动见证，也是周恩来举轻若重领导风格的生动体现。

案例来源：（1）李洪峰 . 举轻若重的伟大公仆［J］. 党建，2015（3）

（2）新浪微博：http：//blog.sina.com.cn/s/blog_714c2e5f0101hqy3.html

1. 举轻若重重在求稳求实

举轻若重型领导者最为显著的特点是工作谨慎周密，能够处理好组织内外方方面面的关系，其风格重点在于对问题和矛盾的求证及落实，因此领导行为小心谨慎、沉稳踏实。在一个具体组织中，由于工作重心在于决策后的落实与检查督促，所以从事行政部门具体工作的领导者或者分管部分工作的领导者，比较适用于举轻若重型的领导风格。

举轻若重，“重”在过程中求稳求实，“重”在执行上高质高效。但是现实领导实践中，有些领导者面对一件简单的工作，因为怕做不好、怕得罪人，瞻前顾后，犹犹豫豫，工作拖沓混乱，这是过于举轻若重的负面效果。因此，举轻若重要求领导者既要谨慎思考把握细节，又要不局限于细枝末节的纠缠，这就需要高超的领导智慧。

2. 如何做到举轻若重

在组织管理过程中，领导者要做到举轻若重，必须坚持三点：

首先要坚持责任意识。举轻若重要求领导者必须具备强烈的责任意识，始终谨记责任重于泰山。工作任务不论轻重不分大小，都需要领导者以兢兢业业、恪尽职守的事业心和责任感去完成。一味追求干大事、成大业，而忽视构成所谓大事的若干小事、细节，不仅小事处理不好，大业更难以成功。要在具体领导实践中做到举轻若重，领导者必须重视细节，全力做好各种繁杂的小事，才能真正在细致的工作中体现责任、体现能力、体现素养。

其次要注意细节。举轻若重的领导风格要求领导者要虑事周全、心思缜密、善于处理细节、善于兼顾方方面面。成功的领导实践告诉我们，细节决定成败。领导者要做到举轻若重，就要具有敏锐的洞察力、要善于透过细节抓住本质和规律，从而预测组织任务发展的趋势，增强自身领导行为的预见性。

最后要注重时效。工作实效对于领导行为的评价具有重要意义，领导行为的好坏与否，不仅取决于工作完成的好坏，更要看任务完成的时机与效率，因此领导者万万不可忽视领导行为的时效。举轻若重要求领导者善于将组织任务化整为零，制定执行细节逐个完成；同时更要求领导者善于化零为整，将细节综合汇总，系统化地完成组织任务，增强领导行为的时效性。

三、举重若轻与举轻若重的完美结合

在领导实践中，典型举重若轻型领导风格的领导者往往表现为沉着大气、善于决断，但在细节小事上缺乏耐心；典型举轻若重型领导风格的领导者则表现为虑事周全、耐心细致，但会因为犹豫不决而贻误时机。由此可见举重若轻和举轻若重这两种不同的领导境界，不仅在风格与艺术上有所区别，更能带来不同的领导效果。但二者又在一定意义上殊途同归，举重若轻是能力，举轻若重是态度，领导者同时兼具举重若轻与举轻若重这两种领导风格，对组织发展而言意义重大。领导者做到了举重若轻，实践中就能挥洒自如；做到了举轻若重，工作中就能脚踏实地，二者兼有才能称得上具备了完美的领导艺术。

对领导者来说，举重若轻与举轻若重有利有弊，需要灵活运用。面对不同的决策任务，可以采取不同的领导方式，或者二者兼而有之，会收到良好的领导效果。“轻”和“重”是相对的，会随着时间、环境、条件的变化而变化，所以领导者在制定或解决有关组织发展战略等重大决策问题时，要坚持举重若轻的气势和方法，当机立断，否则可能贻误发展时机；而在制定或确定具体执行措施等细节问题时，则应该做到举轻若重，细致稳妥，以避免出现疏漏而无法实现有效领导。

要达到举重若轻与举轻若重自由切换、能力与态度的完美结合的领导境界，领导者一方面要做到以科学方法提升自身领导能力。古人以“有操守、无官气、多条理、少大言”告诫领导者，要以平和的心态、从容不迫的态度，在战略上藐视困难，要注重细节，以积极的态度应对复杂的矛盾，追求完美。所以在领导实践中无论采用举重若轻法还是举轻若重法，都需要领导者以科学的领导方法，磨炼领导智慧，提高领导能力。另一方面需要领导者具备坚韧不拔的敬业精神和总揽全局的领导艺术。从容淡定、周密谨慎，既是举重若轻的气度展示，又是举轻若重的内在要求。领导者根据领导实践的具体要求，按照“从大处着眼，从小处入手”的领导原则，灵活运用好举重若轻与举轻若重，一定能收到事半功倍的领导效果。

第二节　雷厉风行与谨言慎行

一、雷厉风行型

中国有句古话“大丈夫做事，雷厉风行”[①]，意思是比喻说话办事声势迅猛、干净利索。在众多的领导风格中，雷厉风行型领导者，具有鲜明的特色：决策果断、行动力强。可以说雷厉风行是领导者个性魅力的体现，更是实现

① （清）李渔．蜃中楼，李渔全集［M］．北京：线装书局出版社，2016.

领导力不可或缺的重要基因。在各行各业的优秀领导者中，雷厉风行是很多政治家、企业家、各行各业优秀领导者必备的基本素质，也是他们取得成功的重要品质。

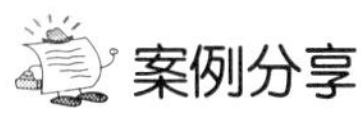

案例分享

雷厉风行的“铁娘子”——董明珠

有人天生就是一个竞技者，比如董明珠。作为曝光率最高的中国女性企业家之一，董明珠展现的形象却与任何女性特质都不沾边，“雷厉风行”是她的代名词。

1990 年，36 岁的董明珠毅然辞去工作，南下打工，从一名基层业务员做起。不知营销为何物的董明珠却凭借坚毅和死缠烂打，40 天追讨回前任留下的 42 万元债款，成为营销界茶余饭后的经典励志故事。1995 年，董明珠成为格力的销售经理。一次，有一个年销售额达 1.5 亿元的大经销商，来格力厂要求特殊待遇，语气中透着不容商量的傲慢。董明珠非但没有理他，反而狠狠反击：把他开除出格力经销网。所有人都在为这位女上司捏一把汗，一个位子还没有坐稳的销售经理，一天之内，竟毫不犹豫地扔掉 1.5 亿元的年销售额。董明珠的回答很简单：只要违反原则，天王老子也给我下马。女强人的铁腕让经销商们不得不服软。许多空调厂往往纵容大销售商，允许他们跨地区经营，这样本地小经销商根本竞争不过，也把市场搞乱了。董明珠这样一做，小经销商可以把规模搞大，也就有了奔头。

拖欠货款是中国零售批发行业普遍存在的现象，这让很多经销商头疼，不信邪的董明珠一年里就把全部问题解决了。她的做法很简单，也很霸道：凡拖欠货款的经销商一律停止发货，补足款后，先交钱再提货。不过这说起来容易，做起来却难，她这一下就像捅了马蜂窝，大大小小的经销商纷纷向格力老总朱江洪告状，有的甚至宣称：“有她没我。”董明珠没有服软，针锋相对地说：“那就有我没他。”朱江洪劝董明珠：“是不是可以补完款，先发货再收钱？”董明珠微微一笑说：“好啊。”结果款一到账，货却把住不发。董明珠说：“要货？先拿钱来。”董明珠振振有词：“就算别人全这样，我格力也偏偏不。”即使 100 次撞墙头破血流，董明珠也要撞第 101 次。欠款这堵破墙一定要倒。董明珠的强硬带来的效果是：1997 年、1998 年格力没有 1 分钱的应收账款，也没有 1 分钱三角债。此后，大家都相信董姐，不划款，你拿不到一台货；只要划款过去，从不拖欠货的。董姐办事，服气，放心！

就这样，董明珠的传奇从 36 岁那一年开始，她用 11 年的时间，从一名基层业务员成长为全球最大空调生产商格力电器的名气最大的销售部长、总经理。从 2001 年开始，她一直担任着格力电器总裁职务，主抓企业销售。2012 年她成为格力集团的董事长，2015 年入选福布斯亚洲商界权势女性的 50 位榜单，位于第四位。

案例来源：张廷伟著 . 营销女皇董明珠［M］. 中华工商联合出版社，2007 年

1. 雷厉风行对提升领导力的影响

领导者是组织发展的带头人、领路人，是组织战略的决策者、制定者，领导能力的强弱与领导水平的高低关系着组织发展的前途命运。一位优秀的领导者在进行决策行为时，必须坚持“不拖、不等、不推”的领导原则，做到干净果断、雷厉风行。因为对于组织发展来说，任何一点拖拉、缓慢，都有可能造成组织效能的严重损失。雷厉风行的领导风格要求领导者遇到任何问题都能做到速战速决，能及时处理对组织发展的不利因素，能将决策风险降至最低。退一步来说即使处理结果没有达到预期的理想要求，也有助于决策层及时调整发展思路，寻找更有效的解决办法。

在领导者组织决策正确的前提下，雷厉风行的领导风格能给组织发展带来高效率，也能激发组织成员的责任心和进取心，进而带动组织效能的整体提高。相反，如果领导者总是犹豫不决、举棋不定，组织成员做起事来也容易缩手缩脚，不利于组织决策的有效执行。在实现组织效能的过程中，领导者雷厉风行地干事创业，固然会面临失败的风险，也难免会摔跟头、吃苦头，

但是一味地谨小慎微、畏首畏尾，就永远不可能开辟一条新路，终将一事无成。因此，为了更好地实现组织发展目标、为了实现领导行为的高效率，领导者务必要善于抓住实际问题的关键，务必做到雷厉风行地破解难题。

培养雷厉风行的领导风格，需要领导者摈弃犹豫拖拉的精神状态。“人是要有点精神的”[①]，对于领导者来说，这种精神既表现为对组织发展长远目标的追求，更表现为对具体工作的立说立行、闻风而动的精神状态。一方面，雷厉风行的领导风格要求领导者必须具备超前思维能力和主动决策能力，对组织效能的实现要早计划、早部署、早落实；另一方面，在面对具体工作时，领导者雷厉风行就是要善于抓住机遇，并能够乘势而上，敢于有所作为。

2. 雷厉风行的是与非

对于雷厉风行型领导风格，我们需要明确三点：

第一，雷厉风行不等于蛮力蛮干，更不等于为了完成任务而随心所欲。真正的雷厉风行是要在敏锐的洞察力前提下，更加重视制度和程序的公正执行，在第一时间快速反应、果断决策、全力执行、争取实效。

第二，雷厉风行不等于盲目任性，更不等于为了完成任务而投机取巧。真正的雷厉风行是要在科学决策的前提下，把握客观规律、认清发展形势、紧贴组织实际，掌握领导方式的技巧，争取工作上的事半功倍。要紧紧围绕组织发展要求，多动脑筋、多想办法，寻求最优方案、最佳途径，确保组织效能的实现。

第三，雷厉风行不等于空谈快意，更不等于为了完成任务而信口开河。雷厉风行重点在于“行”，行动最具说服力。爱默生说过，没有行动，思想永远不能成熟而化为真理。对于组织发展而言，行动更是生命力所在，一分部署、九分落实，真正雷厉风行的领导者就要以“踏石留印、抓铁有痕”来保证组织决策的有效落实。

① 毛泽东．在中国共产党第八届中央委员会第二次全体会议上的讲话。

二、谨言慎行型

《礼记》有言：“君子道人以言而禁人以行，故言必虑其所终，而行必稽其所敝，则民谨于言而慎于行。”① 这是告诫人们：谨言慎行是君子之道，一个有修养，有道德的人，应该时时处处对自己的言行负责，不可以凭借一时冲动而鲁莽行事。谨言慎行型领导风格的特点是，领导者时刻保持谦虚谨慎之心，在平常的小事上严格要求自己，不轻易开“空头支票”，不盲目做出决策，对待义利懂得取舍，能够用自己的人格魅力吸引组织成员，进而发挥领导力实现组织效能。

案例分享

谨言慎行的商界传奇——柳传志

如果评选改革开放三十年中最具影响中国的企业家，联想的创始人柳传志必然是最热门的人选之一。柳传志 40 岁开始创业，他领导联想由 11 个人 20 万元资金的小公司成长为中国最大的计算机公司，70 岁再次站在港交所敲钟，成功创造了两家上市公司，再次登上人生巅峰。

迄今为止，柳传志的商业贡献可以用如是概括：产权厘清、驭人育人、交接权杖、战略分拆、跨界并购、资本再造。这些，既是企业的终极挑战，又是企业家的关键使命，任何一桩事项的推进殊非易事，无不彰显着柳传志本人高超的领导艺术与管理智慧。

柳传志的影响力并不在于他有多少钱，而是因为他是一个时代的象征。事实上，柳传志的个人财富在 IT 业界并不高，可他却能赢获商界的集体尊崇，秘诀之一就在于他始终保持着谨言慎行的领导作风。可以说，柳传志用他的领导魅力成就了一个创业者的传奇。著名企业家冯仑对柳传志有这样的

---

① （西汉）戴圣编，刘小沙译．礼记・缁衣［M］．北京：北京联合出版社，2015.

评价“他的伟大在于管理自己而不是领导别人”。柳传志身边的工作人员也这样评价他：局外之人总会被柳总的个人魅力吸引、感佩，柳总的最大优点是自律、自持。“自律、自持”这四个字是对柳传志为人做事最为精当的评说。

柳传志以“自律”在业界享有盛名。在20多年无数次的大小会议中，他迟到的次数大概不超过五次。有一次他到中国人民大学去演讲，为了不迟到，他特意早到半个小时，在会场外坐在车里等待，开会前10分钟从车里出来，到会场时一分不差。2007年上半年，温州商界邀请柳传志前往“交流”。当时，暴雨侵袭温州，柳传志搭乘的飞机迫降在上海，工作人员建议第二天早晨再乘机飞往温州，他不同意，担心第二天飞机再延误无法准时参会，责人找来“公务车”连夜赶路，终于在第二天早六点左右赶到了温州，当他红着眼睛出现在会场，温州的那位知名企业家激动得热泪盈眶。这就是柳传志，以“管理自己”的方式“感召他人”。

案例来源：（1）http://news.hbsc.cn/article/7937.html

（2）http://mt.sohu.com/20150728/n417698723.shtml

1. 谨言慎行的好处何在

领导者做到谨言慎行，有利于组织目标的实现。语言和行为是反映人的主体性的两种主要方式，而一个领导者的真正人格魅力不是体现在其华美的语言表达上，而在于其行为的强大影响力。我们观察一个人是否具有人格魅力，仅仅“听其言”是远远不够的，更要“观其行”，尤其是看他在生活工作的细节上、小事上所体现的内在品质。一个优秀的领导者，谨言慎行、讷言敏行，不仅能给人以恭顺温和的舒适感，更能使组织成员有亲近感，进而激发组织成员为组织目标奋斗的自觉性。

领导者做到谨言慎行，有利于影响组织成员的行为方式。常言道“上行下效，上率下行”，领导者的言行举止，不仅能反映组织的整体魅力，更能影响组织成员的个体行为。谨言慎行要求人们要避免说假话、空话、套话，用自己的行为成就个人信用，用言行一致的处事方式成就个人魅力。因此，谨言慎行型领导者，会在实际的领导行为中，以身作则、率先垂范，用谨慎严格的标准率先要求自己，并通过自己的实际行动真实地影响组织成员的行为方式，使组织内部形成统一的价值观念，进而形成强大的凝聚力、战斗力，最终实现组织目标。

领导者做到谨言慎行，有利于自身领导力的提升。谨言体现着领导者谦逊、勤学和深思的优秀品质，慎行则是勤学多思的外在行为表现。在具体的领导行为方面，谨言慎行型领导者会把更多的精力放在学习和思考上，用智慧的积累和能力的提升来解决领导过程中的各种问题。语言与行为作为个体生命活动的两个维度，也是领导者实现人生价值的必要方式，在该说的时候不说、在不该说的时候说，都很可能会失去关键决策时机、失去组织成员的信任，甚至可能会损害组织利益。因此，把握好语言与行为这两个维度之间的张力，能够帮助领导者塑造良好的领导品质，进一步提高领导能力、提升领导水平。

2. 过分谨慎的弊端

事物都具有两面性，领导风格亦是如此。谨言慎行有助于领导者领导能力的提高、有助于组织目标的贯彻一致。但是从另一角度来看，领导者如果过分地谨言慎行，就可能陷入敏感、古板、刻薄的危机境地，不利于组织效能和领导力的提升。

领导者过分地谨慎小心，会滋生忌妒心理。“忌妒是一种对强于自己的人恐惧、愤怒和忌恨的心理，进而采取或贬低或诽谤的手段来达到心理上的平衡。”[①] 领导者过分地谨慎小心，对待组织成员就会有莫名的紧迫感，就会害怕组织成员做出优于自己的表现，就会采取抑制组织成员积极性的做法，进而破坏组织整体的凝聚力战斗力。我国战国时代的“孙庞斗决”就是典型的嫉贤妒能事例。庞涓身为魏国大将，妒忌同门师兄孙膑的才华，害怕孙膑将来对自己不利，便设计陷害、挖掉其膝骨。孙膑受尽百般折磨，逃亡齐国。

---

① 领导干部要克服的四大不良心理状态［J］. 化工管理，2011（7）：90—91.

魏齐马陵交战，庞涓被射杀，之后魏国因元气大伤而失去了霸主地位，齐国进而称霸东方。

领导者过分地谨慎小心，会滋生忧郁心理。忧郁是一种遇事焦虑、常感情绪低落的心理状态。领导者过分地小心谨慎、疑而不决，就会错失决策的最佳机遇，进而影响组织整体发展目标的实现，失败的打击会进一步使领导者更加犹豫不决，进而斗志衰退，造成更加严重的不良后果。如此循环，领导者必然因为过分谨慎而诱发焦虑抑郁情绪，长此以往会使领导者陷入严重的忧郁心理危机。忧郁心理对领导者的最大危害是降低了其决断力，进而就会影响组织整体的斗志。在信息高度发达的现代社会，领导者的犹豫不决、过分谨慎不是深谋远虑，如果不抓住机遇及时决策，就会贻误时机，损害组织利益。

三、雷厉风行与谨言慎行的完美融合

在领导风格上，雷厉风行与谨言慎行并不是完全对立的，甚至在一定意义上说，领导者既应该雷厉风行体现出行动力，敢想敢干敢探索；又应该谨言慎行体现出思维力，耐心细致，虑事周全。只有达到行动力与思维力的高度融合，领导者的领导能力才会大大提升。

要做到行动力与思维力的完美融合，领导者在思想上要保持敏锐性。思想的敏锐和组织目标的坚定，是展现领导魄力的第一标准。在瞬息万变的信息时代，领导者必须具备敏锐的发展眼光。领导者在思想上具有了敏锐性，就能够在纷繁复杂的具体工作中不断增强自身的预见性、科学性和创造性，就能够把握时机、积极主动地处理各种艰巨任务和突发事件。领导者要保持思想的敏锐性，就是要具有敏锐的洞察力、敏锐的鉴别力和敏锐的应变力。敏锐的洞察力是判断发展形势、预测发展趋势、判断决策利害的重要保证。领导者具备了灵敏的洞察力，就可以在实践发展的萌芽阶段，辨明利害，做到未雨绸缪；敏锐的鉴别力能使领导者把握实践本质，分清是非真假，做出科学决策；灵活的应变力可以使领导者在具体情况发生变化时，及时调整原有的方案或决策，采取新的应变措施，保证决策的连续性和有效性。

要做到行动力与思维力的完美融合，领导者在决策上要保持科学性。作为组织决策的关键因素，领导者在组织决策过程中起主导作用，其决策的科学性、创造性，更关系到组织目标的实现。可以说领导者任何一次错误决定，都会给组织发展带来严重、长期的负面影响。

要做到行动力与思维力的完美融合，要求领导者具有强烈的创新意识，不盲目而机械地照抄照搬，不因循守旧、等待观望和不思进取，要结合自身实际创新工作方法，以强烈的创新意识，创造性地做好组织各项决策。

要做到行动力与思维力的完美融合，还要求领导者具有强烈的科学意识。在组织决策过程中，不能凭经验推定、靠胆子拍板、靠一锤子定音，更不能用“敢于负责”超越集体领导，用“果断拍板”取代议事程序，用“强调集中”排斥民主的做法，而是要坚持从程序上、内容上都自觉地遵守科学决策的程序和原则，避免组织决策陷入盲目被动的境地，进而避免最终决策的严重失误。

要做到行动力与思维力的完美融合，领导者在落实上要保持有效性。领导者的水平高低以及能力如何，要依赖组织目标是否有效实现来检验。领导者在落实组织目标过程中，既冷静沉着又果断干练，这是行动力与思维力的完美融合的具体表现。

雷厉风行是领导者个人领导魅力的彰显，领导者的雷厉风行能带动组织成员的进取心和责任感，提高组织整体效能。谨言慎行也是领导者的一个优秀品质，谨言慎行型领导者能够凭借耐心、智慧和坚持带领组织取得成功。一位优秀的领导者必须兼备谨言慎行的思维力和雷厉风行的行动力，在制定决策时要思虑周全、谨言慎行，在实行决策时要雷厉风行、勇往直前。领导者雷厉风行，敢作敢为，同时谨慎小心，富有人情，这是一种难得的领导艺术，更是一种高超的领导境界。

第三节　抓大放小与事必躬亲

一、抓大放小型

抓大事、谋大计、揽全局、把方向是组织赋予领导者的根本职能，在现实的领导实践中，领导者实现这些领导职能的重要前提，是必须处理好抓大与放小的关系。中国历史上有“丙吉问牛”的故事：西汉时期，丞相丙吉春天出行，见一群人在路上斗殴，“死伤横道”没有下车过问；又“逢人逐牛，牛喘吐舌”，他立刻停车派人去向赶牛人查问原因，随行者不解丞相之意。丙吉解释说：“民斗相杀也”这是长安令、京兆尹的事，“宰相不亲小事，非所当于道路问也”。对于后者，他认为现在正是春耕季节，天还不很热，看见耕牛口吐白沫，是不是“时气失节”？这是关系到国计民生的大事，是丞相职责所在，故当问之[①]。这个小故事反映的就是主人公抓大放小型的领导风格，领导者在面对着错综复杂的形势矛盾时，首要任务是集中精力和时间来解决主要矛盾，掌握主动权。

案例分享

“懒惰的”CEO——里德·黑斯廷斯

里德·黑斯廷斯（Reed Hastings）是知名电影企业 Netflix（奈飞）的首席执行官（CEO）。Netflix 是一家美国公司，成立于 1997 年，在美国、加拿大提供互联网随选流媒体播放，定制 DVD、蓝光光碟在线出租业务。2013 年 Netflix 出品的《纸牌屋》更是被推上全球瞩目的风口浪尖，随后《铁杉

① （汉）班固撰. 汉书·丙吉传［M］. 北京：中华书局，2007.

树丛》《女子监狱》等多部剧集均保持超高质量成为现象级话题。

黑斯廷斯自认为是一个“懒惰的”CEO，他为自己尽可能地少做决策而感到自豪。他让自己的团队负责创造新的产品和方案。这听起来有些荒唐，但事实却并非如此。2014 年 9 月，斯坦福大学商学院将 Netflix 评为“2014 年最具创新精神的公司”，并连续五次被评为顾客最满意的网站。在接受荣誉时，黑斯廷斯讲述了他领导公司 17 年来“抓大放小”的珍贵管理经验。

1997 年，Netflix 公司成立时，想在家看电影的美国人只能去影像店租 DVD 或 VHS 磁带，然后按时归还。当时最大的影像租赁连锁店名叫 Blockbuster，它曾一度拥有 9000 多家商店及 60000 多名员工。黑斯廷斯说他当时意识到光盘拥有大量的数据存储空间而且几乎没什么重量，这样就可以通过邮寄的方式来经销 DVD 影碟。这个想法的市场反响非常好，Netflix 迅速崛起，而 Blockbuster 则显得反应迟钝，直到 2004 年才认识到 Netflix 不容小觑。黑斯廷斯说：当时 Blockbuster 的优势非常明显，它的规模是我们的 15 倍，如果他们早两年开始发展邮购业务，那最后赢的很可能是他们而非我们。

黑斯廷斯说，我以尽可能少做决策而感到自豪，我不认为 CEO 做的决策越多越好。举例来说，拍摄《纸牌屋》（一部非常卖座的连续剧）对于 Netflix 来说是一个巨大的决定，但讨论并通过这一项目的会议只进行了 30 分钟。其他人敲定细节和基础工作，这样黑斯廷斯只负责签字就可以了。将员工的自由与责任结合起来，这将使你的员工意识到“只要我想有所作为，我就可以有所作为”。自由只是 Netflix 企业文化的一部分，另一部分是责任。黑斯廷斯说 Netflix 建立了一种高效的企业文化。他说：“亮眼的表现会得到丰厚的报酬，当然我们也辞退了不少尸位素餐的人。”

黑斯廷斯认为，由产品天才出任 CEO，要成为一个伟大的 CEO，你必须成为一个伟大的产品天才。这个想法很吸引人也很有趣，但这样一来，公司会对你个人形成巨大的依赖。因此，与之相比，作为一个 CEO，如果能培养出一群拥有创新思维的人，你会更加出众。

案例来源：《现代国企研究》，2015 年第 1 期，第 70~71 页。

1. 抓大放小的领导效能

抓大放小是一种领导艺术。美国前总统艾森豪威尔回忆自己在麦克阿瑟将军手下工作时说："他布置工作，从不唠叨，而求工作效率，只要工作做完了，他就不再过问。他越是只抓大事，放小节，我就越是紧张。我整天忙得团团转，每天晚上 7 点或者 7 点 45 分才能离开办公室，因为只有这样，我的工作节奏才能跟上他的步伐。但是，如果我想休息一周，只需向他透露一点，他就会满口答应。"[①] 这就是典型的抓大放小的领导风格的魅力表现：在关键原则和发展方向上做好决策，在具体执行落实工作上放手交由组织成员。抓大放小是一种管理智慧。对于领导者来说，懂得一"抓"与一"放"，其实体现的是足够的理智与清醒和充分的豁达与释然。"放"不是放弃组织目标盲目放手，不是对决策权力的随意妥协，不是知难而退的孱弱表现，"放"是领导者全面分析问题后所做的理性抉择，是揆情度理后的量力而行，更是难得的领导境界。

2. 抓大放小的管理范围

作为优秀领导者的必备技能，抓大放小就是要求领导者能在千头万绪的具体工作中，迅速找到那些具有全局性、方向性、决定性的任务，并一击即破。全局性、方向性、决定性的任务是什么呢?

首先是组织发展的谋划，既包括组织发展目标、发展方向、发展思路，也包括组织成员的工作愿景。优秀的领导者要尽心竭力出谋划策，还要坚持过程管理，保证各个环节不失控、不出轨。

其次是重点工作的落实。一定时期、一定发展阶段，组织的重点工作会有所变化，好的领导者必须及时调整组织成员的工作方向，使组织的重要决策得到有效执行、使组织的中心工作得到有效落实。

再次是组织成员的有效管理。团队的培养和建设是组织发展的决定因

---

① ［美］德怀特·D. 艾森豪威尔著，樊迪等译．艾森豪威尔回忆录［M］．北京：东方出版社，2007.

素，高明的领导者要善于见贤思齐、任贤用能，壮大组织的战斗力。

最后是组织内部的协调监督。出色的领导者要以“弹钢琴”的管理方式，把握全局，做好组织内部的关系协调，监督决策的执行和落实，以实现高效的管理水平。

二、事必躬亲型

诸葛亮是事必躬亲型领导者的典型代表，他“夙兴夜寐，罚二十已上，皆亲览焉”。为此，他既获得了“鞠躬尽瘁，死而后已”的传世美名，但同时也留下了“食少事烦，其能久乎”的讥评。在现代组织管理中，领导者的事必躬亲、亲力亲为究竟能给组织发展带来怎样的影响，需要谨慎、辩证对待。

案例分享

事无巨细的管理者——海伦

LD 公司是一家在国际上经营得非常成功的公司，这家公司的核心产品的市场占有率在各个核心市场都是数一数二的。刚刚进入中国的时候，许多公司都如临大敌，但最后发现这家公司在中国经营得实在不怎么样，也就基本上不放在眼里了。其原因何在呢？与其合作的猎头一语道破天机：这家公司的领导者事必躬亲的风格过头了。

LD 的总经理海伦是一个做事非常细致的人，她需要知道所有事情的细节。每招聘一个职员级别的员工都必须要海伦来过目，临时工的编制增加都需要海伦来批准。这样就产生了一个问题，海伦几乎晕头转向，但下面的效率非常低，而且，管理层尤其是内地的管理层非常不爽。

举一个比较典型的例子。猎头公司曾经给 LD 找一个重点客户经理，这个职位在组织架构中属于中层经理，向大区经理汇报，隔级向销售总监汇报。猎头公司为这个职位前后接触了不下 50 个人，最后推荐了 5 个人。但面试

开始以后，才发现这几乎是一场马拉松式的进程。招聘经理要面试、人力资源总监也要面试、大区经理要面试、销售总监也要面试、最后海伦还要面试。特别有趣的是，大家似乎都不表态，也不筛选，可能他们早习惯了不做决定。有3个候选人由于无法忍受如此漫长的面试征程，决定退出，最后有两个候选人终于见到了海伦。据说，海伦的面试比所有人的都仔细，她的面试通常可以持续两个小时，但由于海伦特别繁忙，等待一个面试往往要花费一个月的时间，所以经常是协调完候选人的时间又协调她自己的时间，等一个面试就可以将大家的热情都耗尽。实际上，正常的面试流程完全不需要这么烦琐，人力资源部门只要有一个人参与面试，然后给出人选；大区经理作为直接上司面试后推荐给自己的上司销售总监，总共面试只要三个人就行。但是，由于海伦做事无比仔细，人力资源总监不敢不参与面试，销售总监又做不了决定，结果人为造成了过五关的漫长征途。而且，由于大家都觉得自己不是决策者，所以给出的意见都模棱两可，最后的决定还是要海伦做。这样又形成了一个恶性循环，海伦发现别人的意见水平都挺低，自己必须身先士卒，导致她在事务问题上根本脱不开身。经过整整6个月的折腾，这个职位终于定下了人选。这个职位前后空缺了接近4个月，据说LD公司至少要损失超过五百万的生意额，他们的毛利率大约50%，他们等于扔了大约两百五十万的毛利并影响了不少于一百万的纯利。而获胜的候选人杰夫上班大约一年后，也因LD的效率问题决定辞职。

案例来源：世界经理人 http：//www.ceconlinebbs.com/FORUM_POST_900001_900055_918333_0.HTM

1. 事必躬亲型领导风格的优点

具有事必躬亲型领导风格的领导者，坚持事无巨细，亲力亲为的行为原则，表现出一种积极的工作心态。在现实生活中，事必躬亲型领导者，往往表现为对工作充满无限热情、对自己要求格外严格、对组织成员始终率先垂范。这样的领导者往往能用自身强烈的事业心与责任感，无形地影响到组织成员，在组织整体中形成奋发向上的精神状态。

事必躬亲型领导者，行动力强，往往会出现在具体工作的最前线，亲自解决各种纷繁复杂的具体问题。这样的领导者会成为组织成员的榜样，有利于形成对组织目标的高度认同、有利于在组织内部形成荣辱与共、同心同德的组织氛围。

事必躬亲型领导者，往往能够深入基层、深入实际，掌握一手信息，这种做法为做出科学的组织决策，提供了不可替代的研究方法，是提高组织工作效率的重要途径。

事必躬亲型领导者，能够掌握组织的全面信息和发展动向，能够及时发现组织发展过程中存在的细小危险因素，从而及时进行监督和检查，有利于推进组织目标的实现和组织效率的提升。

2. 事必躬亲型领导风格的负面效能

诚如前面案例所反映的，在现代组织管理中，领导者事无巨细地亲力亲为，会给组织带来负面效能。

领导者的事无巨细，客观上形成了一言堂的组织局面，会造成领导权力的无限扩展。领导者的决策权无限扩大的同时，必然造成决策效率的相应降低。领导者面对繁杂的决策事项，往往会顾此失彼、盲目决断、造成偏差。领导者事事亲力亲为，会伤害组织成员的工作热情，扼杀组织成员的主动性、积极性、创造性，既不利于人才的脱颖而出又不利于群体作用的充分发挥。在领导者事必躬亲的组织环境中，组织成员无力感增强、存在感降低，会出现消极、埋怨的心理情绪，长此以往必然造成组织内耗严重，丧失战斗力。事必躬亲，对领导者自身发展也有损害。领导者事无巨细大包大揽，面对的不仅是越来越繁重的工作负担，更是后继乏人的尴尬局面，严重不利于组织的长远发展。繁杂的事务性问题在时间和精力上造成了领导者的疲惫，也限制了领导者自身的学习提高，久而久之，不仅领导者会有“出师未捷身先死，长使英雄泪满襟”的无力感，还会伤害组织利益，使组织面临发展困境。

事必躬亲在领导风格的意义上是一个对立统一体：当亲力亲为鼓舞士气起

主导作用时，它就是一种积极的领导方式；当事无巨细大包大揽时，它就成为消极有害的领导方式。所以，领导者应该对事必躬亲型领导风格，坚持科学、清醒的态度。领导者要正确判断领导个人作用与组织成员群体作用间的关系，做到既可以亲力亲为、率先垂范，又可以适时退居幕后，为组织成员提供展现平台。“适时”就是要求领导者把握好事必躬亲的“度”，这也是在很多领导风格构建中需要重视的关键问题。组织的规模和专业化程度、决策事项的复杂程度、领导者与组织成员的能力素质等因素，是领导者把握“度”的具体抓手。不同的组织状况、决策事项，不同的领导者，把握这种“度”的界限不同，形成的组织效能也会有所差别。

三、抓大放小与事必躬亲的完美组合

荀子说“主好要则百事详，主好详则百事荒”[①]。意思是如果领导者善于抓本质抓核心，那么其他事情都会得到细致周全的处理；如果领导者事无巨细什么都要管，那么任何事都做不成。领导者应该辩证地认识和把握好“抓大放小”与“事必躬亲”的关系，做到判断力与亲和力的完美组合。在组织管理中，没有亲和力的决断力，是冷漠生硬的；没有决断力的亲和力，是碌碌无为的，只有自上而下的抓大放小，才能带来宽松、和谐、愉快、信任的工作氛围，才能使组织具有团队精神，才能力求完美，实现组织目标。

领导者在统领全局、调查研究时，率先垂范、事必躬亲就表现为一种积极的领导风格；当不分主次、唯我独尊时，事必躬亲就演变为一种消极的领导风格。所以，在领导实践中，优秀的领导者不能“捡了芝麻，丢了西瓜”，领导者要有“抓大放小”的意识。在面对错综复杂的形势和矛盾时，应该具有明辨大小、分清主次的能力，管好该管的事情、放开该放的事情，以优先解决主要矛盾来掌握领导行为的主动权。

领导者要做到抓大放小，切忌事无巨细，要坚持适当放权。在把握大方

---

① 荀子著，安小兰译注 . 荀子 · 王霸［M］. 北京：中华书局，2007.

向的前提下，领导权逐级分解，既能够使领导者从繁杂的事务性工作中解放出来，又能够充分调动组织成员的工作热情。在领导实践中，有些领导者因为个人能力强、经验丰富，不屑于放手分权；有些领导者因为对组织成员工作能力不满意、不信任，不敢于放手分权；有些领导者因为习惯了事事亲力亲为，不善于放手分权。这些现象长此以往都会使组织整体呈现出缺乏凝聚力、战斗力的不良状态，无法有效地实现组织目标，影响组织长远发展。

在现代社会管理中，要成为优秀的组织领导者，既要能够具有事必躬亲的工作作风，更要具有抓大放小的领导智慧，二者要相辅相成，灵活运用。领导者要做到抓大放小，也不能跑偏为“撒手不管”，要辩证处理好“集”与“分”的关系。既要坚持统揽全局、把握方向，又要做到对组织成员充分信任，给组织成员充分施展才华的空间，这样才能最终取得实实在在的领导效果。

第四节　大权独揽与民主参与

一、大权独揽型

大权独揽型的领导风格是指在组织中，领导者个人掌握着处理重要事物的权力，重要的事情都由领导者个人做出决策，对实现组织目标有强烈要求。在领导实践中，大权独揽没有绝对的好坏之分，针对不同领导情景、面对不同决策事项，领导者是否大权独揽，其领导力会有所不同，领导结果亦会有所区别。

案例分享

昔日“国美帝王”——黄光裕是一个极其强势的领导人，头脑清醒，善于捕捉市场机会，独断专行，企业中的任何人都不得反对他。作为企业“帝王”，他所奉行的原则是：对内，所有人尽在掌控；对外，凡事皆可搞定。结果是前者导致接班人缺位；后者导致自己终陷囹圄。受中国几千年封建文化的浸染，企业家中有帝王心态的人不在少数，这并不为怪，甚至某种程度上可以说帝王心态是企业家披荆斩棘、创业成功的一个重要条件。但是，对于一个日趋成熟的商业社会而言，开放与分享是企业家做到持续成功必修的素质。“夫唯不争，故天下莫能与之争”①，少一些专横的帝王心态，多一些分享的市场精神，也许是企业家们需要从黄光裕身上吸取的教训。

国美人事变动之频繁闻名于业界。人事调整的出发点是黄光裕不相信任何一个人，他不能容忍经理们建立起自己的地方势力。这种调整在内部人员看来，变革的实质不是为了强化管理流程，似乎更是为了进行人事斗争。在国美，机构调整几乎每半年就要来一次，国美的中高层是一个黄光裕可以随时任免的位置。他自己透露，不光二级公司，各三级公司的总经理，也均由其亲自任免，“对于每一个我看重的人，我都会调他到我的身边工作一段时间，可以互相熟悉”。这句话的另一面是：对于每一个我不再看重的人，我就会把他“雪藏”，或者将他“赶尽杀绝”。

亦是这种血腥的霸权式的领导方式，让黄光裕在国美的内部领导中和并购发展中埋下了陈晓这些导致他险些崩盘的棋子。一个企业的建立和成功起步需要一位极其强势的领导人，来带领整个团队突破创业初期的成长瓶颈和阻碍，黄光裕在这一点上做到了极致，甚至堪称完美。可是一个企业的文化发展却永远和他的创始人有着息息相关的关系，他的这种霸权和血腥让整个企业的文化在蓬勃壮大的过程中遇到了前所未有的阻力，团队内部的呆板与单调和对黄光裕的惶恐，让企业文化中最重要的要素——人的发展受到了遏制，缺乏人文的关怀让国美的发展缺失了企业文化中最核心的东西，只能一直徘徊在账目意义上的大公司，而不能成为真正意义上的大公司——一个对员工、对企业都共赢乃至对整个社会都具有一种广义的责任，而不只是一个

① 老子著，欧阳居士注译．道德经（第二十二章）［M］．北京：中国画报出版社，2012.

牟利的商业工具。

案例来源：http：//blog.sina.com.cn/s/blog_6030e2330102dw7u.html

1. 大权独揽型领导风格的形成

首先，领导者个体对权力的控制欲望是形成大权独揽型领导风格的主体因素。权力是组织运行的基础，是领导者获得组织成员认同的先天条件。掌握并集中控制权力，是领导者在组织中获得高地位的保障、是保证领导者意志能够被绝对服从的前提条件。因此，领导者不可避免地会对组织权力产生控制欲望。同时，领导者基于组织权力而获得的成就感又会在一定意义上反过来激发领导者对权力的进一步控制欲望。大权独揽的领导风格由此发端。

其次，组织的发展历程和规模对领导者集权意识的影响。大部分组织都是从小到大、由弱到强发展而来的。在组织发展的初级阶段，往往规模不大、成员不多、决策范围有限。这时的领导者个人或小范围领导群体就能够制定组织的绝大多数决策事项，领导者也会形成凡事亲力亲为的决策自觉。与此同时，在决策正确的前提下，组织发展初期的高度集权也会极大地促进组织的蓬勃发展。伴随着组织规模的不断发展壮大，领导者的这种决策自觉就会演变为对权力的高度控制，形成独揽大权的决策习惯。

再次，领导者面对权力变化形成的心理状态是形成大权独揽型领导风格的内在因素。马斯洛的需求理论告诉我们，人总要追求更高层次的心理需要。作为组织发展过程中不可或缺的决策力量，领导者一直以来都会有一种强烈的被组织需要的存在感，同时也希望组织成员始终对自己有强烈的依附感。因此在权力发生或即将发生变化时，领导者会对自身存在感的由强到弱产生心理恐惧，为了避免或者消除这种心理恐惧，大权独揽型领导者往往会从源头上阻止权力变化的发生。

最后，组织成员能力和素质的差异也是形成大权独揽型领导风格的客观因素。组织中多数的中下层管理者与决策者在领导能力和管理素质上有所差距，在赋予其部分领导权力时并不能很好地实现组织目标；有些组织成员已经习惯了在领导者控制下工作，缺乏独立行使领导权力的意识和能力，这些现象在客观上促使领导者不得不采取大权独揽的领导方式。

2. 大权独揽的负面效果

第一，领导者高度地大权独揽，会致使组织决策的合理性受到质疑，影响组织决策的有效落实。组织决策的科学性来自对组织内外信息全面及时的把握与研判①。领导者如果集中了过高的决策权力，就会将个人意志与组织意志相混淆，用个人意志代替组织意志，将组织决策的合理性建立在领导者个人决策能力的前提之下，领导者个人的局限性会增加组织决策的风险。同时，伴随组织规模的不断壮大，组织内外信息资源会越来越多元化、分散化，仅仅凭借高度集权的领导者个人会越加难以做出全面科学的决策，组织决策的失败风险会大大提高。权力的高度集中，使得领导者与组织成员之间的信息交流呈现单向化、片面化，会造成组织内部信息交流不畅，甚至会在组织决策向下落实的过程中出现信息偏差，影响决策的正确落实。

第二，领导者高度地大权独揽，会动摇组织发展的基础力量。一方面，表现在其对组织成员的工作积极性有损害。在权力高度集中的组织中，组织成员的角色任务仅仅是执行者，在这样的组织中，不利于调动成员积极性、主动性、创造性的发挥，也会降低组织成员的归属感，只会机械地执行领导者的命令。另一方面，领导者手中掌握着过于集中的组织权力，就会疏于对中层管理人员领导能力和领导实践的培养，组织成员个人发展空间受到极大限制，就会出现人才的流失或是成员的无为，动摇组织发展的人力保障。

第三，领导者高度的大权独揽，会给领导者自身带来危险。权力代表着责任，高度集中的权力必然带来高负荷的工作压力和工作量，领导者纠结于事务性工作，就很难集中时间和精力思考战略发展等重大问题；权力代表着地位的差距，领导者在权力高度集中运行的过程中，会不自觉地走向官僚化、程序化；权力代表着利益，高度集中的权力会使领导者面临腐败的侵袭，一

① 朱传杰 . 论管理的集权与分权［J］. 经济问题探索，2000（3）：57—59.

旦道德约束无效，就会走向狐疑疲敝的危险境地。

二、民主参与型

民主参与型领导风格，与大权独揽型领导风格形成鲜明对比。在现实生活中，民主参与型领导者能够主动向组织成员授权、积极鼓励组织成员参与到组织管理的各个环节、善于营造上下融洽齐心协力的组织氛围。

案例分享

建造“大家庭”

企业家们常常号召职工“以厂为家”“以公司为家”，试图以此来增加企业的凝聚力，为企业创造更好的效益。但真正能让职工感到企业是自己的“家”，却没有那么容易。这要求企业家真正在企业营造出“大家庭”的环境。

香港新鸿基证券有限公司是1969年由冯景禧所创办，该公司在日成交数亿港元的香港证券市场上，占有30%的份额，公司年盈利额达数千万元，冯景禧的个人财产达数亿美元。他成了称雄一方的“证券大王”。“新鸿基”之所以能创造出世界证券业少有的佳绩，主要得益于冯景禧的“大家庭”式的经营管理哲学，使公司形成了一股难以形容的奇妙力量，激发了员工的创造性。

为了实施“大家庭式”的经营哲学，在管理方式上，他十分重视人的作用，强调发挥人的创造性。他曾声明：服务行业的资产就要靠管理，而管理是靠人去实行的。新鸿基集团不以拥有巨额资产为荣，而以拥有一大批有知识、有能力、有胆量、善于运用大好时机、敢于接受挑战的人才队伍为骄傲。

冯景禧的管理哲学和用人艺术，既有西方人的科学求实精神，又有东方人和谐情趣的气氛；既有美国现代化管理原则，又有日本人的以感情为核心的人际关系，熔东西方优点于一炉。

在管理原则上，他十分强调团结的力量，注重全公司上上下下的团结一致。他在经营业务的大政方针决定之前，总是广开言路，尤其是重视反面意见，然后加以集中，再向全体员工解释宣传，使大家齐心协力。他在实施公司的决策时俨然像一位“铁血将军”，而在体谅下属时又俨然是一个宽厚的长者。如果有哪个职工向他辞职，他首先会询问是否有亏待过该职工的地方？如有，就诚恳道歉、改正，并全力挽留。因为他知道，失去一个人容易，但培养一个人难。

在管理作风上，他注重以身作则，平易近人。为了使员工心情愉快，他还刻意创造一种“大家庭式”的生活气氛，如组织业余球赛，在周末用公司的游艇观赏海景，亲自参加员工们的普通话学习，等等。许多企业的职工“吃里爬外”，对企业不负责任，“大家庭式”的管理，不失为医治这种病症的良方。

冯景禧是以民主的方式来管理企业的，使职工感受到大家庭的温暖；他能做到知人善任，合理地使用人才，强调发挥人的积极性和创造性，以能有一个高素质的人才队伍为骄傲；他能以身作则、宽严相济，注重团结，营造出一种使人奋发向上的组织氛围。正是这些，使得新鸿基证券有限公司有很高的凝聚力。

案例来源：《管理心理学案例》MBA 电子书教材 .http: //www.docin.com/p-48423845.html

1. 民主参与型领导风格魅力何在

民主参与型领导风格具有四个突出特点：第一，包括组织发展的战略方向在内的各种决策，都是由领导者和组织成员共同商讨决定的，是全体组织成员集体智慧的结晶；第二，领导者能够按照组织成员的能力和兴趣进行任务分解，进而能够充分调动组织成员的工作热情；第三，领导者对组织成员的任务安排并不教条苛刻，组织成员在完成任务的过程中有较大的自由空间；第四，领导者能够积极参加团队活动，与组织成员没有心理上的距离，主要运用个人领导魅力而非职位权力来获得组织权威。

具有民主参与型领导风格的领导者，确信组织成员有能力有热情为个人和组织找到合适的发展方向，因此会花很大的精力与时间了解组织成员的想法和意见。具有民主参与型领导风格的领导者，十分重视集体的力量，主张通过参与来达成共识，倡导全员行动的组织理念，鼓励组织成员积极参与到组织决策中来。具有民主参与型领导风格的领导者善于对组织成员的成绩积极进行奖励，很少给予消极反馈或惩罚。

在领导实践中，运用好民主参与型领导风格，可以使领导者赢得组织成员的充分信任、尊重、支持，可以提高组织成员对组织目标的认可程度，可以使组织获得高昂的战斗士气。特别是在无法制定组织发展最佳战略时，民主参与型领导风格更加能够发挥作用，使组织成员积极贡献个人智慧，形成组织合力。

2. 民主参与型领导风格的负面效应

民主参与型领导在实践中不可回避地涉及组织权力的分解、下行，因此，如果组织的领导者过分分权，或者说分权过度，也会给组织发展带来负面影响。过分的分权，会动摇领导权威而致使组织丧失领导核心，组织成员会为了获得更多的决策自由而不择手段，甚至破坏组织运行规则。过分的分权，会使得组织成员为获得更多的决策自由，而弱化组织发展整体性，分散组织的凝聚力，这样不仅无法形成强大的战斗力，还会发生严重的组织内耗，无法实现组织效能。

三、大权独揽与民主参与在较量中实现统一

任何事物都有两面性，民主参与型领导风格也有其负面效应，最明显的一点表现在一轮又一轮的商议过程、反反复复地交换意见，而使得形成共识变得困难重重、遥遥无期。民主参与型领导风格有可能带来决策的拖延，尤其是在组织发展面临重大抉择时，难以形成的共识会延误组织发展时机，甚至会加剧组织内部的矛盾与冲突，进而使组织陷入危机境地。同时，由于组织成员能力水平参差不齐等客观因素的存在，民主参与型领导风格的领导作用也会大打折扣。

首先，领导者要做到“集权”而不“揽权”。领导者是组织的领头羊、带头人，因此领导者手中必须要集中一些重要权力，否则难以实现对组织的有效领导。问题的关键在于对“度”的把握，即“大权独揽，小权分散”[①]。大权是什么？毛主席曾一针见血地指出，领导的责任就是出主意，用领导者。领导者要集的就是决策之权和用人之权，因为组织的决策与用人关系着组织发展的大局。除此之外的其他权力都可以分工、分解，做到适度分权。

其次，领导者要做到“放权”而不“弃权”。要放权就是要求领导者必须改变管理观念、胸襟开阔，做好“授权”，将部分组织权力与责任分解给组织成员，充分发扬组织成员的主体意识，调动成员的主动性、积极性、创造性，使领导者与组织成员共同推动组织目标的实现。不弃权就是要求领导者加强分权后的监督，需要明确的是，监督的对象并不是组织成员个体，而是权力本身，要防止权力的滥用。同时领导者还要注意，分权也要把握好“度”。万万不可走向过分集权的反面极端。

最后，领导者要做到“担当”而不“推诿”。权力的分解，必然伴随着责任的分担。领导者要明确的是，分权后的成绩与责任都不仅仅是领导者自身的问题了。因此，这也就要求领导者必须具有强烈的责任意识和担当精神，更要有推功揽过的奉献精神，在提高领导者自身威信的同时，更有助于组织整体的蓬勃发展。此外，领导者在处理集权与分权关系时还有一个问题需要注意，就是要及时调整领导行为，当集权表现过度时，要坚持适度分权；当分权过于松散时，要坚持适度集权，灵活把握二者之间的微妙联系。

本章小结

领导者的领导风格不是单一固定的，可以用多种方式演绎。在本章中，

① 逄先知、金冲及．毛泽东传（1949—1976）（上卷）［M］．北京：中央文献出版社，2003.

为读者分析了现实生活中比较典型的八种领导风格：举重若轻型与举轻若重型、雷厉风行型与谨言慎行型、抓大放小型与事必躬亲型、大权独揽型与民主参与型。举重若轻型与抓大放小型领导者都强调组织愿景和组织目标，并能率领组织成员为愿景和目标而奋斗；举轻若重型和事必躬亲型领导者都善于与组织成员建立情感纽带以及建立和谐的组织关系；雷厉风行型领导者以身作则，对组织成员及组织效能有很高期盼；谨言慎行型领导者善于深思熟虑，侧重为组织未来培养人才；大权独揽型领导者要求组织成员绝对服从；民主参与型领导者善于鼓励员工参与，建立广泛共识。每一种领导风格都会对组织成员以及组织的工作氛围产生独特的影响，进而最终影响组织效能的实现。它们没有绝对的好与坏、对与错之分，甚至在具体领导行为中还会相互穿插、相互影响。

优秀的领导者在领导实践中需要多种领导风格，不能仅依赖某一种领导风格，而应该根据不同的组织成员实际和不同的组织效能需要，灵活适时地进行领导风格的转换和运用。在一定意义上说，领导者采用的领导风格越多、转换得越流畅，组织成员的认可度会越高，组织效能也就会得到更大的提升。

CHAPTER 09

第九章

各领风骚数百年——政治家领导风格

政治家的领导风格绝非偶然形成，它的形成发展有着内在的运行规律和内在联系。政治领袖在大风大浪的磨砺和错综复杂的矛盾中逐步形成了各自独特的领导风格。而这些领袖人物的领导风格又呈现出相同的特征。美国前总统尼克松在《领袖们》一书中写道“伟大的领导能力是一种独特的艺术形式，既要求有非凡的魄力，又要求有非凡的想象力”。所有的政治家们都具有相同的特征——独特的甚至是超自然的领袖品质和魅力，对其追随者有着非凡的、磁铁般的影响力。

第一节　红色总理周恩来

周恩来是中国共产党的缔造者之一，同时也是新中国的主要领导人，可以说周恩来的一生对中国近现代史产生过重大深远的影响。他在人民心中塑造了自己伟大光辉的历史形象，中国人民乃至世界各国领导者对周恩来有极高的历史评价，认为他具有“伟大的人格魅力、潇洒从容的仪态和处世风范”，甚至视他为“完美”与“高尚”的代名词。周恩来与毛泽东有长达四十余年的合作，作为毛泽东最得力的助手和搭档，辅佐毛泽东攻克了一个又一个难关，经受住了巨大的考验，为党和国家做出了不可磨灭的历史贡献。在长期领导革命与建设的政治实践中，周恩来形成了独具特色的领导艺术和风格，其领导风格中主要特点包括：尽职尽责；求真务实；联系群众；知人善任；爱惜人才。

一、尽职尽责

新中国建立前后，周总理分析了党和政府工作的总体形势和布局，明确地将自身工作定位在处理党和国家建设的各项具体事务上。曾有身边的同志对总理的工作定位产生过疑问，偌大的一国总理，为什么事无巨细，如此认真。总理坦诚地说："我们这么大的一个国家，那么多事情要管，总要有人去做这些具体的工作，我多做一些具体的工作，就能让毛主席腾出时间和精力去处理党和国家建设中更为重要的事情。"①

1959 年至 1961 年，我国经历了一个"三年经济困难时期"。1960 年初的一天，周恩来接到安徽省政协的一封来信，信上向总理汇报了安徽省某县发生粮食短缺，群众面临严重饥饿的情况。总理收到来信后，马上要求相关部门同志就具体情况进行汇报，发现河南、江苏等地也发现类似情况，总理异常震惊。当得知信阳粮库发生群众哄抢粮食的情况后，整整一夜未合眼，并立即组织召开全国粮食工作会议。在两年时间里，总理先后一百余次就粮食问题与相关部门同志进行谈话，几乎每次谈话都从晚上九十点钟一直持续到第二天凌晨才结束，他要求各地区、各部门及时审核粮食情况，确保对群众的粮食供应。据当年在粮食部门工作的一些负责人回忆："周总理博闻善记，掌握着许多具体情况和信息数字。他要求我们讲真话、办实事。"一次，总理请中央几位负责同志商量粮食调拨计划，谈到夜里 11 点。他说，"你们先回去休息吧，这个计划表今晚要弄好，一会儿让你们计划司长来就可以"。说完，他又忙于其他政务。当相关同志次日凌晨将这份材料送到总理办公室时，总理仍在伏案工作。他不顾彻夜劳累，仔细审查了这份材料，连每一个附注都要与有关人员讨论一遍，然后才同意印发。中央档案馆至今保留着当时粮食部向总理提交的汇报情况，在这份报告单中，总理用红笔做出一百多处标记，在另一张粮食估算计划单中，竟然发现有总理将近 1000 处笔迹。

① 周恩来．周恩来选集（上卷）[M]．北京：人民出版社，1984.122.

这些材料现在已成为珍贵的历史文献，这些材料既是总理心系人民的生动史实，又是他认真务实领导风格的历史见证。

作为一个领导者最重要的是什么？是用正确决策解决问题，还是凝聚人心？不同的人大概会给出各种不同的答案。而隐藏在这些背后的，应该是对领导者最根本的要求——责任意识。周恩来总理为党和人民的事业鞠躬尽瘁，这种高度的责任感将永远激励和指引着我们。

二、求真务实

周恩来是一个纯粹的唯物主义者，他一生奉行的哲学是："我们不是以主观唯心主义做指导，也不是以机械唯物主义做指导，而是以辩证唯物主义思想做指导。辩证唯物主义思想能够帮助我们更好地认识客观规律，更好地发挥主观能动性。"周恩来曾经用自己的语言将党的实事求是作风解读为：说真话、鼓真劲、做实事、收实效。说真话、鼓真劲，要求各级党员干部要让广大人民群众了解到真实的情况，要充分保障人民群众的知情权，这样才能对党和政府产生信任感，才会让群众团结起来，真心实意地跟党走，真正地鼓足干劲。做真事、收实效，是要求干部尊重客观实际，合理地确定发展目标，不浮夸、不作假。在做出决策之前，要充分地进行调查研究，了解客观情况，同时在工作中讲求实效，扎扎实实地把工作做好。

周总理在工作中非常重视用准确的数据来思考问题、把握规律、进行决策。他曾说："国家大，家不好当，就要算好账。"1957年，周总理前往石景山钢铁厂视察，在得知该厂正在精简机构，于是询问相关负责人职工人数多少，其中第一线职工又有多少。根据厂方的回答总理很快说道："干部占到30%，比例之高，如何解决？"厂方回答要调整业务、整合机构。总理一针见血地指出："你们在精简机构时，要考虑彼此通气的问题。厂长要考虑党的工作，党委书记也要懂得生产，党政工团都要懂得生产嘛。我们分工不能像唱戏的，唱旦角的不能唱胡子，唱胡子的不能唱旦角，要培养全才。"又说道："多管点事情就可以提高干部，你只给他一样工作、一件工作，哪有那么多东西可以提高呢？”总理还详细地询问了职工的福利问题，要求厂方要积极改善职工的生活，提高全体职工的工作积极性。石景山钢铁厂根据总理的指示，积极改进管理方法、提高职工福利，企业获得了长足的发展。日理万机的周总理在短短的时间内，就掌握了如此全面细致的情况，这些都是他求真务实的工作作风的体现。

三、联系群众

在我们党的历史上，首次系统地提出群众路线这一概念的就是周恩来。早在长征时期，周恩来就论述了红军与群众的关系，且多次使用了群众路线这个概念。他指出“一切工作都要相信群众、依靠群众、发动群众”。回顾周恩来的整个领导生涯中，群众路线方针贯穿于他领导实践的始终。

周恩来一直倡导各级干部在工作中对群众保持谦虚和诚恳的态度。他认为，领导群众最高的境界是要广大人民群众感觉不到被领导，而是发自内心地向党组织靠拢，群众自觉自愿地与党组织团结在一起，积极地响应党的号召，这才是我们党员干部的工作所要追求的效果。我们要吸取国民党的失败教训，正是因为他们脱离了群众，失去了民心，才会失去政权。我们的政权是发动群众、依靠群众才得以建立起来的，我们的队伍不分嫡系和非嫡系，只有联系群众我们的事业才能稳固，“水能载舟，亦能覆舟”就是这个道理。他对干部提出三项要求：其一，要平视群众，尊重群众，千万不要做高高在上的官老爷；其二，要关心群众，爱护群众，设身处地地为群众排忧解难，真正地为群众着想；其三，各级党员干部要身体力行、做出表率，在工作中树立榜样，才能得到群众的信服。

周恩来尤其重视跟群众的密切联系，并在工作中率先垂范。1958年，周恩来总理来到广东新会农村视察，省市领导想陪总理一起下乡，本来想派两台车，但总理说要轻车简从，要求乘一辆车，可是人多坐不下怎么办？总理叫人在车厢里加个板凳，自己笑呵呵就坐了上去。国家总理第一次来新会！县委安排周恩来一行住新建的招待所。不过，周总理婉言拒绝了。他说：“我是共产党员，县委会有地方，还是住在县委会吧！这里很好嘛！

与同志们住在一起，工作方便。”

1961 年，周恩来在云南西双版纳少数民族地区视察，与当地少数民族群众共同庆祝傣族泼水节。当身着民族服装的周恩来走入人群，各族群众无比喜悦，立刻感受到了党和国家的亲切关怀。开始时，少数群众们只是礼节性地向总理泼水，表达心中的美好祝愿。总理见此情景，也开心地泼水回应，群众们更加兴奋，泼水的动作越来越热烈。身边的同志怕总理着凉，想要撑开雨伞进行遮挡。而总理笑着说：“不要遮挡，群众用这种方法表达心中的美好祝福，这水根本不凉，要接受少数民族群众的祝福。”

十八大以来习近平同志也反复强调，党员干部要“把心贴近人民”，始终与人民心连心、同呼吸、共命运。从领导科学角度来看，领导者能否与群众进行有效沟通，决定了团队的凝聚力、向心力，关系到领导者能否有效激发成员的创造力，所以能否与群众有效地沟通并赢得信任，是领导活动成功的关键。

四、爱惜人才

周恩来是一生爱才、惜才，他对人才的重视体现在一个又一个历史性事件中。钱学森（1911—2009 年）是世界著名科学家、空气动力学家、中国载人航天事业奠基人、“中国航天之父”和“火箭之王”，不仅是享誉世界的大师级人物，更是一名坚定的爱国者。在中华人民共和国成立后不久，钱学森被祖国焕然一新的面貌所感染，准备回来报效祖国，可在办理回国手续过程中遇上了层层阻力。由于他是享誉世界的物理学家，美国政府当局认为他不但是不可多得的专业人才，而且担心放走钱学森，将来中国获得相关领域的技术就会与美国相对峙、抗衡。我国官方就钱学森等相关技术人员回国的问题，十余次与美方交涉，美方以种种理由拒绝并声称钱学森并无回国的打算。其实，钱学森在给友人的书信中，明确地表达了回国的意愿。知道这些情况后，周总理立即指示外交部门将相关证据提交美方，在此情况下，美方不敢继续刁难，只得放行了。经过数十年的海外漂泊，钱学森终于携家眷回到祖国的怀抱。在欢迎仪式上，周总理热情地对他说：“国家真的很需要你！”

卢绪章在新中国成立前是一名爱国商人，20 世纪 30 年代初期在上海创办了企业从事贸易活动；1937 年加入共产党，并以商人的身份为掩护，从事地下党组织活动。周恩来多次与卢绪章联系，勉励他坚定正确的立场，在复杂的环境中不要动摇自己的共产主义信仰。在抗日战争期间，卢绪章不仅为党收集提供了大量珍贵的情报信息，并为党组织活动供应了大量的经费和物资。卢绪章生意做得很成功，在中华人民共和国成立前已经将业务拓展到海外，产业达到了相当的规模。中华人民共和国成立后，中央对前地下党人员的工作进行安排，周恩来做出特别批示：要求组织部门充分考虑卢绪章的工作经历，要重视像卢绪章这样懂经济的人才，将他们安排到合适的工作岗位上，发挥自身的优势特长。在总理的特别关怀下，卢绪章先后出任中国进出口公司经理、贸易部副部长、对外贸易部部长助理（常务副部长）、国家旅游总局局长、国家进出口管理委员会副主任等职务，成为我国外贸事业的奠基人，为新中国的对外贸易事业做出了巨大的贡献。

董振堂（1895—1937 年），早年投身于冯玉祥的西北军。由于才能出众，从士兵提拔为将领。北伐后任第二十六路军旅长，虽然身份为国民党军将领，但对蒋介石的种种做法颇为不满，最终率众起义。在反“围剿”战役中，指挥作战阻击国民党部队，为保护红军北上立下了汗马功劳。但在第五次反“围剿”中，他遭遇了人生中的一大考验。当时红军得到情报，据称红五军团部分领导人与国民党方面取得了联系，存在被策反的可能，一时间很多人开始怀疑这个人就是董振堂，理由很简单，因为他本身就是国民党起义人员。得知这些情况后，周恩来告诉身边的人，根据他多年对董振堂的了解，董振堂绝对经得起考验，不应该受到怀疑。事后，经过核实这次事件是敌人离间我军的一次阴谋。事后，董振堂本人得知周恩来同志对他的评价时，感动得热泪盈眶，更坚定了自己的信念。

总理善于识人、用人，更重视对革命事业接班人的培养。1973 年，周恩来主持盛大宴会宴请在京的各国贵宾，同时向外界隆重地介绍了一位新的领导者——邓小平。这是过去七年中，邓小平首次在公开场合露面。在此之前，周总理已经多次就邓小平回到领导岗位的问题与毛主席进行协调沟通。虽然“四人帮”对邓小平的复出设置了层层阻力，但周总理仍然对邓小平给予了支持和鼓励。

五、淡泊名利

青年时代的周恩来，在思想深处已经形成了自己马克思主义者的人生观和事业观、党性原则及正确看待名利的态度。他认为“立志者，当计其大舍其细，则所成之事业，当不至限于一隅，私于个人矣”。在他眼里，“名”代表着清正、高尚的名誉；而“利”则代表着“公利”，即广大人民群众的根本利益。他鄙视那些为个人私利而欺世盗名、投机钻营的政客们的丑恶嘴脸，认为只有心系民族利益、心系广大人民群众的福祉，为这些目标而努力才是真正的“名”与“利”。

在中央苏区时期，毛泽东在党内受到部分人的排挤和不公平对待，据毛泽东回忆说：“他们迷信国际路线，迷信打大城市，迷信外国的政治、军事、组织、文化的那一套政策。我们反对那一套政策。我们有一些马列主义，可是我们被孤立了。”毛泽东被剥夺了红军的领导权，党内多数人批评他的错误，并主张让毛泽东退到后方去，由周恩来负责指挥红军。周恩来此时在党内的地位已高于毛泽东，但在红军的指挥权问题上，他明确提出，首先，毛泽东的经验和优势在于军事方面，毛泽东必须留在前方。其次，在部队指挥权的问题上，他建议由毛泽东和他本人相互配合监督。并提出由毛泽东担任红一方面军的总政委，自己不再兼任这一职务。应该说当时的周恩来位置已处在党中央的决策层，地位高于毛泽东，在这种情况下周恩来仍然顶住压力支持毛泽东，可见周恩来没有半点私心，完全是站在党和军队根本利益及前途命运的高度上，展示出一位优秀共产党员的高风亮节。晚年的邓颖超同志回忆道：“周恩来生前经常说，这么多年的革命，有那么多同志牺牲了，很多同志甚至连名字都没有留下，我们活下来的这些人，还要些什么呢？”这段话充分体现出周恩来的淡泊名利、不计个人得失的崇高奉献精神。

十八大以来，习近平总书记一直强调要教育引导广大党员干部树立高尚的道德观、科学的人生观和正确的名利观。一个党员领导干部如果扭曲了自身的名利观，轻则毁掉自己，重则祸国殃民。在我们党的历史上，有无数优秀的榜样标杆。陈云同志认为任何功劳“第一是人民的力量，第二是党的领导，第三才轮到个人”。钱学森同志加入中国共产党后，为自己定下几大原则：不题词，不吃请，不为人写序，不出席应景活动，不接受采访，不参加任何成果鉴定会，不接受礼品，不写回忆录，不为自己塑像和立功德碑。前辈所树立的光辉模范形象，带动了广大群众，影响了整个时代。

周恩来领导风格中所体现的求真务实、严于律己的处世态度，以及顾全大局、联系群众的博大胸襟都使后继的领导者们高山仰止、钦佩不已。周恩来的领导思想和实践，已成为党和国家发展历程中宝贵的精神财富，广大党员干部如果认真学习、继承和发扬周恩来高尚风格和领导艺术，将有力推动我国建设有中国特色的社会主义事业继续向前发展！

第二节　娘子铁腕撒切尔

玛格丽特·撒切尔是20世纪英国乃至世界政坛最杰出的领导人之一，她担任了15年的保守党领袖，并连续三次带领保守党赢得国内选举，在首相的职位上服务了11年。她在政治生涯中的杰出表现赢得了英国人民乃至全世界的尊重。撒切尔夫人领导风格呈现出的特点包括：坚持信念、不屈不挠；敢作敢为、刚柔兼济；慧眼识人、大胆放权；善用机会、权变创新等。

一、坚持信念、不屈不挠

第二次世界大战之后，英国在工业科技、经济结构等多个方面逐渐失去了优势。随着冷战时代的到来，昔日的超级大国演变为了一个不太富裕的中等欧洲国家。经济衰退、国际影响力大幅减弱、民族自信心和凝聚力严重受挫，这些都是1979年撒切尔担任首相后所面对的形势和挑战。所以上任伊始，撒切尔夫人设定的目标既包括扭转英国经济的颓势，更要提升国际地位并振奋民族信心。特别是在提升英国国际影响力的问题上，撒切尔夫人进行了不懈的努力，她利用英美之间的特殊关系及英国在北约和欧共体之间的地位，在欧、美、苏三方之间充当调解人的重要角色，发挥了重要的作用。在各国领导人政治外交领域的交锋当中，她表现得光芒四射、熠熠生辉。撒切尔夫人的胆识和智慧使得各国领导人都对她侧目相看，老谋深算的法国总统密特朗、财大气粗的德国总理科尔等人都对撒切尔夫人的能力钦佩得五体投地，就连世界一号领袖美国总统里根也得让其三分。在她执政的 11 年里，英国在国际政治领域发挥了不可或缺的重要作用。在维护国家利益的问题上，撒切尔夫人也毫不妥协。在上任后，撒切尔夫人向欧共体内部提出挑战，这种强硬让其他主要国家领导人无可奈何。她在外交事务上的狠辣作风让人印象深刻，她在各种场合坚决捍卫英国主权利益，在处理马岛的问题上，她不惜使用武力，极大地激发了国内爱国主义情绪，在当时，英国国民甚至将她比作第二次世界大战中的丘吉尔，成了不列颠民族利益的坚定捍卫者。她务实的工作作风、坚决果断的个性、不屈不挠的风格让全世界人民领略到一个卓越政治家的领导魅力。

二、敢作敢为、刚柔兼济

作为英国历史上第一位女首相，其执政期间以专权、铁腕著称并被称为“铁娘子”，那么我们该如何看待与评价撒切尔夫人专权的领导风格。从近代以来，英国政体实行“责任内阁制”，在大选中获得多数席位的党派组成内阁，该党派的领导人出任新任政府的首相。确认议员的权力也归属于首相，内阁成员与首相承担集体责任，从本质上来说是一种集体领导制，首相的权力受到内阁成员的约束，无法操纵内阁，因而必须与内阁成员的支持结合起来方能有效。所以长期以来，首相虽握有重权但很难专权。但 1979 年撒切尔夫人上台后，原有的集体领导制被打破了。内阁成员的权力受到了限制，对文官部门进行了清理整顿，同时加强了对地方政府的控制。当时英国的国内形势给撒切尔推行强力变革提供了历史性条件：财政负担沉重、财政赤字、经济衰退，国内渴求变革的声音不绝于耳。英国当局的资料显示：第二次世界大战之后，在自身体制和外部环境变化的共同作用之下，英国的经济增长接近停滞，而同时期其他欧洲主要国家却获得了迅猛的发展。英国不再是一个强大的国家，这种落后的局面已经严重地影响到国民的士气，全体英国国民已明显意识到了问题的严重性，而想要扭转局面，必须经历一次完全彻底的突破和变革，这场变革最终在撒切尔执政期间得以实现。撒切尔夫人上台后，面对日渐衰败的经济形势，在经济领域推行了两项重大举措：第一项举措就是“削减政策”，当时庞大的公共事务开支已严重地拖累了财政收入，她果断地实施了削减公共开支、紧缩财政的重大举措。第二项举措就是“扩大私有化”，第二次世界大战结束后英国数任政府积极推进国有化进程，带来了长期的消极影响，导致财政负担过重，市场活力不足的负面后果。撒切尔强力推进私有化进程，并积极制定具体政策实施国企改革，鼓励民众自主创业，激发市场活力，限制政府权力对自由市场经济的干预。由于其全新举措可以说颠覆了前几任政府的做法，在政府内部遭遇到了巨大的阻力，她大刀阔斧，毫不畏惧。反对的声音一直贯穿在撒切尔夫人执政的 11 年间，在她卸任后甚至直到今天，仍然有人对她的强硬风格提出批评，她身边一位幕僚曾这样描述：“在权力的运用上，撒切尔夫人可以说是固执己见，她所认定的事情别人只能绝对地服从，看似非常强制、专断，但事后你会发现，她做出的判断和决策，往往都是非常准确的，不得不钦佩她的能力。”撒切尔带领英国人民走出了 20 世纪 80 年代的经济低谷。在 20 世纪六七十年代，在全球主要资本主义国家当中，英国的 GDP 增长率排在倒数第一。从 1960 年一直到 1980 年，各国的 GDP 增长情况分别为日本（6.3%）、法国（3.8%）、西德（3.2%）、美国（2.3%）、英国（2.1%），这是撒切尔夫人上台之前的状况，可在她执政期间经济情况得到了极大的改观，从经济增速来看，仅次于日本，通胀率跌至 5% 左右，为过去 20 年里的最低点[①]。除了经济上的增长，

① 朱丽叶・汤普森、韦恩・汤普森著．玛格丽特・撒切尔：不屈不挠的首相［M］.Westview 出版社，1994.55.

更重要的是撒切尔为整个国家注入了新的活力。相当一部分人开始积极地创业投资，股票持续上涨，综合国力及国际影响力不断提升，增加了英国民众对国家未来的信心。

作为女性领导者，撒切尔夫人在首相任期内另一个领导特色就是刚柔兼济。撒切尔夫人上台后，在解决经济问题、推进私有化、削弱工会及工党的政治影响力以及扩大英国国际影响力方面，显示出一种绝不退让的强硬风格。1982 年，阿根廷公然入侵马尔维纳斯群岛，英国举国上下一片震惊、义愤填膺。英国人民普遍认为这是对国家神圣领土的侵犯，也是对英国国家主权与实力的严重挑衅，即使在第二次世界大战期间，德军对英伦三岛的入侵也未曾得逞，阿根廷人胆敢如此气焰嚣张。撒切尔夫人当时是强硬的主战派，尽管马岛距离英国本土有 8000 公里之遥，但她仍然坚持即刻出兵捍卫主权和国家尊严。与唐宁街那些唯唯诺诺的男人们相比，撒切尔夫人显示得更加果断和干练，她的表现立即受到了军方的欢迎，军方强力支持当时首相的战略决策。1980 年春，一伙恐怖分子秘密潜入伊朗驻英国使馆，武力威胁并将使馆内 20 余名外交人员扣为人质，突如其来的恐怖袭击震惊了全世界。此时，全世界的热点都聚焦于首相官邸，人们都在猜测这位新上任不久的女首相如何应对。而撒切尔夫人一直保持其干练的本色，在恐怖分子面前毫无惧色。以最快的速度组织援救，组织最精锐的特种部队采用闪电战，一举歼灭所有恐怖分子，并成功救出尚生存的全部人质。这场世纪反恐战役，通过卫星传遍了世界，全世界观众无不感慨于英国女首相果敢的领导风格。

而在很多场合，撒切尔夫人又表现出一位女性所具有的谦卑、亲和力及同情心。从女性角度看撒切尔夫人，多年来她像一个普通的家庭主妇一样，照顾自己的丈夫和女儿，对家庭关怀备至，是一个称职的妻子和母亲。对同事也是如此，富有同情心并且值得信任。一位长期工作在她身边的同事评价说：“她是一位值得信任的人，你可以对她无所不谈，并不用担心被泄露出去。她热情、友好、正派。”撒切尔夫人具备的另一种能力在于她能敏锐、准确地判断他人的心理反应，善于积极地表达出对人的真诚和热情，能在很短的时间内拉近与他人之间的心理距离。在马尔维纳斯群岛战争期间，撒切尔夫人不仅展现了在男性身上都难以看到的狠辣作风，还在特定的场合适时表现出女性所特有的亲和力乃至同情心。马岛战争造成了英军一定的伤亡，而在每次面对阵亡战士亲属时，撒切尔时而神色沉重，时而热泪盈眶，用自己特有的方式表达了对阵亡战士的缅怀和对家属的安慰。在权力场上，她是不折不扣的斗士和强者，而在和家人的场合，她又回归女性的本色，让人感受到她同样是一个普通的女性，展示出一位贤淑的妻子和慈祥的母亲的形象，使他人感受到了她身上散发的亲和力和女性魅力。一位前非洲领导人在访问英国后，对撒切尔夫人做出了这样的评价："她具有一位迷人的妇女所具备的一切气质，但她又有一个坚强男子的头脑和勇气。"刚柔兼备的领导风格，使撒切尔夫人在一个由男人主导的权力场上，成为傲视群雄的男人们的领袖。

三、慧眼识人、大胆放权

能否正确地识人用人，能否在最大程度上掌控人才资源是衡量领导素质重要标准，也是领导活动能否走向成功的关键之所在。

在 1982 年马岛海战中，英国获得胜利与撒切尔夫人的慧眼识人、大胆放权是分不开的。阿根廷在 20 世纪 80 年代初发生了较为严重的经济危机，该国民众对总统加尔铁里总统及其内阁的执政缺乏信心，后来演变为大规模的要求总统下台的抗议活动。阿根廷领导人在内外交困之下，做出了一个错误的决策，意图通过挑起马岛战争，转移国内视线以缓解危机。在 1982 年 3 月，阿根廷政府派人登上马岛群岛宣誓主权，一个月后政府派兵占领该岛，由此引发了这场战争。在确定出兵之后，对派遣舰队司令人选的问题上，其他内阁成员与首相撒切尔夫人之间形成了完全不同的意见。撒切尔提出让"年轻人"海德沃德担任舰队司令，而其他内阁成员认为军队中有很多具有作战经验的老将可用，不应用"新人去冒险"。而撒切尔夫人在选择用人上有自己的一番考虑：她举荐的海德沃德不足五十岁且刚刚被提升为将军。虽然海德沃德在军旅生涯中从未参加过任何实战，但他仍然具有很多优势：首先，海德沃德将军毕业于海军学院，在校期间表现优异，是军队中不可多得的“高才生”；其次，英国海军近年来开始装备了全新的舰艇船只等军用设备，海德沃德将军对这次新设备新技术非常熟悉；最后，海德沃德对于海战很有研究，并曾在皇家海军作战部任职。在考虑了现代海战的新特点和海德沃德将军本身的能力后，撒切尔夫人力排众议，决定派海德沃德前往阿根廷指挥作战。

司令人选确定了，在向海德沃德布置作战任务时，撒切尔夫人的命令看似非常大胆而冒险：“海德沃德将军享有除了攻击阿根廷本土的一切作战决策与指挥权。”海德沃德为了占据战场上的主动权以尽快削弱阿根廷海军力量，马上命令击沉了在领海外的一艘阿方巡洋舰。在舰队即将登岛时，海德沃德马上实施了“撒切尔式”的指挥模式——大胆放权，在向登岛先遣突击部队司令穆尔少将下达命令时他问道：“你还需要什么？”“权力。”“什么权力？”“真正指挥突击队的权力。你不要干涉我在岛上的行动，那里只有胜利！”“我给你全权！”撒切尔夫人给予海德沃德以充分的信任，在开战之时，海德沃德又将全部指挥权授予给穆尔将军。当穆尔少将带领先遣部队登岛后，发现战场上的实际情况与估计的完全不同，便当即调整原来计划的“逐步推进”的战术，转而采取“长驱直入”。下级向穆尔请示是否应请示海德沃德将军时，穆尔答道：“不必了，我就能定。”当发现鹅湾的阿军已经撤离时，穆尔在未经请示上级的情况下直接命令攻占这个战略要地[①]。

马岛海战，已成为世界军事史上的经典案例。其经典在于战争的总体形势对于英军是不利的，英军需长途奔袭数千英里之外孤军作战，但这些不利因素却并未阻挡住英军特遣部队的前进步伐。而英军获胜的关键原因与其说是在于先遣部队指挥官的军事策略，不如说是因为撒切尔夫人的大胆放权。马岛战争从侧面反映出了撒切尔夫人的领导艺术：（1）选人。撒切尔夫人在决定海德沃德担任先遣部队，对他的年龄、阅历、军事素质及胆略等各个方面做了全面充

① ［英］潘尼·尤诺著，董建平等译．撒切尔夫人传［M］．哈尔滨：黑龙江人民出版社，1985.275.

分的考虑，可以说这个选人的过程是非常慎重的。（2）用人。在选人之后，撒切尔夫人用人不疑、大胆授权，将全部权力授予下级，这样下级才能不失时机地大胆进攻。在现代领导活动中，很多领导者在选人上基本能够合理对待，但在用人上的主要问题就在于不敢放权。任何事情都要下级层层汇报，在下级做出任何决策时必须向上级请示。这样的领导方式本身就是低效率的，往往在层层请示和汇报中贻误了战机。并且一方面领导者自身工作责任会增加以至于不堪重负，另一方面也逐渐助长了下级不承担责任。反观撒切尔夫人的领导方式，慧眼识人、大胆放权，极大地激发了下级的主动性和创造性[①]。

四、善用机会、权变创新

如果将视线移回到撒切尔夫人的成长轨迹，我们会发现撒切尔夫人在其个人奋斗历程中善于把握机会并注重创新。从她的教育背景来看，撒切尔夫人学过化学、法学等专业，在校期间成绩突出，为她将来的发展奠定了扎实的知识基础。而课余时间的她，更加活跃。在牛津大学就读期间，她积极参与学校举办的政治实践性活动，与来校访问的政界人物交流，并与他们保持联络，部分政治家后来成为撒切尔夫人从政后的支持者。因为其父亲是保守党成员，她也主动地在保守党内部参与一些事务性工作，并在保守党内部积累了较为丰富的人脉。从政之后，撒切尔夫人曾经在野党影子内阁中多个部门中任职，这些经历让她充分地接触到政府各项事务的运行程序和规律，为日后担任首相在政治经验上做了充足的准备。在前期准备过程中，撒切尔夫人在国家治理和提高政府效能方面已经形成了自己独到的见解和鲜明的立场。在参加竞选期间，她不辞辛劳地奔波于各个机构，调查研究、实地踏查，广泛听取专家学者和普通群众对政府行政的建议，并把握时机向广大民众推介自己的政治立场和观点，获得民众支持。主政唐宁街后，根据当时英国国力衰败、经济衰退、政府效率低下的不利形势，她有针对性地提出了一整套

① 周振林 . 委托式领导法的胜利［J］. 决策咨询，2002（1）：41.

全新的施政纲领及改革计划，在执政不久即掌控了局面。在其执政期间，经济发展、政治廉洁，人民增强了对政府的信心，英国国民的民族自信心、自豪感增强，这些与撒切尔夫人任内的不懈努力是分不开的。

时至今日，撒切尔夫人的领导艺术及领导魅力仍令世人所称道。作为领导者特别是众多的女性领导者，应认真地从撒切尔夫人的领导经验中汲取养分，用先进的领导理念和技巧指导自身的领导实践，发挥自身的优势，不断学习、不断尝试，切实地提升自己的领导能力。

第三节　小国强人李光耀

2015 年 3 月 23 日，新加坡内阁资政李光耀先生辞世，新加坡全国有四分之一的人前去吊唁，为了给这位开国总理送行，有的民众在场外竟然等待了 8 个小时。这位已故领导人，为这个小小国家的崛起奉献出自己毕生的心血。

新加坡国土面积七百余平方公里，人口不足 500 万，历史上属英国殖民地，自然资源匮乏，连饮用水也要从马来西亚进口。在 30 年的时间里，从一个破落的货物转运场，摇身一变成为了举世瞩目的亚洲四小强龙之一，同时也是当今国际金融、贸易以及航运中心，经济跻身全世界第九强，竞争力指数仅次于美国。30 年后的新加坡，呈现出一派繁荣的景象：在这座“花园城市”中，全球化及商业环境长期保持全球第一，拥有世界上最廉洁高效的政府机构，犯罪率全球最低，社会保障健全人口平均寿命超过 81 岁。对于新加坡的建设成就，曾有人这样评价：“新加坡站在最小的国土面积上，创造了最大的发展空间，赢得了最大的经济成果，同时也得到了最大的国际声望。”当我们发出由衷的赞叹时，不由得想小国何以创造如此伟大的奇迹？究其原因，除了新加坡拥有勤劳质朴、奋发向上的人民，还有一个极其重要的原因，就在于新加坡有一位执政超过 31 年，勤政爱民、勇于探索并受到国民拥戴和世界尊重的杰出领袖——前总理内阁资政李光耀先生。

李光耀先生被新加坡人尊称为建国国父。作为享誉全世界的杰出政治领袖，其历史功绩主要集中于以下几个方面：其一，李光耀先生带领新加坡人民与英国殖民者进行了多年的艰苦卓绝的斗争，后又经过审慎思考，带领新加坡人民脱离马来西亚联邦，于1965年建国，成为独立的主权国家；其二，振兴国家经济，仅仅经过十年多的努力，带领人民走出了建国初期的贫困状态，将落后的第三世界小岛国发展成为能够比肩美日的世界金融与技术中心；其三，李光耀先生经过不懈的探索，将华人世界的儒家思想理论与现代西方宪政法治理论相结合，融合东西方价文化价值观，建立了符合新加坡国情的政治经济发展模式。

美国官方曾派专家前往世界各国考察，考察后得出的结论让人惊讶："全世界管理最好的就是新加坡。"领导科学研究专家美国前总统尼克松给予李光耀先生极高的历史评价，他称李光耀先生是"小舞台上的人物"，"他务实、干练，从不拘泥于空洞的政治理论和口号，其目标简单而又明确，就是促使新加坡实现繁荣富强"，"历史的偶然使李光耀这样的卓越人物只能活跃在新加坡这个小地方，他应该有更加广阔的舞台，局限在狭小的国度对他本人和整个世界来说都是巨大的损失"。改革开放初期，我国领导人在探索具有中国特色社会主义的市场经济道路的问题上，借鉴了很多发达国家的经验，其中新加坡的成功经验引起了中央领导同志的关注。在1992年南方考察期间，邓小平同志专门提到了新加坡经验，他说道："新加坡的社会秩序好，他们管得严，我们应当借鉴他们的经验，而且要比他们管得更好。"①

我们回顾李光耀先生执政的30年，他在治国理政的过程中一直强调和重视的原则和理念包括：精英主义、文化治国及尊重法治。

一、精英主义——治国基石

新加坡国土面积小，几乎没有多少可以利用的自然资源。李光耀认为，

---

① 邓小平．在武昌、深圳、珠海、上海等地的谈话要点［A］．邓小平．邓小平文选（第三卷）［M］.1992.56.

在新加坡现实条件下，可以充分利用的唯一资源就是人才。没有高质量的教育，没有领先世界的高科技技术，没有自身发展的软实力，新加坡是没有前途的；日本国土狭小资源有限，在第二次世界大战后能够迅速地从一片废墟中崛起，靠得就是人才、教育和技术。李光耀率先提出了“精英主义”的理念，这是新加坡治国理念中浓墨重彩的一笔。

“精英主义”又称为专家治国或技术领导，强调国家的治理应由具有良好的教育背景、专业素质及崇高品质的职业政治家来实施，这样才能保证国家政权的稳定、经济的健康发展以及社会秩序的长治久安。而国家的政治运行必须依靠政治组织即政党来实施，这个政党必须具有先进的政治理念、严谨的政治作风和忠诚自律的党员队伍。而由李光耀一手创建的人民行动党就是这样的政治组织。人民行动党于 1954 年创建，并于 1957 年开始执政，至今执政期已超过半个世纪，该党能长期执政、屹立不倒的根本原因就是符合了人民对好政府的心理预期——高效、廉洁、关注民生[①]。

精英主义既区别于“大众主义”，又不同于集权国家的“人治主义”。之所以要采用精英主义，是因为精英阶层从文化素养、专业水准、规则意识、道德标准等各个方面都更加优秀。精英阶层属于具有更高素养的专业政治人才，与普通群众只从眼前短期利益出发不同，精英阶层往往从长远利益和整体利益出发，对国家社会发展的视角放得更远。另外，经过层层选拔、层层考验，精英阶层人士在国家管理、社会治理的能力上远远高于普通民众，同时严格的考核加上监督机制使得精英们在履行公职的过程中能够严谨自律。精英主义也区别于集权国家的人治主义，因为在新加坡这样的国家里，虽然是少数精英制定国家政策，但从根本上来说这种权力仍然是全体民众所授予的，在权力行使的过程中仍然要受到民众的监督。

新加坡的教育体制特别侧重于对精英人才的选拔和培养。从基础教育开始，学校即根据成绩排名情况来对学生做出规划指导，在从小学到大学前要

---

① 赵灵敏 . 新加坡人民行动党长期执政的密码［N］. 南方周末 .2015—09—18.

经过四次分流考试，根据最终成绩排名，一部分成绩优异者可进入高等院校深造，另一部分将进入职业教育机构接受技术培训。这种双轨制将人才分流出来，将少数精英学生留住，又能让大部分的人通过职业教育掌握生存技能，非常符合新加坡的实际情况。

新加坡的高等教育制度与奖学金制度也值得称道。精英主义在高等教育中既体现在办学质量上，同时也重视学生的选拔。众所周知，新加坡大学的高等教育质量很高，3 所国立大学和 5 所理工大学均是世界名校，教育质量以论证严谨、学术权威、课程灵活、注重培养学生能力为特色。新加坡大学对学生选拔极其严格，在新加坡拥有大学学历的人数很少，到目前每年高校录取率也只在 20% 左右。政府主要从两方面考虑，一方面较少的人数能确保真正的优秀人才被筛选出来，保证生源质量；另一方面就在于高校人数少，政府能够实现相对较少的成本，而如果在校学生数量过多，那么每个学生分摊的成本比例会相应增加。在新加坡，在校学生 80% 以上的学费是由政府负担。政府也通过相应的办法有效地控制了人才资源的总体调控，在招生环节，政府有权根据人才市场需求状况决定一定时期内的高校专业设置和招生数量。同时在就业后，起薪根据学生的学历状况来确定，保证优秀人才能够得到相应的待遇。奖学金制度也是新加坡教育制度中的一大亮点，国家鼓励优秀学生前往国外著名高等学府深造并提供优厚的奖学金待遇，奖学金的来源分为政府奖学金及社会奖学金。获取政府奖学金的名额每年只有不足 500 人，但奖金足以支付学生在海外留学期间的学费、生活费及保险等各项开支，政府委托相关部门对申请奖学金的学生进行考核，只有符合学习成绩、课外表现、道德品格及其他多项考核标准才有机会获得政府的资金支持。另外，获得奖学金的学生必须在学成后回国效力，由国家安排在相关部门任职，包括现任总理李显龙在内的很多的国家公职人员都是当年政府奖学金的获得者。社会奖学金的主要资金来源就是各大国有企业，获得奖学金的学生毕业后，必须根据协议回到出资的企业任职，并按约定服务一定年限。自从实施奖学金制度以来，这项制度为新加坡的政府机构、国有企业培养了大量的专业人才，极大地提高了相关机构的人力资源质量，促进了技术及管理水平的整体提升。关于奖学金制度李光耀曾这样说过，“出国留学能为学生带来深远的影响，使他们在思想上出现转变。我相信如果奖学金得主见到不同的、比我们先进许多的社会，他们就会把这种想改造社会的理想带回新加坡”[①]。

新加坡有世界上最为完善的公务员管理制度，该制度主要特征是严格和廉洁。新加坡公务员制度建立于殖民时代，第二次世界大战后得以完善发展。随着西方宪政民主等思想逐渐提升影响力，到20世纪80年代，李光耀倡导西方民主思想和东方价值观相融合的原则，主张将儒家道德行为规范植入公职人员的头脑中，要求公职人员树立廉洁奉公的正面形象。在人才选拔上，新加坡严把公务员录用环节，用公平公正的考试制度选拔人才进入公务员系统。只有符合相应的学历资格，并且通过道德考核评估的人，才有机会为政府工作。在入职后，还要接受定期的业务能力、职业道德以及廉洁性等各项跟踪考核，考核达标者才有机会获得升职。在机构设置上，还在公务员系统外部建立了由总统直接领导的公共服务委员会，由该委员会对公务员组织及个人的职务行为予以有效监督。严格的管理制度再加上优厚的福利待遇，使新加坡拥有了一支高素质的公务员队伍。

精英主义还表现在行政效率上，李光耀着力在行政管理体制和方式上实现创新突破。设立了多层次的人事管理机构和科学的人事管理制度，在行政管理活动中运用了先进的科技和理念，从而实现了政府管理的科学性和效率性。

二、儒家新论——提升国家软实力

所谓软实力是与硬实力对应的概念。硬实力是由一国国土与资源、人口、经济水平、科技实力及军力等物质要素组成，它是一个国家的基础硬件。而

① 陈岳、陈翠华．李光耀——新加坡的奠基人［M］．北京：时事出版社，1990.47.

软实力是指由一个国家全体民众的价值观、伦理道德、共同理想等意识性因素中释放出的一种影响力。一国国力的强大必须是软硬实力相互转化、相互作用的结果。而与硬实力相比较，软实力的作用更加深刻、持久。

在确立新加坡的立国思想和治国方略的问题上，李光耀很早就注意到包括国家意识、民族精神等软实力的强大力量。他认为，即使一个国家的经济发展再快、科技实力再强，如果只考虑这些物质性因素而缺乏国家凝聚力和民族精神，那仍将会是一盘散沙。所以新加坡发展的首要前提就是要振奋民族精神、铸造民族之魂。新加坡人口以华人为主，正是因为几代华人身上勤俭质朴、诚实守信，才创造了新加坡的经济奇迹。对于这些新加坡奇迹的功臣们来说，中华传统文化是他们的精神支柱。所以李光耀在国内大力倡导中华文化和儒家思想，并将民主制度与儒家精神结合起来，作为新加坡的立国思想和治国方略。他借用儒家思想中的“忠、孝、仁爱、礼义、廉耻”，构建新加坡国民共同的思想道德基础，并将这些思想具体凝结为以下行为准则：

1. 忠诚。要求国民要忠诚于国家，对国家要有强烈的归属感和责任感。

2. 孝敬。在家庭中要孝敬长辈，同时营造和谐的家庭氛围。

3. 仁爱。对社会要有责任心、公德心，要关爱他人。

4. 礼义。要以礼待人，发扬礼让的美德。

5. 廉耻。要廉洁方正，有知耻之心，遵守道德和行为规范。

历经30年后，儒家思想中的这些原则已成为新加坡民族的精神支柱，更成为新加坡人民民族自尊心、自信心的力量源泉。在李光耀的倡导下，儒家思想已列入中小学课程当中，他的目的在于使新加坡人从小就接受中华传统文化精髓的熏陶，使这些基本理念和原则植入每个新加坡人的内心，进而提升整个国家的道德素质、人文精神。李光耀的目标在今天的新加坡已实现，整体国民素质显著提高，在街道上很少有不文明的行为，各种族的人在这里和谐相处，社会秩序良好。

三、严于执法——治国保障

很多人曾向李光耀请教新加坡治理的成功秘诀，李光耀非常明确地回答：

"新加坡发展到今天的程度，在很大程度上依赖于比较完善的法律制度。"我们可以回顾李光耀的主要经历，从新加坡中学毕业后，李光耀前往英国研读法律，并获取了律师执照。李光耀是坚定的法治信仰者，在其数十年的政治实践中，始终将法治作为立国的基本原则，并突出法治在国家治理中的作用。新加坡法治体系的特点包括：平等适用、体系严密、刑罚严厉及强力肃贪等。

（一）平等适用

平等适用即是"法律面前人人平等"。在新加坡领导者认为国家制定的成文法律如果不能在现实中加以适用，就亵渎了国家法治精神，有法不依所造成的社会危害远远大于法律不健全，所以法律的生命就在于能够被实施。在新加坡，无论社会地位有多高、财富有多少，一旦经证实触犯了国家法律，无任何例外必须接受法律的制裁。就在李光耀任内，因为贪腐被查处的部级官员也有十多人。同时，新加坡法律不仅对本国国民平等适用，即使是外国人及侨民也不例外。

1994 年曾经有一起美国公民迈克菲在新加坡触犯了涂鸦和破坏公物罪，被检察机关提起诉讼。因犯罪人尚未成年，在审理过程中，时任美国总统的克林顿亲自向新加坡司法机关求情，并要求将罪犯转至美国处理，遭到了新加坡高等法院的明确拒绝，最终判处该罪犯有期徒刑 6 个月和 6 鞭鞭刑。2014 年 11 月，两名德国闯入新加坡一处地铁停车场，在地铁车厢上使用涂料涂鸦，给受害单位造成了相当于人民币六万余元的经济损失。事后，二人离开新加坡过境马来西亚时在机场被捕，并直接被引渡回新加坡接受审判。

毒品犯罪是新加坡司法打击力度最大的罪种，一名澳大利亚籍男子携带 300 余克海洛因企图从柬埔寨运至澳大利亚，在途经新加坡机场时被新警方查获，依据新加坡法律该罪行应适用死刑。该毒贩家属向澳大利亚政府施压，征集澳大利亚人集体联名声援，要求澳政府出面求情，澳大利亚领导人先后 5 次就该事件与新加坡有关官员协商，但新加坡官方不为所动，严正拒绝了澳大利亚方面要求免死的请求，经过长达两年的审理，最终将该毒贩送上了绞架。新加坡司法机关的专业表现，成功地捍卫国家法治的尊严。

（二）制度健全

新加坡法制的一大特点就是体系完整、制度健全。新加坡的法律是建立在英国法律基础之上，但并没有完全照搬英美法系的法律制度，而是在尊重新加坡自身国情的基础上，补充、修改、制定了一系列符合本国实际情况的法律，并不断进行完善。新加坡曾在30年时间里修改宪法39次，现行法律分为400余种，依据法律效力的不同，形成了包括宪法、国会法律、附属法规及司法判例等法律形式较为完善的法律体系。从政府行为到企业经营，再到公民生活等，社会生活的各个方面都纳入国家法律的调整范围之内。

（三）处罚严厉

新加坡法律之严厉举世闻名，对具有严重社会危害性的暴力犯罪，如谋杀、绑架、贩毒、抢劫等均直接适用死刑。其刑法的另一特点就是保留了被当今世界上绝大多数国家都已废止的刑罚种类——肉刑，主要指鞭刑。实施鞭刑的前一天，鞭子需要在水里浸泡一夜，行刑时一鞭下去，皮肉皆开疼痛难忍，被法院判处鞭刑时，很多罪犯哀求法院不要打鞭，宁可多坐几年牢，可见其严厉程度。罚款也是新加坡法律中的主要处罚方式，因为它对城市管理方面非常奏效。哪些违法行为适用罚款、适用多大幅度的罚款，法律都有明确规定，如公共场所吸烟罚1000新币、电梯内吸烟罚500新币、随地吐痰罚1000新币，甚至如厕后不冲马桶也要罚款500新币。执法严格、处罚严厉一直是李光耀坚持的原则，他的观点简单而又明确，就是要通过严厉的处罚致使违法者不敢再犯，以此维护正常的公共秩序。

（四）强力肃贪

多年来，新加坡政府一直位于亚洲廉洁指数第一名。在反贪实践中，新加坡积累了丰富的经验：首先，制定了包括《防止贪污法令》《没收贪污所得利益法》《公务员惩戒条例》《不明财物充公法令》等一系列严密的反贪腐法律制度及配套措施；其次，建立了独立专业的反贪机构——贪污调查局，该机构由总理直接领导，手握尚方宝剑，并掌握着有力的调查权和监督权；最后，新加坡建立了严格的公务员管理制度，包括财产申报制、廉政制度，将公职人员甚至是已经退休的公务员的行为加以规范和约束，已经形成了官员“不想贪、不用贪、不能贪、不敢贪”的态势，政府公信力大大提升。

第四节　尼克松的领袖观

中国人民始终印象深刻的一幕情景是在1972年2月21日，一位西方领导人走下飞机舷梯，向前去迎接的中国总理周恩来伸出了手，结束了两国长达20多年时间的隔绝状态，这位西方领导人就是美国前总统尼克松。

从1948年进入国会到1994年去世，理查德·尼克松曾64次作为美国《时代周刊》的封面人物而成为舆论的焦点。他既有辉煌的业绩，也有突出的污点；既有独特的风格，又有神秘的一面。他是美国历史上第一个因被弹劾而辞职的总统，但他在外交政策方面的成就举世公认。作为跨越整个冷战时期的政治人物，以及美国最具争议的总统，他很自然地成为人们乐于议论的焦点和热衷研究的对象。

尼克松之所以能成为一位历史伟人，除了其渊博的政治素养和外交才能外，还有一个重要的原因就是其卓越的领导魅力。尼克松既是一名卓越的领导活动实践者，又是杰出的领导学理论研究者。他所著《领导者》一书，堪称领导科学领域的扛鼎之作，至今仍被众多读者奉为经典。该书开篇写道：“在伟大领袖们的脚步声中，我们可以听到历史的滚滚雷声。有史以来——从古希腊人，经过莎士比亚，直到现代——很少有什么主题能像伟大的领袖人物那样经久不衰地吸引着戏剧家和历史学家。是什么使这些领袖人物与众不同？领袖和被领导者之间那种特别的、难以形容的激越感情又是什么引起的呢？”[①] 书中所描述的领导者的不同之处即是领导学界所称的领导特质。领导特质就是领导者所应具备的特点和素质。从内在表现为领导者所具有的超于常人的价值观、需求动机及精神气质，从外在则体现为引领追随者实现理想目标的自信心、创造力和责任感。杰出的领导者应具备哪些特质呢？研究尼克松领导理论的学者将其概括为：崇高的理想、坚强的意志及敢于自我批评的态度。

一、崇高理想

对于是“历史创造英雄”还是“英雄创造历史”的问题，可谓是众说纷纭。尼克松在《领导者》一书第一章就提出了一个领导人跻身伟大领袖的三个要素：“伟大的人物，伟大的国家和伟大的事件。”从这种角度来说，尼克松是赞成时势造英雄的。领袖人物是为着困难而生的，当他们遭遇极大的困境时，他们往往有种本能的历史感，他们知道自己身处历史的十字路口而心生喜悦。就像 1940 年 5 月 10 日丘吉尔被提议担任首相一职时，他写道：“当我凌晨 3 点就寝时，觉得有一种深切的宽慰感，我感觉到很满足，能够再次回到这个舞台，在这个舞台我才能感受到心脏的怦然跳动。”

可以说，尼克松似乎一直缺少了某种幸运。在他初登总统宝座之时，所面对的是从未有过的复杂形势。从国际形势看，苏联发展经济的同时积极扩军备战，1950 年苏联经济总量在美国的 30% 左右，而到 1970 年已经追至 60% 的水平，美苏经济力量差距逐渐缩小。而在军事上，苏联在 20 世纪 60 年代末开始发展和部署反弹道导弹，走到了美国前面。长期处于核优势的美国第一次面临美苏战略力量接近均衡的局面，苏联方面越发咄咄逼人。再看美国国内，旷日持久的越南战争将美国拖入泥潭。在越战中美军有 5.6 万人丧生，30 多万人受伤，耗资 4000 多亿美元。而让美国人忧虑的是，这场战争已经持续了 15 年之久，迟迟看不到尽头。国内反战情绪逐渐高涨，示威游行活动此起彼伏，民众对政府的信任度跌至谷底。

---

① ［美］理查德·尼克松．领导者［M］．北京：世界知识出版社，1998.16.

此时的尼克松已经意识到长期以来美国错误的对外政策已透支了国力，美国政府已走入歧途，如再不调整必然会给国家利益造成更严重的损害。在危急关头，尼克松毅然做出决策，一方面停止对北越的轰炸，尽快结束越南战争；另一方面尝试与中国加强联系，以此牵制苏联。1972年尼克松访华的破冰之旅，使中美关系由对抗转为对话、敌对转为和解，开启了中美关系发展的新纪元，并对世界格局产生了深远的影响。

在尼克松看来，卓越的领导者必须先有一项伟大的事业，否则不可能卓越。

这项事业决定了领导者的境界和格局。当这项事业变成了领导者一个具体的目标，就会为实现这一目标而激发出所有的潜能。举凡古今中外的杰出领导者，我们都会得到这样的结论：法国前总统戴高乐，他一生的追求就是要振奋法兰西民族精神，而周恩来少年时代的理想就是"为中华之崛起而读书"，可见崇高的理想是领导者的精神支撑和力量之源。

二、坚强个性

尼克松出生于美国加州的一个农户家庭，由于出身贫寒促使尼克松不得不通过自身的努力来改变命运。1945年，32岁的尼克松从海军退役，决定参选众议院议员，从此正式踏入政坛。在竞选期间，由于经济拮据，只能租住在一处仓库里，在这间仓库里，尼克松彻夜撰写竞选演讲稿。奋斗的激情战胜了冬季的严寒，在艰苦的环境中尼克松磨炼着自己的坚韧。尼克松一生经历了无数挫败，在1960年，第一次参加总统竞选，惨败而归。这次惨败似乎引发了连锁效应，两年之后在加州州长选举中他再次败北。而尼克松的魅力就在于他从不认输的精神，这次失败后他重回老家，一边重操律师旧业，一边积蓄力量以待时机。8年后卷土重来再次参选总统，终于获得成功。

在尼克松看来，世界上的杰出领导者之所以能有建树，不是仅仅因为崇高的理想和美好的愿景，如果没有坚强的意志，这些永远将是纸上谈兵，无法付诸实现。而意志坚强的人，往往会将理想和渴望转化为具体的行动，并持之以恒地使理想变为现实。退休后的尼克松仍然是意志坚强的行动派，充满着激情。

他虽然年事已高，仍然博览全书、笔耕不辍。在临终前不到一个月，他还受政府委托专程前往东欧进行访问，尼克松身上所体现出的坚韧和执着让世人感叹。

三、敢于担当

虽然遭遇多次挫折，但对尼克松来说，最大的打击莫过于那次轰动世界的“水门事件”。年近花甲，又遭受了如此大的打击。对于普通人来说，遁世是唯一的选择，而尼克松却没有这样做。他接受命运、直面挫折，试图以自己的努力扭转在美国民众心目中的负面形象。他不断反省，不断思考，著书立说，发表演讲，利用自己多年的政治经验，为接任的领导人出谋划策，以自己的坦诚和耐心换回美国民众的谅解。晚年的尼克松说过：“批判我的人不断地提醒我，说我做得不够完美，没错，可我尽力了。失败固然令人悲哀。然而，最大的悲哀是在生命的征途中既没有胜利，也没有失败。”①

从尼克松的政治生涯和思想理论中，我们可以推断出卓越的领导者不仅要有崇高的理想和责任担当精神，更重要的是如何面对逆境，并且还在于是否能够摆脱挫折的追袭，战胜人性中的弱点，在挫折和逆境中坚持不懈、勇往直前。

本章小结

政治家既是时代的精华，也是政治变革和政治发展的领导者。这一重要角色不仅要求政治家具有坚定的政治信念和远大的政治理想，更要具有崇高的人格力量及领导魅力，顺应历史潮流、服从“公利”。在新的历史时期，广大领导干部是否具有良好的综合素质，特别是合格的领导者素质，直接关系到整个国家在21世纪的前途与命运，从某种程度上决定了中国社会发展的方向和进程，决定着中华民族复兴伟业的兴衰成败。

---

① 庄礼伟.解读尼克松［J］.领导文萃，2002（9）：49—55.

C H A P T E R 1 0

第十章

江山代有才人出——企业家领导风格

企业家在经营发展中实施了不同的领导行为，产生了不同的结果，同时也“创作”出各具特色的“领导风格”。而我们也观察到这些成功的企业家们的领导活动也呈现出相似的特征如意志坚定、强调创新和危机意识等。对于企业家们来说，只有形成适应时代特征和企业自身发展的领导风格，才能实现有效的领导。

第一节　风气之先张瑞敏

时光回到1984年末，当时的青岛电冰箱总厂还是一家长期亏损的集体企业，上级主管单位先后指派三任厂长，但企业的经营状况依然没有好转，高达一百多万元的负债让六百名职工感到未来非常渺茫。35岁的张瑞敏临危受命，来到了这个濒临破产的小厂。此时，已近年关，在新年即将来临的时候，全厂职工似乎看到了一丝新的希望。

十几年时间内，海尔集团实现了跨越式发展，从仅能生产电冰箱的小厂，发展为产品拥有六十余个门类八千多个品种，年营收持续保持近90%的增速的大型集团。2014年，海尔集团营业收入已超过2000亿元，而实现利润近200亿元，同比增长接近40%，网上销售超过500亿元，较前一年增长了二十多倍。1月18日，世界权威市场调查机构欧睿国际（Euromonitor）发布2015年全球大型家用电器品牌零售量数据显示：海尔大型家用电器2015年品牌零售量占全球市场的9.8%，居全球第一，这是自2009年以来海尔第七次蝉联全球第一。同时，冰箱、洗衣机、酒柜、冷柜也分别以大幅度领先第二名的品牌零售量继续蝉联全球第一[①]。

张瑞敏出生于青岛，他身上散发着山东汉子的耿直和豪爽的同时，也体现出一种踏实和内敛。在经营海尔的 30 年中，他得到了无数的头衔和荣誉：入选中国最具影响力的商界领袖、被评为全世界最受尊重的 30 位企业家之一、耶鲁大学“传奇领袖奖”获得者、第一位登上哈佛大学讲坛的中国企业家等。他的认真务实使海尔在世界家电行业中打造了中国品牌，他的创新与勇气使海尔的企业文化赢得了全球业界最高的评价。而作为一个杰出的商业领袖，他将中华传统文化中的哲学智慧与西方先进的管理思想完美地结合起来，推出了独特的海尔管理模式。他的管理风格可以概括为认真务实、推陈出新、与时俱进和人本原则。

一、认真务实

说起张瑞敏的认真务实，不得不回忆起当年他怒砸冰箱的故事。张瑞敏刚到海尔的第二年，一位朋友找到他想买一台冰箱。他派人去库房提货，可是找了半天没有选到一台冰箱令人满意，最后勉强提走一台。张瑞敏亲自来到库房，仔细盘点了四百多台库存冰箱，发现竟有 76 台存在着严重的质量问题，眼前的情景彻底激怒了这位身高一米八的硬汉。第二天，他下令全体职工来到库房，在这里召开现场办公会议。他质问在场的干部对这些不合格产品如何处理，有人提出将这些冰箱维修一下然后作为单位福利发放给职工，而张瑞敏的决定惊呆了所有的人——将 76 台冰箱全部销毁。在当时，一台冰箱的市场价格近千元，相当于一名普通职工两年的工资；况且那时候市场材料供应紧张，发放工资都很困难，连上级主管领导也认为这个决定有欠考虑。可张瑞敏的回答斩钉截铁：“如果我放过这 76 台，将来

① 欧睿国际 . 海尔连续七年蝉联全球第一［DB/OL］http: //jiaju.sina.com.cn/news/20160119/6095028586870538893.shtml.

就会有760台、7600台甚至更多的劣质产品流入市场，将来毁掉的将不是这些废铜烂铁，而是我们企业的品牌和前途！”他让生产这些冰箱的工人抡起大锤，将自己亲手创造的产品砸毁。在大锤发出的一声声巨响中，海尔人的质量意识和责任心最终被砸醒。海尔整风运动三年之后，海尔冰箱在中国家用电器质量评比上，赢得了电冰箱行业的第一枚金牌，今天的海尔产品已经成为欧美十余个国家市场上的免检产品。当年砸毁冰箱的那把大锤，在25年后，被中国国家博物馆收为馆藏文物，这一文物所具有的象征意义不仅仅代表着海尔这一家企业的发展历史，更代表着那个时代所有中国企业的一种求真负责的精神。

“质量是企业的生命”这一口号所有经营企业的人都会认可，然而能够像张瑞敏那样有勇气和担当将这一原则转化为实际行动，却是很难做到的，因为多数人考虑得仅仅是能够把握时机获取眼前利益。张瑞敏以质量创造品牌的理念和做法，为那些想要励精图治、将品牌做大做强的创业者们树立了榜样。

二、推陈出新

到现在为止，海尔集团可以称之为国内发展速度最快、发展质量最好、发展规模最大的家电企业，而它之所以能够取得今天这样的成就，最重要的原因之一就在于海尔拥有非常成熟的创新机制。海尔的创新机制包括内部和外部两个部分。

从内部来看，海尔着眼于提升每一个员工的竞争力，创立了颇具特色的OEC模式。OEC是英文Overall Every Control and C1ear的缩写，它的含义是指要求将企业团队整体的工作任务安排分解为每个员工的配额，明确每一个员工单位时间内的工作量，并对每一个员工的工作在事先就建立了具体的考核标准，员工自己就可以根据完成的工作量对自己当天的业务表现予以评价。这个制度体现为每个员工“日清单”，通过这个单据，在每天下班时，员工就会及时掌握当天的工作情况。除了针对个人建立的测评系统，在集团内部，还建立了集中测评系统，该系统将员工近期表现用三种颜色表现出来，绿色代表履职正常、黄色代表工作表现存在瑕疵，而红色则意味着员工将面临被淘汰的可能。以上管理制度的确立，让员工充分感受到竞争的压力和自我提升的需要。

从外部来看，海尔建立了以商场为导向的创新改革。在张瑞敏看来，企业事先设计并生产产品，由客户来选择接受的那个时代已经一去不复返。市场经济要求我们要紧紧瞄准市场动态，以客户需求为直接导向，敏锐而有预见性地分析市场变化，调整自己的产品结构。用美国人的话说，做生意首先考虑的不是创造利润，而是创造客户，找到你的客户，你才能有活下去的空间。海尔就是按照这样的思路来不断调整自己的经营战略。海尔产品打进中东市场时，发现中东的人无论男女，都习惯根据伊斯兰风俗身着长袍，而普通的洗衣机很难带动较重的衣物，所以针对这一情况，海尔为当地客户量身定做了高功率产品，马上打开了当地市场。在韩国开发市场时，海尔又遇到了麻烦。当地人习惯于将洗衣机放在阳台上，可是当地开发商在设计阳台的时候，为了方便雨天排水就将阳台设计成了带有一定坡度，而海尔洗衣机过去设计的底座都是固定的。发现这一问题后，海尔马上回去变更设计，将可调节的底座安装于洗衣机底部，这一调整很快使海尔的产品在韩国大卖。

可以说海尔价值观的核心内容就是创新，创新是企业能够持续发展的根本性保证，而在创新的问题上，领导者的创新意识是主导性的，可以说企业家精神从某种意义上就是创新精神。企业家的创新精神是企业发展动力和活力的源泉，而在经济全球化的背景下，要求企业家不仅要有不怕艰苦、勤奋进取的品质和打破常规的冒险精神，更要关注创新思维的培养。

三、危机意识

2012 年 1 月，在凛冽的寒风中柯达公司宣布破产，这个具有 132 年历史的商业帝国在十几年间，市值从 3000 亿美元跌至不足 2 亿美元。柯达的破产向全世界的企业家们释放了一个信号：无论你曾有过多么辉煌的业绩，多么强的影响力，而危机就埋伏在某个角落，让你猝不及防。美国哈佛大学对世界五百强企业做过一项调查，每 10 年就有 30% 的企业会在五百强的名单中消失，或是衰落。

张瑞敏经常挂在嘴边的词就是“战战兢兢、如履薄冰”。在 2016 年，海尔集团发展迈入了一个新的里程碑，在这一年里海尔以 55.8 亿美元的价格收购了美国通用电气的家电业务，这也是迄今为止我国家电行业里最大的一次并购。在三十多年的经营中，张瑞敏亲手将即将沉没的小船改造成了一艘行业中的超级航母，并指挥这艘庞大的战舰在惊涛骇浪中航行着。就像很多知名的企业家所称，作为领导者来说看不到危机才是最大的危机。比尔·盖茨曾经说过“再有 18 个月微软随时可能会破产”，而张瑞敏时常告诫下属“我们离倒闭也只差 1 天”。

让自己创办的企业永续发展、基业长青，是每个企业家的理想和追求，更是他们的职责和使命。正所谓“生于忧患、死于安乐”，企业生命力的决定性因素在于领导者的忧患意识。危机感强烈的企业家，不会沉浸在往日的辉煌中，而是时刻保持冷静的头脑，密切注视自身管理和外部市场环境的变化趋势，及时对自己的经营理念和发展战略进行调整，随时应对可能发生的危险。反之，一个企业如果自满于现有的成绩，故步自封，不能提升自己对市场的感知能力和竞争力，前途只会是死路一条，因此每一位企业家必须自觉地强化危机意识

四、以人为本

人本思想也是海尔企业文化中的重要内容，张瑞敏在创业之初就重视对员工的人文关怀。他认为只有企业让员工感受到一种尊重和爱护，才能最大限度地激发员工的积极性和创造力。张瑞敏刚到海尔那年，由于长期亏损导致员工工资数月没有发放，他为了解决这个问题，以私人名义向有钱的朋友借款，为了尽快借到钱，陪朋友喝酒喝得大醉。终于在春节前，职工如期领到了工资，每个人还破天荒地领到了 5 斤带鱼作为春节福利。

张瑞敏认为企业团队建设中最重要的就是建立上下级之间的相互信任，而建立信任的前提就是要在管理活动中真正地体现以人为本。海尔一直以“尊重人、培养人、激励人”作为人力资源管理的出发点。尊重人要求管理者充分认识到员工的主体地位。每一位员工都为企业做出了贡献，他们的劳动都是有价值的，而“企业是大家的企业，事业是大家共同的事业”，要激发员工的主人翁责任感。在海尔集团内部，张瑞敏提出了“三心换一心”的管理原则，“解决困难要热心、批评教育要诚心、沟通思想要知心”，通过这些实际行动来换取员工的“忠心”。

人才是企业的核心竞争力之所在，张瑞敏针对海尔员工群体的实际情况，无论是管理人才还是技术人才，给每一个员工都制定了个性化的培养计划。培养制度上也颇具特色：首先是“跨级提拔”，只要员工有才干，不论学历背景或是职务层级，只要经过举荐并考核过关，即可跨级提拔，这样既能尽快吸纳优秀人才，还促进了干部队伍的年轻化，现在海尔的管理层干部平均年龄均在 30 岁左右；其次是“轮流岗换”，张瑞敏认为，如果员工长期在一个岗位上，会造成技术结构、工作方法甚至思考方式上的僵化，企业的发展需要更多的复合型人才，还要求员工特别是年轻员工能够适应各种岗位职责的调整变化，所以在海尔内部实行了轮岗制，并限定每个员工在相应岗位上的最长任职期限，期限一到，必须服从组织安排，接受调岗。

海尔集团还实施了“干部下派锻炼”制度，很多管理层干部要按照要求，定期到基层分厂锻炼，其目的在于使管理层能够跟进商场动态并熟悉基层的管理实践。企业是否具备一个完善的激励机制，决定了能否激发员工的责任心、使命感和创造力。专业研究显示，一个员工潜能发挥 20% 至 30%，就可以保证其能够完成自己的任务并达到基本合格水平，而如果有合理的奖惩措施、鼓励原则，员工的潜力能够发挥 80% 至 90%，这中间的区别就在于是否存在有效的激励。而有效的激励机制必须将物质激励和精神激励两种方法相结合，既能够保障员工的利益需求，又能够在精神层面使员工获得价值感和自我认同感。从工资及奖励制度上，海尔针对不同员工采用不同的方式，管理层按照岗位核定基本年薪，并根据业绩表现发放奖金。对技术人员采用项目承包方式，在提供基本的经费开支外，项目负责人的收入较大程度上取决于其项目成果的市场效益，而第一线的销售人员，完全参照销售表现计酬。

此外，海尔在国内上市公司中较早地推行了股权激励制度，海尔的股权激励方案在10年前开始正式实施，部分高管和优秀员工成为了股东，这项举措极大地调动了员工的工作积极性。从数据来看，实施这项措施后，公司销售收入和利润显著增长，得到了理想的效果。海尔在精神激励管理中，采取了很多细致灵活的措施。例如以员工名字命名成果，鼓励技术人员进行技术革新和创造，极大地调动了员工的积极性。在海尔有专门的优秀员工车位，专门给那些在工作中表现优异的员工，即使公司高层也不能使用。这既是对员工的奖励，也是一项荣誉。

海尔的崛起堪称是一个神话，而这个神话的缔造者正是张瑞敏及其领导下的团队。很多管理学专家学者对张瑞敏的领导力进行深入分析，他们得出的结论是一致的：坚定的目标是成功的基石，而用人成事才是成功的关键。

第二节　华风华为任正非

1987年任正非创办华为，经过20多年的奋斗，在2010年，华为以销售额218.21亿美元的成绩首次杀入了《财富》世界五百强榜单，排名第397位，2011年位列该榜单第352位，2013年超过爱立信排在第315位，根据最新的数据，2016年在该榜单上提升了近百位，位居第129名[①]。现在，华为已发展成为全球最大的电信网络方案提供商。英国著名刊物《经济学人》将华为描述为"欧美跨国公司的灾难"；美国《时代周刊》称之为"所有电信巨头最危险的对手"；思科公司总裁钱伯斯甚至说道："早在25年前我已预料到将

---

① 华为2016《财富》世界500强排名129位 较上年跨越提升近百名［DB/OL］http://www.c114.net/news/126/a964111.html.

来的对手必然来自中国。”

华为为中国民族企业在世界舞台上争得了荣誉，全世界都在探寻华为奇迹成功背后的秘密，而所有人的目光无疑都聚焦在了华为公司这位传奇的“掌门人”——任正非身上。任正非的经营理念和管理风格已成为中国乃至全世界商业人士、学者们研究的重大课题。在华为创立及发展的过程中，有一些是任正非自始至终都极为关注的：专业化、危机意识及组织文化、构建愿景。

一、以专业化为核心

任正非当年曾经是学习毛泽东思想的积极分子，现在，他将毛泽东思想活学活用到华为的营销市场上。在电信市场竞争十分激烈、中心城市被众多洋巨头围剿的情形下，他选择了一条从“农村包围城市”的道路——先占领国际巨头没有能力深入的农村市场，步步为营，“集中优势兵力打歼灭战”——集中人力、物力和财力，实现重点突破，得手后再依次转移。任正非正是运用“农村包围城市”营销策略，完成了对农村市场的开创和巩固、对城市市场的歼灭和占领、对海外市场的蚕食和拓展（先后在俄罗斯、巴西、埃及等国家建立了合资厂，分别在当地实现了产品本地化）、对欧美市场的挤占和取代，逐步建立其牢不可破的市场优势，其销售策略及手法，堪称经典。

从华为创立之初，任正非已经明确地将经营思路确定为“走专业化道路”。其理由就是只有走专业化道路，才能提升核心竞争力。据美国《财富》杂志统计，美国中小企业平均寿命不到 7 年，大企业平均寿命不足 40 年。而中国，中小企业的平均寿命仅 2.5 年，集团企业的平均寿命仅 7~8 年。美国每年倒闭的企业约 10 万家，而中国有 100 万家，是美国的 10 倍。不仅企业的生命周期短，能做强做大的企业更是寥寥无几。为什么少数企业能否保持持续的发展势头，而多数企业只是昙花一现？其根本原因就是没有实现自身的核心竞争力。华为在发展过程中，也曾迫于市场压力不得不扩大经营范围，但从总体来看，始终未偏离主线。在任正非看来，走多元化道路确实能够为企业带来一定的短期利益，但从长远来看，势必会造成企业各项资源的分散，最终的结局会是企业逐渐在严酷的市场竞争中被淘汰出局。

马克思曾说过："资本如果有 50% 的利润，它就会铤而走险。"在 20 世纪 90 年代初，中国大陆部分城市爆发了炒股和房地产热，两个产业的巨额利润吸引着成千上万的人加入了投资大军，包括国内的一些大型企业也禁不住诱惑加入其中。而此时的任正非却异常冷静。一方面，他敏锐地意识到那种追求短期利益的做法风险重重；另一方面，国家的经济发展仍需要实体经济的支撑，而自己所做的事业从长远来看必有前途。在电信行业内部的方向选择上，任正非也做了细致而又准确的判断。当时，以 UT 斯达康为首的电信企业主推小灵通业务，由于其话费低廉，迅速占领了绝大多数的电信市场份额。任正非经过冷静分析认为，小灵通业务虽然成本较低且利润率较高，但无论是从服务质量还是政策保障方面来看都存在短板，不会有什么前途，所以毅然决定不参与其中。华为的很多管理层都觉得任正非放弃这项利润丰厚的业务让人难以理解，甚至有员工因为经营小灵通业务的企业待遇高而跳槽。几年后的形势发展印证了任正非的观点，几大电信企业相继降低话费，小灵通的利润优势不再，低质量的通话效果和政府的监管使它很快退出了历史舞台。而华为在此期间，将全部力量投入了 3G 的业务研发上，先后注入了几十亿资金，占据了 3G 业务的主导权。走专业化道路的选择让华为笑到了最后。"要不要进入电信服务业，还是坚守硬件市场"，这个问题也成为华为经营道路上的一个重大抉择。因为当时的信息服务业利润猛增，远远超过了硬件设备的收入。当任正非发现世界著名的贝尔实验室投入巨大成本进行研发，却将自己的设计成果以低价卖出，未能实现预期利润的惨痛教训，他再次做出了"坚守阵地，不打没有把握的仗"的决定。

1998 年 3 月，《华为基本法》正式审议通过。在这部华为"总章程"中，除了明确了"成为世界级领先企业"的奋斗目标外，还将"走专业化道路"正式写入基本法，正如任正非所说"只有无比专注地以竞争压力提升自己，才能成长为世界级企业，没有其他任何捷径"。

二、以活下去为基本

任正非曾说："对于个人来讲，我没有远大理想，我思考的是这两三年要干什么，如何干才能活下去。我非常重视近期的管理进步，而不是远期的战略目标。"有过童年苦难、自然灾害、十年浩劫等曲折的人生经历，让任正非时刻感受到一种本能的危机感，他曾专门写过《华为的红旗能打多久》《活下去是企业的硬道理》两篇文章来警示员工，强化他们的忧患意识。

（一）"永远自我否定"的精神

任正非作为一个优秀的企业家，他几乎打造了一个东方的神话。在世纪之交的千禧之年，华为的销售额突破了200亿元，以近30亿元的利润额称雄中国电子行业。但在人们喝彩的时候，他的名篇《华为的冬天》却问世了。在文中，他冷静地判断出"IT行业的冬天即将到来"。文章发表后，引发了很多国内相关企业领袖的共鸣。事实上，他的预言再次被验证了，在2001年除了少数通信服务领域外，多数的大型IT企业利润减少投资萎缩，众多的企业开始裁员——仅在一年时间里联想裁掉了3万多名员工，恒基伟业裁员10%，当初涌入IT行业的百万大军只剩下了不足7成。对华为来说，这个萧条期足足持续了3年时间，在此期间，企业不得不面对内部员工离职外部销售额锐减的双重打击。这是华为自成立以来所经历过的最严峻的一次考验，甚至任正非的母亲也开始偷偷地存钱，恐怕华为一旦破产，任正非没有积蓄渡过难关。好在任正非对这次危机做了充足的准备，积极应对进而渡过难关。

对于华为的发展，任正非始终坚持和倡导辩证思维，保持着强烈的"永远自我否定"意识和自我批判精神。他多次强调"创业难、守业难、知难不难"，并多次在内部会议上说，我考虑华为明天就可能死亡，但正是因为我们建立起了这种危机意识，也许华为才不会死亡。"唯有惶者才能生存。"任正非在公司大力强调自我批判的重要性，认为自我批判是个人进步的好方法，并通过自我批判，优化组织改造和组织活动。他借鉴了毛泽东治党的做法——如民主生活会。每季度召开华为的民主生活会，主题就是批评与自我批评。他认为，只有具备了自我否定、自我批判精神的人才能成长；企业只有在“否定之否定中”才能创造性地前进。他身体力行，要求自我批判要从公司高层做起，并将这种精神一直往下传。在华为，提升录用领导者的重要因素之一，是考虑这个人是否经受过重大挫折，并且已经改进，他用“凤凰涅槃”来揭示年轻人必须经过挫折、磨难和洗礼，才能走向“更生”的道理。

批评与自我批评，历来是我党的三大优良作风之一。一个民营企业家，能将毛泽东思想活学活用到极致，这多少留给我们一些启迪：我们在企业发展的过程中，是否存在一个不断反思、不断自我批判的过程？是否存在着一个对毛泽东思想再学习、再认识、再深化的过程？是否能够意识到自己的不足和缺陷，并不断地加以改进和优化，化危机为转机呢？

（二）“不让雷锋吃亏”的理念

经过十余年不懈努力，在21世纪初，华为已成为国内通信硬件设备的领军团队。但此时一个新的问题摆在任正非面前。现有的国内市场份额多半已被华为占领，而现有的产能急需找到新的市场。华为的海外扩张大戏正式启幕。先是拿下了法德及东欧的订单，继而转战至中亚。在南美及非洲大陆，一个又一个阵地被华为一一击破。华为手机目前已经打入亚非美欧41个国家和地区，目前在葡萄牙，几乎有一半的人在使用华为手机。

华为产品销售取得如此骄人的成绩，与数以万计的员工辛勤努力是分不开的。特别是那些条件艰苦的发展中国家市场，那些员工不畏困难、不怕艰险，为树立品牌打开市场做出了巨大的奉献和牺牲。2014年，任正非围绕着华为的改革问题发表了一次谈话，说道：“你干得好了，多发钱，我们不让雷锋吃亏，雷锋也要是富裕的，这样人人才想当雷锋。”他的意图是让所有为华为发展壮大做出贡献的员工都得到合理的回报，从而激励员工努力为企业的发展振作精神、焕发活力。

三、更新组织文化

任正非曾说："世界上一切资源都可能枯竭，只有一种资源可以生生不息，那就是文化。"他一直注重华为企业文化的培育。在早期创业阶段，华为倡导的是鼓励拼搏奋斗的狼性文化，在当时的历史条件下，狼性文化中的把握先机、积极主动、永不言败的精神对振奋企业精神起到了积极的作用。但随着企业步入正轨，进入了规范化管理的阶段，狼性文化暴露出的问题也逐渐显露。比如高强度的工作压力、残酷的淘汰制度以及随之而来的员工心理负担等问题。在 2000 年之后，任正非调整了工作思路，开始着力营造一种崇尚奋斗、遵守规则为核心内容的企业文化。

（一）崇尚奋斗

虽然不再提到狼性，奋斗精神仍然是华为企业文化中核心内容。华为公司是以奋斗为宗旨的团队，不拼搏奋斗就不能在华为立足。在任正非的观念里，个人要奋斗、企业要奋斗、国家更要奋斗。改革开放以来，我们综合国力的提升及人民生活的改善都是奋斗的结果。任正非经常挂在嘴边的三句话是："一要以客户为中心，二要以奋斗为根本，三要长期坚持艰苦奋斗。"正是经过近 30 年的奋斗，华为不仅生存下来，而且成功地击败了竞争对手。

（二）重视制度建设

所谓"打江山易，守江山难"，能够带领团队在瞬息万变、风险重重的市场中保持持续发展是一项艰难的使命。任正非觉得企业的管理，不可能只靠领导人的带动和约束就能实现，那种做法只在创业的早期可以实现，但随着企业规模的扩大，员工越来越多，这种作坊式的管理将不再奏效，因为领导者的能力及影响力在时间和空间上是有限的。而通过规章制度则截然不同，无论企业发展至何种规模，也不论员工的层次有多复杂，只要有完善的规章制度在，一切都会迎刃而解。公司创立 10 年以后，任正非带领他的团队开始下大力气完善制度。

1. 制定企业“总章程”。经过三年的酝酿，《华为基本法》在 1998 年正式公布，这部基本法是华为总章程。通过这部正式文件，将企业的发展目标、团队的核心价值观等重要内容以书面的形式表现出来，更能振奋全体员工的奋斗精神。同时将员工行为守则及各项具体制度安排写入基本法中，更强化了制度的权威性和严肃性。这部根本大法既是华为人的指导思想和共同纲领，又是一部规范全体员工的法典。

2. 干部身体力行。有了完善的制度，但是不去遵照执行，那制度也是一纸空文。然而在制度执行的问题上，领导者的角色更加重要。如果领导者自己不遵守已经制定的规则，那只会造成“上梁不正下梁歪”。任正非以身作则，规定公司不准为干部配车，公司发展到现在这样的规模，任正非仍然没有专职的司机和专车。在办公经费的管理上，任正非从严要求。他曾经每月将自己的手机通话记录单向员工公布，分出哪些是给家里打的，哪些又是处理公事，私人电话不准报销。有人认为他在“作秀”，可是这场“秀”一做就是 8 年。

四、构建经营愿景

2016 年 5 月，北京召开了全国科技创新大会，在这次会议上，任正非代表企业家和创业者向习近平总书记和党中央做了汇报发言。在演讲中，他坦诚地说出华为目前面临的困惑：“华为现在的水平尚停留在工程数学、物理算法等工程科学的创新层面，尚未真正进入基础理论研究。随着逐步逼近香农定理、摩尔定律的极限，面对大流量、低延时的理论还未创造出来，华为已感到前途茫茫，找不到方向，华为已前进在迷航中。重大创新是无人区的生存法则，没有理论突破，没有技术突破，没有大量的技术累积，是不可能产生爆发性创新的。”

然而危中有机，未来 30 年里，人工智能领域将会发生深刻的变革，这将会给华为这样的创新型企业带来机遇。而华为的愿景，早在十几年前已经凝结在任正非提出的一句口号中，那就是“去实现客户的梦想”。

第三节　一马当先在云端

1999 年，18 个斗志昂扬的年轻人东拼西凑了 50 万元启动资金，在杭州的一间普普通通的公寓里，在一个叫马云的人领导下正式誓师，那年马云刚满 35 岁。17 年后，2016 年 11 月 11 日 24 时，天猫当日交易额最终显示为 1207 亿元人民币。财报显示，已成为全球最大的移动经济实体的阿里巴巴，2016 财年零售平台商品交易额（GMV）突破 3 万亿元人民币，达到 3.092 万亿元人民币，同比增长 27%，换算下来，日均接近 100 亿元人民币，按照目前增速，新财年阿里巴巴 GMV 有望冲击“全球前 20 大经济体”，2020 财年有望冲进“全球前 15 大经济体”[①]。

在人们的眼中，马云就是阿里巴巴，阿里巴巴就是马云。他出生于一个普通的文艺家庭，从小好打抱不平，参加多次高考失利，大学毕业后做了多年二流大学的英语教师。这些经历似乎与一个 IT 界的精英毫不沾边，可就是这样的一个马云，在半小时内说动了蔡崇信放弃了在美国的百万年薪，心甘情愿地跟他闯荡江湖；还是这样的马云，在十几年前用 6 分钟时间让软银总裁孙正义决定拿出了 2000 万美金的风险投资。在其貌不扬的马云身上，时时刻刻散发着一种动力激情和领导者的魅力。

马云的魅力是什么？马云具有坚强的意志力、独特而又敏锐的洞察力和战略思维，注重企业文化的打造和优秀团队的建设，这些都是属于一个卓越领导者的特质。

一、具备极强的意志力和坚定的信念

《孟子·告子下》中所写的“天将降大任于是人也”，正是马云奋斗历程

① 浙江在线 .“双 11”催生千亿“新常态” 阿里有望成为全球“第五大经济体”［DB/OL］http：//zjnews.zjol.com.cn/zjnews/hznews/201611/t20161113_2066279.shtml.

的真实写照。由于外貌过于“非主流”，不仅让儿时成为警察的梦想破灭，甚至连去酒店应聘服务生也遭到拒绝。三次高考均告失利，初次创业就遭遇了重大考验。马云创办了杭州第一家翻译公司，由于市场开拓有限、资金准备不足，开张第一个月就赔了本，甚至连房租都没有赚回来。无奈之下，只得将铺面的一半转租出去，还不得不出去推销小商品，以弥补翻译公司的经营亏损。他挨家挨户地上门推销，内衣、袜子、小饰品都成了马云推销的项目，其间受尽了路人的白眼。

在去美国的一次考察中，马云看到了互联网在当地蒸蒸日上的发展情景，回到国内开始思考电子商务在中国的市场前景，毅然决定投身其中。在最初创办“中国黄页”的时候，90% 以上的中国人并不知道互联网经济是什么，马云不得不耐心地向每一位企业老板讲解互联网是什么，把企业信息放在互联网上，对营销会有哪些好处等。可是这些“看不见，摸不着”的东西，如何能让精明的老板们相信，马云又因此得了一个“骗子”的头衔。1995 年，中国互联网正式开通，经过 3 个多小时的漫长等待才将中国黄页的企业信息页面点击打开，此时的马云已哭成一个泪人。

马云有句名言：“心中无敌者，无敌于天下。”在创业的初期，领导者将面临来自资金、资源、市场及管理等多重压力，而此刻领导者的意志力对企业的生存至关重要，对内要向员工激发精神动力，对外要获取客户的信心，增强团队的感召力。如果领导坚韧不拔，迎难而上，必将振奋团队的士气，促进企业核心竞争力的生成。

二、具有敏锐的洞察力

领导者最重要的职责之一就是要预测和把握团队发展的方向，而具有敏锐洞察力的领导者往往善于准确把握外部环境发展的趋势，从而调整团队的发展战略，并正确地做出决策。

虽然文科背景出身的马云当时对计算机及网络还一窍不通，但当他在美国看到了方兴未艾的电子商务发展图景，立刻感受到了其与传统交易形式的巨大比较优势：电子商务将传统的商务流程电子化、数字化。一方面以电子流代替了实物流，可以大量减少人力、物力，降低了成本；另一方面突破了时间和空间的限制，使得交易活动可以在任何时间、任何地点进行，从而大大提高了效率。电子商务所具有的开放性和全球性的特点，为企业创造了更多的贸易机会；电子商务使企业可以以相近的成本进入全球电子化市场，使得中小企业有可能拥有和大企业一样的信息资源，提高了中小企业的竞争能力等。在搜索引擎中输入英语“beer”后，各个产地、各个种类、各个品牌的啤酒信息立即出现在显示屏上，而马云发现这么多世界各地的啤酒品牌，却没有一家中国啤酒厂商的广告发布在网络上。马云立刻看到了商机，中国有上千家大大小小的啤酒生产企业和品牌，更有上亿人的啤酒消费市场，如果通过网络平台加以推介，将大有文章可做。

大家所熟悉的淘宝网的推出，也是马云敏锐洞察力的表现，他把“非典”时期的劣势转化为了优势。短短的两个月内淘宝利用特殊的“非典”机会和自身努力让网站拥有 1.7 万名会员，6.2 万件商品，日平均网页浏览量达到 30 万次，日平均访问人次达到 2.5 万的原始积累。这些成绩都是秘密进行取得的，这样既避免了竞争对手将其扼杀在萌芽状态，又可以给竞争对手突然一击，令对手猝不及防。无论从战略还是战术上都是非常明智的。而在遭到 ebay 联合各大网站集体封杀的情况下，马云的团队剑走偏锋，在互联网上寻找那些 ebay 不放在眼里的杂七杂八的个人网站、垂直网站、各色各样的论坛。令阿里巴巴意想不到的是这样的广告投入性价比非常地高，既节约了大量的宣传费用，又取得了良好的宣传效果，为淘宝的初期发展奠定了稳定的基础。

三、战略思维和灵活的应变思维

领导活动的基本内容就是要在准确把握团队内部情况和外部环境的基础上，科学地做出决策的过程，领导的职责就是要做出决定。而多数领导者身上出现的主要问题就在于，总是倾向于去关注具体事务的实施，而忽略了要在整体上、战略上思考问题，也就是要形成战略思维。史玉柱曾经这样评价马云：“不是每个战术都是成功的，也不是每个动作都是很完美的，但是因为他的战略是正确的，所以基本上看他这几年做的每件事都做成了。阿里做得很漂亮。”

阿里巴巴的战略制定过程体现出以下几个特点：

（一）着眼于未来

马云在制订战略规划时，从不拘泥于眼前的短期目标，而是根据宏观发展环境做长远打算，从战略上指导阿里巴巴整体业务发展，并着眼于提升竞争优势和可持续发展能力。从 B2B，到淘宝、支付宝、天猫、全球速卖通（国际 B2C 平台）、菜鸟物流、云计算、小贷、网商银行、村淘……在所有人的眼里，马云总能做到未卜先知。正是因为这种远见，使阿里巴巴一直是市场的赢家。分众传媒总裁江南春评价马云说：“我对马云同志最大的欣赏点就是‘远见’。他看东西的思路跟别人最大的区别是，他永远看到别人看不见的东西。我觉得在我们思维范围之内或者视野范围之内看不见的东西，他可能站在今天已经想了，并且他很喜欢去干那种很难、不太可能成功的事情。”马云具备的远见，在管理学上又称为领导者前瞻性人格，管理学家以全世界的商界领袖作为样本进行研究，得出这样的结论，在所有具有前瞻性的领导者身上，通常会体现出如下的特点：1. 总是倾向于做出变革；2. 制定变革的具体目标；3. 能够预测未来可能发生的情况，并提前做好准备；4. 主动执行并能持之以恒。可见，上述特征都是马云所具备的。

（二）灵活应对

企业家必须具有灵活的应变能力，必须在经营过程中直面各种危机和风险的挑战，及时地对经济形势和外部市场变化做出正确的应对决策。任何一个企业的经营过程都不可能一帆风顺，阿里巴巴发展到今天也并不是幸运女神眷顾的结果。

2003年春天，“非典”的阴云笼罩在中国的上空，各行各业的经营都受到了打击，特别是给传统的商业模式带来的危机。而在这场危机中，阿里巴巴化危机为契机、变劣势为优势，一改往日低调的做法主动出击，瞄准中小企业加大宣传力度，积极为企业牵线搭桥创造商业机会。这既造福了中小企业，又发展了自己。

2008年美国次贷危机引发全球金融海啸，影响了全球并波及了我国的经济发展。房地产等支柱性产业增长放缓，大量的企业纷纷倒闭。在危急关头，阿里巴巴利用电子商务平台便捷、低成本的优势将企业与客户紧密连接——通过这个平台，企业极其便利地找到了市场——使很多企业的经济利益得到了保障、躲过了风险。阿里巴巴功不可没。

四、注重企业文化建设

企业文化是指在市场活动中，企业自身所具有的精神内涵和价值观，是企业团队成员共同信仰和遵守的行为准则。在企业发展壮大的过程中，企业文化作用体现在多个方面：1. 明确团队的奋斗目标；2. 形成团队的凝聚力和向心力；3. 激励员工不断进取；4. 推动企业的可持续发展。因此，企业文化又被称为企业的灵魂。从企业创立之初，马云就开始关注阿里巴巴企业文化的建设。马云一直是一个顽童似的领导者，在很多宣传海报上、演讲录像上马云的举动异常可爱，白雪公主的优雅、朋克造型的张扬，马云都曾在公众面前上演过，对于一个经历如此多挫折的人来说能保持这样的乐观也是一种本领。没有人会拒绝快乐，马云带着一群人在高速发展的时代，在尔虞我诈的商业界，在巨大工作压力的负担下以微笑的表情工作和生活。有一句老歌词很形象：“阿里巴巴是个快乐的青年。”马云也是一个金庸迷，他为自己的领导层的员工都编制了花名，自己的网名叫“风清扬”；阿里巴巴的价值观叫“六脉神剑”（即客户第一，团队合作，拥抱变化，诚信，激情，敬业）；阿里巴巴发起的互联网论坛叫“西湖论剑”；阿里巴巴的核心战略叫“达摩五指”；核心技术研究项目组叫“达摩院”；最重要的办公室称作“光明顶”……

美好的东西容易被人接受，小说中的侠肝义胆、责任使命、敢闯敢拼等精神也在无形中融入阿里巴巴的血液之中。大家在接受这种江湖气的办公室文化的同时也接受了马云的领导风格。马云还不遗余力地致力于团队精神的构建，如何能将这个平均年龄不足27岁的年轻队伍团结起来，激发他们、感染他们，使他们在工作中积极拼搏、同心协力，共同创造非凡业绩，实现企业的奋斗目标，这都是马云长期思考的问题。在工作中，马云经常与青年人互动交流、真诚分享，与他们形成亦师亦友的亲密关系，勉励他们朝共同的方向努力奋斗。

五、优秀的沟通能力

马云是一个演讲高手，同时又是一位沟通专家。无论是在开会、演讲，还是私下交流，他总能很快地领会对方的想法，并将自己的观点表达出来，打动对方，使对方能接受自己。所以他又得了个绰号“忽悠大王”。在马云身上，我们可以看到一个卓越领导者沟通的技巧。

（一）平等沟通

虽然从职务来讲，领导者高高在上，但在实际的上下级沟通环节，善于沟通的领导必然会选择与下级平等沟通。首先，平等沟通会让下级员工得到一种尊重感，消除相互间的对抗情绪，拉近上下级之间的心理距离；其次，平等沟通有利于领导者获得实际情况和准确的信息，对解决实际问题非常重要；最后，平等沟通能建立双方的相互信任，有利于今后工作的顺利开展。

（二）双向沟通

现实中，很多领导者只是习惯于单方面发号施令，不重视对员工意见的反馈。这种单向沟通的危害是显而易见的，首先会挫伤员工的积极性，造成其对领导者独断专制的负面印象。而且，单向沟通往往让领导者失去了掌握全面真实情况的机会，对今后的决策环节产生消极作用。所以领导者应重视沟通过程，要充分重视员工的反馈信息，着力建立沟通的双向机制。

六、科学的决策能力

美国管理学界曾经有过一项分析结论，在领导者综合素质上，有三方面因素是最为关键的，即专业、用人及决策。而三方面因素的重要程度却又不同，如果用百分比来衡量，那么专业素质仅占 18%，用人占 35%，而最为关键的是决策占 47%。可见领导者决策能力的重要程度。那么影响领导者决策水平的因素又有哪些。首先包括专业背景，如果领导者根本就是外行人士，那么除了委托专业人士协助外，他将很难具有科学的决策水平。其次就是个人的心理因素，在心理因素上主要取决于领导者的胆识和冷静。在激烈的市场竞争中，市场机会稍纵即逝，如果领导者表现得过于谨慎，不愿冒险，唯唯诺诺，那么就会错失发展机会。同时，也有一些领导者在做决策时不够冷静，心血来潮时甚至拍拍脑袋就做决定，这无疑会增加失误的可能性。可见，领导的决策能力是一种综合性的素质。

阿里巴巴在短短十几年的时间里，取得如此辉煌的成就，与领导者马云的决策能力是直接相关的。在外人看来，马云的决策像是疯狂的举动，特别是在金融危机、互联网寒冬等危机时刻。但我们从他决策的实际效果来看，决策体现出了他的敏锐、果敢和冷静。

拿破仑曾说过“狮子领导的绵羊部队可以战胜绵羊领导的狮子部队”。这句话道出了统帅的重要性。领导者的素质是一个团队核心竞争力的重要体现，只有高素质的企业家才能造就具有国际竞争力的优秀企业，才能推动中国经济更好地走向世界[①]。

---

① 史玉柱 . 马云的战略思考［J］. 东方企业家，2015（Z1）：151—154.

第四节　松下慧眼企业家

100年前，一个17岁的年轻人，由于家境贫寒不得不中断了学业，来到一家大型电器企业求职。因为身材瘦小，衣衫褴褛，被企业人事经理当场回绝："我们这里暂时没有岗位，你一个月后再来吧。"本来是经理的敷衍之词，可30天后，年轻人再次登门，反复要求经理给他一次机会，经理最后道出实情："像你这样穿着破烂、形象不佳的人，我们是不能录用的。"没过几天，年轻人向亲戚借钱买了一套廉价的西装，又回到这里。"你根本对电器知识一无所知，我公司没法用你。"两个月后，年轻人捧着一摞厚厚的书再次回到经理办公室："所有这些电器专业的书我都读完了，如果我还有哪些不足，请告诉我，我回去继续补充。"经理第一次仔细端详了一下这个青涩而又真诚的年轻人，说道："我做人事经理已经好几十年了，第一次遇上你这样执着的人，好吧，下周就来上班。"经过艰苦的努力，年轻人终于如愿以偿地进入了这家企业。这个年轻人，就是后来举世闻名的松下公司的创始人，被称为"经营之神"的日本杰出企业家松下幸之助。

从一个贫民窟出生、白手起家的穷小子，摇身一变成为资产超过千亿的全球商界领袖，这些使松下幸之助身上始终带着某种神秘色彩。只有小学四年级文化水平的他，却写出了管理学巨著《经营管理全集》，这本书如今已成为全世界所有的商学院开设的必修课程，并堪称所有管理者的圣经。[①]人们纷纷在尝试着破解松下的成功奥秘，企图复制他的成功。

在《经营管理全集》中写道，松下幸之助管理奉行的几大信条是：实现美好人生的秘诀是成功；需要坚持到最后；工作中拼命也要做好；拥有敬畏之心；公司里社长必须是最热情和最诚恳的人；不要忘记拥有一颗感恩的心。

---

① 方尔加．谈松下幸之助对经营理念的坚守［J］．经济理论与经济管理，1994（3）：71.

可将这些信条归纳为：重视人才、明确使命、恪守规则。

一、尊重人才、以人为本

20世纪30年代初，爆发了人类历史上规模最大、历时最长、影响最深刻的经济危机。在此期间银行倒闭、生产下降、工厂破产、工人失业，这场危机也波及日本这个新兴的资本主义国家。大量的日本企业相继破产，松下公司也面临严重的经营困境，有人向松下幸之助提出了产量、员工均减半的应对措施，而此时松下则提出截然不同的看法：经济危机虽然严重，但从长远来看，这些危机和萧条都是暂时性的，日本人有能力应对。而电器行业发展，人才是最为宝贵的资源，如果因为暂时的困难就辞退员工，是企业家对自身缺乏信心，是无能的表现。最终，松下幸之助只做出产量减半的决定，没有辞退一个员工。这一举动，让所有的员工深受感动，大家紧密地团结起来，同心协力，终于经受住了危机的考验。

松下幸之助曾经讲过："如果说公司在造就人才方面取得成功的话，那么，首先是我这个最高经营者对此有着强烈的要求。"松下公司在90年前即已经确立了尊重人才的根本方针。如果我们询问一个企业：你公司的优势是什么？一般的企业会回答是产品、技术、质量等，可在松下公司答案只有一个——人才。松下公司的理念是"培养人才、兼做产品"。在松下幸之助的观念中，企业发展的三要素"人、财、技术"三者之中，人才是决定性的。在培养人才方面，松下幸之助先后斥巨资在企业内部修建培训中心、松下学院等机构，并亲自培训授课。即使松下幸之助已逾八十高龄，仍然定期为员工讲授。在松下公司的授课内容安排上，不仅包括技术课程，更多的是对员工价值观、人生观和伦理道德方面的培训。在松下幸之助看来，只有给予员工充分的尊重，从而使其获取他们对公司的信任，才能对企业产生归属感。松下先生提出任何员工对公司发展有看法和建议，都可以向他本人提出，一经采纳，公司会给予表彰和奖励。正是由于松下公司这种以人为本的管理风格，才网罗了大量的优秀人才，促进了企业的发展。

二、明确使命、强化责任

（一）抛开私利、追求公利

松下幸之助经常强调的一件事就是要“强化员工的使命感、责任感”。只有让员工明白自身所担负的使命，才能提升他们的自我尊崇感，进而用相同的使命，将全体员工团结起来，向共同的目标努力。

松下公司共同的使命又是什么呢？松下将企业的经营这种个体的行为，提升到了社会的高度，那就是为了对社会做出贡献，从个人、团队的私利上升为整个社会的公利。松下幸之助曾说：“原来我经营公司为了自己、为了养家糊口，公司现在发展到了一定的规模，松下公司已经属于全日本乃至全世界，而现在的我仅是暂时接受委托管理企业，有一天我要把企业还回社会。”

（二）追求结果、强调价值

跟所有的企业一样，追求利润也是松下公司的主要目标，但追求利益的出发点却与他人不同。松下幸之助认为：企业经营必须盈利，公司的员工也必须努力实现盈利，这既是企业的职责，更是员工的任务。但盈利的目的是什么？企业是国家经济整个机体中的一个细胞，企业盈利就会为国家创造更多的收入，身为日本国民，我们每个人有责任有义务，为国家创造价值，正因为有了成千上万的企业做出的努力，才最终实现了日本经济的腾飞、国家的繁荣。所以，促进企业盈利是所有人共同的职责所在。

（三）以繁荣促进幸福

1946 年，松下幸之助出资创办了 PHP 研究所，在日本这家机构已经家喻户晓。“二战”给周边国家带来沉重灾难的同时，也让日本国民付出了巨大的代价。战后的日本经济萧条、人民情绪低落，松下幸之助总在反思，为什么发动这场战争，人类追求的价值应该是什么，经过长期的思索，他得出了结论：首先追求的是和平，然后就是通过繁荣实现人民的幸福生活。这是一个有责任感的实业家对人类共同追求的真切感悟。PHP 成立后，松下幸之助就像一个传道人，开始了宣传 PHP 理念的历程。仅在一年时间里，他就在各地进行了 107 次的演讲，足迹遍布政府机关、学校、企业、寺院甚至是监狱。

三、恪守原则、坚守信仰

松下认为，只有具有坚持正确的方向、价值观才能激发人的斗志有所作为，否则人只能是没有灵魂的驱壳。他要求员工要有正确的人生观，实现自身价值以赢得社会的尊重，他站在哲学的高度将这些要求归纳为松下公司的经营信条。

（一）忘我工作

松下认为，要实现成功，最为关键的就是要有坚持不懈、勇往直前的精神。人一旦确定了自己的目标，如果这个目标是高尚的，那就要认真地去完成，坚持到最后。即使在奋斗的道路上遇到坎坷和挫折，都要咬紧牙关，坚持到底。在松下幸之助的身边，时常发现失败的例子，根本原因就是没有持之以恒的韧劲。看待工作，不能当成是一种负担，要爱上你的工作，把完成工作作为一项光荣的使命，在工作完成的那一刻，那种成就感和满足感是难以比拟的。松下幸之助本身就是个工作忘我的人，从最初担任底层学徒工人开始，每天披星戴月、早出晚归，希望能够尽快地掌握本领；24 岁创业之时，在一个小小的作坊内，他仍然倾尽全力；当公司发展壮大，成为世界著名企业之时，他仍然辛勤地努力着。在松下幸之助看来，没有比忘我的工作更令人感到快乐的事情，只有用心体会工作中的乐趣，在工作中找到成就感、满足感，这样的人生才是成功的、完整的。

（二）心存敬畏

心存敬畏是松下幸之助又一个重要的经营信条。这里的敬畏并不意味着退缩和胆怯，而是说每一个人都要始终保持一种谦虚谨慎的态度。世上每一个人都要有敬畏的对象，孩子敬畏师长、员工敬畏上司，除了具体的人，还包括对自然法则的敬畏。只有这样，每个人才能时常检讨自己的不足，不断进取、不断超越自我。松下幸之助时常提醒员工要时常反思，不断自检，同时也要充分意识到自己的责任，主动承担责任。特别是领导者的责任感，如果习惯于推卸责任，就不会是一个合格的领导。

（三）团队合作

强调团队合作也是松下幸之助最为重视的内容，他认为只有集合团队的力量，才能够在竞争中胜出。在松下幸之助的经营过程中，曾发生过这样一件事情。有一次，当时日本最大的电动机生产企业百川电机的老板气势汹汹地找到松下幸之助说："我是专门做马达的，你是做电器的，我做了一辈子马达，我有很多优秀的电机专家，可是你居然用 3 年时间就把我挤破产了。你推出的产品既比我的技术水平高，也比我的更受市场欢迎，你是从哪里招来的专家打败了我？"松下幸之助说："没有，我的所有专家全是内部员工！我只是把很多员工变成了专家。你有几十个优秀的专家，但没有几百个优秀的员工，我正好相反！"

松下幸之助的管理之道已经被全世界奉为经典，所以他被称为日本的"经营之神"。他的企业经营已经上升为一种哲学，他的经营智慧与人格风范，早已成为后人学习的典范。他的经验，对提升我们的管理水平、管理理念具有不可估量的价值和积极作用。

本章小结

在企业的成长过程中企业家并不仅仅扮演一种角色，还分别扮演了风险承担者、创新者、资源配置者、整合者以及机会的发现者等多种角色，确定战略、激励下属、设计任务、创立企业文化都是企业领导者的职责。企业家领导风格决定了企业的“风气”，决定了企业的发展战略、发展动力以及员工的士气等。企业家的领导风格和战略领导力决定了企业的命运——在面临新的经济形势下是遭到淘汰，还是在逆境中寻找生机，变危机为生机。

CHAPTER 11

第十一章

似曾相识燕归来——文学人物中的领导风格

四大名著是中华传统文化的瑰宝，每一部作品都塑造了鲜活的人物风格。《三国演义》刻画的是心计；《水浒传》讲的是义气；《红楼梦》看的是人物的情感；而《西游记》谈到的是理想信念。这些作品刻画的人物也表现出不同的管理智慧及领导风格，对今天现实中的组织管理和团队建设来说，仍然具有借鉴意义。

第一节　绝代枭雄曹孟德

在壮烈的三国历史图卷中，曹操作为最核心的人物，后人对其评价往往不相一致：有人认为曹操为人多疑、残暴、专制，许邵评价说："君清平之奸贼，乱世之英雄"，而曹操对陈宫讲的那句"宁教我负天下人"足以证明其残忍、极端利己的个性特征。但不可否认的是，曹操为结束当时动荡、分裂的局面做出了杰出的贡献。曹操成功的原因不仅源于其好学勤奋，而更大程度上应归功于其卓越的管理能力。在其政治生涯中笼络了大量的优秀人才，曹操将所学的理论经典与其军事、政治实践有效地结合起来，形成了"曹式"风格的管理思想，在其领导实践中形成了特有的选人方针、用人艺术、激励方法及管理原则。

一、"任人唯贤"的选拔方针

在长期的领导实践过程中，曹操始终贯彻其"任人唯贤"的选人方针，根据能力去选拔有才能的人才。《三国演义》第五回描写到：在袁绍的主持下，十八路诸侯会盟共同讨伐董卓。前锋孙坚已经在汜水关被董卓的勇将华雄击败，接下来潘风等大将也相继被华雄斩杀，此时华雄无比嚣张，十八路诸侯甚为惊恐、束手无策。在关羽请缨之时，遭到了众人的质疑甚至嘲讽，袁术生气地说："我们十八路诸侯大将几百员，却要派一个马弓手出战，岂不让华雄笑话。"在一片反对声中，只有曹操支持关羽出战，并亲自端上热酒壮行。在后来的发展过程中，关羽的才干和忠诚深深地打动了曹操，曹操多次说道："吾素爱云长人才武艺勇冠三军，吾欲得之以为己用。"可见曹操对人才的态度。《三国演义》这部作品，刻画了袁绍、袁术之流的重名轻才，也凸显出曹操的慧眼识才。

此外，曹操的爱将典韦和许褚都出身草莽，在曹操麾下都得以重用。典韦因为替朋友报仇而杀了人并逃窜于山中，后经夏侯惇举荐，因"勇力过人"被曹任命为"帐前都尉"，立功后，又任"领军都尉"。许褚本是一名农夫，年轻时在家乡聚集了数千户人家，共同抵御贼寇。曹操见他十分勇武，就用计将其俘获，拜为"都尉"。典韦和许褚都得到了曹操的充分信任，二人为曹操舍生忘死，立下大功。

在当时封建社会的历史条件下，曹操提出"唯才是举"的口号并一以贯之"任人唯贤"的用人原则，实属难能可贵。"任人唯贤"的用人原则，使得曹操在较短的时间里，掌握了最重要的人才资源，使其实力得以从小到大，进而称霸一方。这一原则完全符合了现代管理学理论：发挥组织力量，使组织中每一个体的能力得以施展，进而提升整个组织的运行效率，实现组织目标。

二、"因人而异"的用人艺术

可以说曹操在人才管理上，既有"识人之策"又不乏"用人之术"。在曹操的"用人之术"上，可以概括为科学布局、灵活应对及大胆决策。

曹操起用人才，并非没有章法随意而为之，而是经过事先严谨周密的考量。根据每个人的特点和优势，合理规划、科学布局，充分发挥各人的才能。

在每次作战排兵布阵之时，对于谁为前锋、谁为中军、谁为后卫、谁为两冀、谁留守大营，或谁为主帅，都有统筹规划。曹操在人才运用的机制上，充分体现了灵活性。不论背景、资历，不拘泥于繁杂的程序，只要有才干就立即起用。在人才的使用原则上，除了大家常说的疑人不用、用人不疑之外，曹操对待人才，甚至是曾经背叛、攻击、伤害过他的人才，都非常理解和宽容，并且不计前嫌，以充分的信任换取人才的忠诚。比如曾向天下人谩骂其父辈的陈琳等都被曹操引入自己队伍。“山不厌高，海不厌深；周公吐哺，天下归心”这些诗文体现了其博大的胸襟。

可以说，拥有了人才就有了事业成功的基石。现代社会的竞争说到底就是对人才的竞争，人才起到了至关重要的作用、领导者不仅要尊重人才、爱惜人才，更要平等对待人才，不论出身背景、学历层次高低，只要有所专长和优势，而这些又能为己所用，就应喜而纳之。

三、“褒亡厚往”的激励手段

什么是激励？美国管理学家贝雷尔森和斯坦尼尔给激励下了如下定义：“一切内心要争取的条件、希望、愿望、动力都构成了对人的激励。它是人类活动的一种内心状态。”人的一切行动都是由某种动机引起的，动机是一种精神状态，它对人的行动起激发、推动、加强的作用。熟读兵法的曹操，将孙子兵法中“置之死地而后生”的战术理论有效地运用于其领导实践当中。所谓“置之死地而后生”，从字面意思来理解，就是当一支队伍处于四面受敌的险境中就会拼死力战，力败敌人。曹操曾说：“势有不得已也。陷之甚过，则从计也。必殊死战，在亡地无败者。”也就是说，当部队和每个士兵在战场中陷入绝境的时候，本能对生的渴望被激发出来，这时才会刺激每个士兵的战斗精神。

曹操的另一重要观点就是“褒亡为存，厚往劝来也”。意思是说奖励死者是为了鼓励活人，厚赏前人是为了激励后人。厚赏那些为国捐躯的人，以此提振活人为国家奉献的荣誉感和尊崇感，鼓励士兵们为保卫国家而奋勇杀敌。

激励是团队管理的重要内容，就前文所说的，人类的行为是为了满足自身的需要而产生的，在行为的过程中，由于需要而产生行为的动机，行为动机促使行为被激发，并获得行为的结果。领导艺术重在用人，用人艺术重在激励，激励是领导的基本职能。任何一个组织要取得良好的效益，就必须采取一定的手段，充分调动员工的工作积极性。如果领导者能够准确把握每个团队成员的心理需要，就可以采取一定的激励手段和激励措施给团队成员以心理上的刺激，进而提振团队成员的工作精神和办事效率，促使团队奋斗目标得以顺利实现。

四、“赏罚严明”的管理原则

“赏罚严明”成语典故源自汉初宣帝时期。当时在渤海、胶东一带出现许多盗贼，大臣张敞请求前往镇压，而且要求被赋予相当于长安三辅那样的权力，汉宣帝同意了。张敞到了胶东国，一方面拿出钱来，悬赏捉拿盗贼；另一方面拿出官职来，大肆奖励有功人员，赏罚严明，结果盗贼发生内讧，自相捕斩，马上平定了局势，此为“赏罚分明”一词的历史由来。

曹操在《孙子注》中提出：“军无财，士不来；军无赏，士不往。”在消灭了北方最大的割据势力袁绍集团后，曹操即为在统一北方作战中做出过突出贡献的人员进行了封赏。其目的就是激励下级，鼓励将士们为了更为远大的奋斗目标——统一中原而积聚力量、振奋士气。另外，为了提高军队的纪律性，曹操也制定了一系列法令并严格地予以贯彻执行。曹操发兵宛城时规定：“大小将校，凡过麦田，但有践踏者，并皆斩首。”这样，骑马的士卒都下马，仔细地扶麦而过。可是，曹操的马却因受惊而践踏了麦田。他很严肃地让执法的官员为自己定罪。执法官对照《春秋》上的道理，认为不能处罚担任统帅的人。曹操认为：自己制定法令，自己却违反，怎么取信于军？即使我是全军统帅，也应受到一定处罚。他拿起剑割发，传示三军：“丞相踏麦，本当斩首号令，今割发以代。”

曹操“赏罚严明”的领导风格与现代管理学提出的“公平理论”完全相

吻合。公平理论（Equlity theory）是管理学中几种主要的激励理论之一，它是由美国心理学家亚当斯在其1965年出版的《社会交换的不公平》一书中提出的，亚当斯把激励过程与社会比较直接联系之一起，故也称社会比较理论；公平理论认为员工把他们的付出（努力经验、资历、地位、聪明才智等广义付出）和获得（赞美、肯定、薪水、福利、升迁、被提升的地位等广义收入）与那些在同样工作环境下的员工进行比较，出现任何不公平性都会带来心理上的不平衡，从而影响工作积极性。[①] 从实施效果来看，曹操的"奖罚严明"在管理活动中的确起到了积极有效的作用。常年的征战，使部队官兵普遍产生了一种厌战的情绪，奖励使将士的心理维持了一定程度的平衡。而惩罚措施也使官兵们在自身或他人的教训中获得反思，提高了警觉，强化了对团队的责任感。

曹操"赏罚严明"的领导风格对今天的组织建设仍然具有巨大的指导意义，公平不只是组织管理的目标，更是提高绩效的有效手段。作为团队的领导者应该主动地实施公平管理，尽量消除员工的不公平感，以提高团队的绩效水平。

第二节 鞠躬尽瘁诸葛亮

"收二川，排八阵，六出七擒，五丈原前，点四十九盏明灯，一心只为酬三顾；取西蜀，定南蛮，东和北拒，中军帐里，变金木土爻神卦，水面偏能用火攻。"这是武侯祠中一副构思巧妙的对联，高度概括了诸葛亮一生的功绩。诸葛亮是一代贤臣名相，是一位杰出的政治家。他铭记刘备三顾茅庐的知遇之恩，以一颗忠诚爱国之心，辅佐刘氏父子兴复汉室；他计出奇谋，三分天下；他鞠躬尽瘁，死而后已。诸葛亮也是三国时代涌现出的一位杰出

---

① 师润平 . 浅议公平理论和现代组织的公平管理［J］. 经济师，2008（4）：192.

领导者，他一生谨慎，从“志、变、识、勇、性、廉、信”七个方面选拔和考查人才。在诸葛亮一生的领导实践中，我们应着重关注几个方面：重视人才、适当授权、善用激励、利用感情投资等。[①]

一、识才用才

诸葛亮在《前出师表》中告诫刘禅：“亲贤臣，远小人，此先汉所以兴隆也；亲小人，远贤臣，此后汉所以倾颓也。”举贤任能，是诸葛亮的用人之道，而且不讲亲疏派系。他举荐过两个重要的人才，一个是蒋琬，一个是姜维。蒋琬原来曾在荆州刘表属下任职，随刘备入川后在基层任县令，由于他不理政事又喜欢喝酒，因此触怒刘备，在诸葛亮的劝解下，刘备才没将他治罪。在诸葛亮的举荐下，蒋琬逐渐被重用，甚至诸葛亮生前交代让蒋琬接替自己的位置。事实证明蒋琬宽广容忍、秉公处事、沉着干练，以其在政治、军事上的卓越才能，对维护蜀汉政权的稳定，做出了杰出的贡献。姜维，原属曹魏阵营中的一员，在一次战役中，诸葛亮发现他才干出众，于是诱使姜维归降，并着力加以栽培，后来成为了蜀汉“五虎上将”之主将，诸葛亮去世后，继续率领军队北伐曹魏。

诸葛亮选拔人才的主要标准就是“德才兼备”。在他看来，选拔人才不仅要考量技能才干，更要秉持仁义的道德之心。李严在做太守之时，表现出较强的管理能力，后逐渐受到重用，至刘备病重之时，李严与诸葛亮一道受遗诏辅佐少主刘禅。蜀军北伐时，李严押运粮草因为下雨道路泥泞延误时日，为推卸责任反而怪罪诸葛亮的北伐，使诸葛亮不得不退兵，因而获罪，最终被废为平民。廖立起初被诸葛亮评价为奇才，后来经过提拔重用成为蜀汉重要的谋臣。后来因为履职存在过错被降职，又流露出对降职不满，以致后来批评时政、“公言国家不任贤达而任俗吏”、批评先帝（昭烈帝刘备）一再失策、导致荆州覆灭、关羽身死、夷陵之败损兵折将等，终被诸葛亮贬官流放。

---

① 鲁迅．中国小说史略［M］．北京：中华书局，2009.232.

可见，诸葛亮用“德才”为原则来审视人才，在他看来只要忠于蜀汉政权，愿为国家发展出力的，都是应重用提拔的人才。时至今日，诸葛亮人才观的价值定位对我们仍有指导意义。

二、学会适当授权

如果说诸葛亮在其领导生涯中还有哪些不尽如人意的表现，那应该是他在领导活动中不善于授权。为了蜀汉政权的巩固和发展，诸葛亮“鞠躬尽瘁，死而后已”。然而，由于他过度谨慎且不善授权，所以日理万机，事事躬亲，甚至“自校簿书”，“罚二十以上亲览”，最终落得个积劳成疾、英年早逝的悲剧。

所谓授权，就是领导者在充分信任下属的基础上，把手中的一些权力下放给某些下属，由他们在日常活动中行使一部分指挥和决策的权力。领导者成功授权将会对员工乃至整个团队的发展产生难以估量的积极效果：第一，合理地授权会将领导者从繁杂的事务性活动中解脱出来，一方面减轻了领导者的精神压力，另一方面能创造条件使领导者的注意力集中于重要的决策性事务上；第二，如果领导者事无巨细、事事过问则很难让下属感受到信任感、尊重感，反之如果下属得到明确的授权后适当地履行职责，就会得到一种参与感、满足感及成就感；第三，正确的授权有利于团队成员之间相互取长补短、关系和谐，甚至能在相当程度上避免领导者的独断专行；第四，从长远发展角度来看，正确的授权有利于领导者发现人才、锻炼人才及培养人才，只有给下属得以充分表现、充分展示的机会，才能了解下属的优势特长，同时授权行为本身就是给予下属以充分锻炼的机会，在考验和锻炼中培养后续人才。而这些正是诸葛亮管理实践中的短板所在，他死后即出现了人才缺乏的情况，以致无人能够主持大局。

《69条建言与忠告》一书中写道：“精明的领导者就是自己不亲自干事，而是能让别人拼命干事。”这句话道出了领导者的职责所在——指挥引导、沟通协调及激励鼓舞。21世纪的合格领导者，不一定是某个专业领域的佼佼者，但必须是团队动力的激励者，领导者必须知道如何整合下属的力量来实现团队发展目标，而授权是实现这一目标的最有效手段，所以领导者万不能忽视这一秘密武器。

三、善用责任激励

美国 IBM 公司对全世界六十余个国家的千名首席执行官进行了调查，对这些卓越领导者所共同具有的特质进行了研究和归纳：一是了解客户的能力，二是团队协调能力，三是激励他人的能力。经过他们的研究得出一个结论，那些善于激励下属的领导者，更容易赢得员工的忠诚和奉献精神。

什么是激励？所谓激励，就是激发和鼓舞。管理心理学认为人只有在受到激发和鼓舞的条件下，才能发挥最大的积极性、主动性和创造性，才能产生最高的工作效率。从本质上来说，领导活动是介于人与人之间的一种交往活动，这种交往必然会在双方的情感中产生影响，如果领导者能够充分地激励下属，必然会换得下属的拥护和爱戴，进而实现有效的领导。诸葛亮对于激励的作用、激励的方式等都有很深的了解，在他的领导实践中形成了其专门的激励理论和方法。

（一）“尊之以爵，赡之以利”——需求激励法

从实际需求角度可以说，任何人的进取心和事业心都是跟某种利益相关联，与人的各层次需要相关联。诸葛亮认为人的需要可分为基本生活需要和实现自身价值需要两个层次，两个层次的需要必须同时加以重视。缺少前者，所有理想等于空中楼阁；缺乏后者，实现理想的动力也不会持久。曹操死后，曹丕称帝立国。此时，蜀汉的官员也劝刘备早日称帝，以重整旗鼓恢复汉室。但刘备不从，诸葛亮出面来劝。诸葛亮的说辞，主要的内容，就是许多将士跟随刘备转战南北，不辞辛苦，目的就在于建功之后能立业，有尺寸之封。“天下英雄喁喁，冀有所望。如果你不就帝位，这些士大夫就会重寻明主，没有一个人敢于追随你了。”于是刘备听从诸葛亮之言，称帝而封功臣，赏

斗士，人心安定。事业是所有参与者共同的事业，只有这样心胸的人，才能与贤士能人共度患难，共享欢乐，分领胜利成果。

（二）“接之以礼，厉之以信”——尊重激励法

根据马斯洛的需要层次理论：人的基本生活需要满足后，就会产生对尊重感的一种强烈渴望，这种对尊重感的需求一旦得到满足，自我认同、自尊心、自信心及荣誉感等都会全面提升。诸葛亮认为讲究礼仪和信义是创造和谐组织氛围的润滑剂，可以使成员感受到集体的温暖，得到情感的满足。他说如果“接之以礼，厉之以信”，那么士兵就会奋勇向前，死而无憾。刘备以尊贵的礼节和诚意三顾茅庐，换取了诸葛亮的一片赤诚。而诸葛亮对庞统的尊重和礼遇，终使庞统为报恩而战死沙场。

可见，给予下级充分的尊重是领导者在管理活动中的首要任务，这种尊重既包括对员工人格尊严的尊重，也包括对下级主体地位和创造精神的尊重。领导者应相信团队中的每一位成员，这是对下级人格尊严基本要求，不能戴着“怀疑、猜忌”的滤色镜看人、用人，也不能僵硬地靠所谓“严厉”的制度、规定、政策去管人、压人、卡人，更不能对员工进行人格上的歧视、侮辱。领导者还必须多理解、多赞许、多认可员工的优点，注重与所有团队成员进行思想与思想的交流，情感与情感的碰撞，达到心合则志同的情境。

（三）“先之以身，后之以人”——榜样激励法

在管理领域，领导者对任何一个群体（团队、组织或网络）来说都是至关重要的，因为在团队中领导者通常都起到核心的作用，这不仅仅因为领导者是决策者，是最后说了算的人，更在于领导者自身的言行起到的是表率作用，为下级提供了一个示范和模式，其行事风格甚至能决定团队最终的前途命运。

在诸葛亮看来，对领导者来说最重要的就是以身作则、身先士卒，为各级官兵作出榜样，这样才能逐渐为下属认同进而学习效仿，并将领导者的风

格内化到每个团队成员的心理结构之中。反之，如果领导者贪图享受，缺乏奋斗精神，立下的制度只约束下级，却不规范自身的行为，必然挫伤下级的积极性，动摇在群众心目中的权威。

蜀汉建兴六年，诸葛亮指挥军队第一次北伐。本来战局形势一片大好，但马谡违反了诸葛亮的调度，丢失了街亭，导致整个战局急转直下。诸葛亮被迫撤军，首次北伐以失败告终。回到汉中，诸葛亮先是将北伐失败的首要责任人马谡治罪斩首，同时公开承认自己用人不当，对北伐失利同样应负领导责任，于是主动向后主刘禅申请自贬。诸葛亮身体力行自贬三级，勇于承担责任，赢得了蜀汉臣民的一致尊重，并被后世传为佳话，正如其所说："先之以身，后之以人。"

四、适当的"感情投资"

此处所谓的"感情投资"，在管理心理学上的准确定义是"情感管理"。那么"情感管理"又是什么？情感管理就是领导者通过一定的方法，关注、理解下属不同的感受，满足下属合理的需求，调节、引导他们的情感体验，使下属的心情始终处于积极的情感中，激发下属的积极性、创造性，以实现领导目标的管理过程。人类是情感的动物，每个人在情感中都渴望得到尊重、信任、关爱和支持，但领导者想要满足自身的这些情感需求，必须真诚地"以心换心"。

挥泪斩马谡的故事展示了诸葛亮维护军法权威、不徇私情的原则性，但事件过程中的三次落泪也暴露出诸葛亮在管理中的情感和用情艺术。孔明第一次落泪是在马谡被推出斩首时；第二次落泪是在回答蒋琬质询时；第三次落泪是在献上马谡首级时。果断斩马谡，他严守军法，以严军纪，昭示后人，三次落泪的背后，是诸葛亮纠结的心情，他非常悲恸。

领导者和被领导者，都是富有感情的具体人。领导者对下属应有爱心，真正以诚相待。这样，才能与下属产生感情交流，进行感情沟通，发挥情感的积极作用。下属才会被感染、感动、感化，从而激发出内在的工作热情，竭尽全力地做好各项工作。因此，领导者必须重视对下属应有的真诚情感，并掌握好情感管理。

第三节　泼辣凤姐大管家

在现代管理学制度中，管理既是一门科学，更是一门艺术。曹雪芹的《红楼梦》蕴含着中国丰富的文化和艺术的魅力。小说通过以贾府为中心，揭示了四大家族由盛到衰的变化，同时展现了几位巾帼精英卓越的管理才能。

“机关算尽太聪明，反算了卿卿性命”是曹雪芹对《红楼梦》中王熙凤的评价。有人说她八面玲珑却又心机叵测，有人说她聪明绝顶却又爱财如命。但无论是褒是贬，必须承认的是王熙凤的管理才干，正如秦可卿所评价的那样，王熙凤乃是“脂粉队里的英雄，连束带顶冠的男子也不能超过”。当时年纪只有二十几岁的王熙凤，如何驾轻就熟地掌控贾府大家族的整体局面，其主要的领导策略包括：发现人才、争取人才；重视调查、科学决策；树立权威、强力推进；明确职责、科学分配；敬业奉献、身体力行等。

一、发现人才、争取人才

王熙凤能在贾府游刃有余地实施管理，跟她的用人策略具有直接关系。一方面，她善于发现人才，利用人才；另一方面，王熙凤具有相当程度的沟通力和凝聚力，笼络了一群人，成为她的拥趸，为她效力。

平儿原是王熙凤的陪嫁丫鬟，受王熙凤一手培养，并逐渐成为其“心腹”。王熙凤重用平儿的原因，在于平儿的个性特征：其一，平儿手中有权，却无半点野心，虽然被贾琏收为二房，但仍然会摆正自身位置，从不与王熙凤争风吃醋；其二，平儿心地善良，宽厚待人，平儿是王熙凤的助手，又有一定的名分，但她行事绝不仗势欺人或是狐假虎威、以强凌弱；其三，忠心事主，心无杂念。李纨曾对平儿做过评论，说她“你就是你奶奶的一把总钥匙”。这个评论可以说是一语中的，把平儿的身份、地位都道出来了。作为王熙凤的“心腹”之人，平儿表现出忠心事主的品格。她处处事事为王熙凤着想，分担许多家内事。可见，平儿之于王熙凤，不仅可靠，而且得力。在贾府这样一个尔虞我诈、钩心斗角的环境氛围中，能有这样的铁杆粉丝、坚强后盾，王熙凤自然占据了有利地位。

二、重视调查、科学决策

表面上王熙凤做事有一种雷厉风行的果断作风，但实际上其实施管理的每一步骤，都是经过充分的研究调查和细致论证。《红楼梦》第十三回中，王熙凤临危受命管理宁国府事件中，显示出王熙凤的管理艺术。宁国府秦可卿病亡，贾珍的夫人尤氏突发疾病，无能的贾珍甘愿做“甩手掌柜”，请王熙凤出山料理宁国府全部事务。王熙凤到任后首先想到的是在庞杂与混乱中厘清头绪，经过对宁国府调查研究，分析出宁国府的管理现状，将当前问题归纳为五点：头一件，人口混杂，遗失东西；第二件，事无专政，临期推诿；第三件，需用过费，滥支冒领；第四件，任无大小，苦乐不均；第五件，家人豪纵，有脸者不服钤束，无脸者不能上进。

可见王熙凤对宁国府管理中存在的问题做了深入的调查研究。毛泽东同志早在 1930 年就提出过“没有调查，就没有发言权的观点”。领导者的决策自始至终都不能离开调查研究，调查研究是实施正确决策的法宝。对于团队领导者来说，进行正确的决策是其首要的职责，其所做决策正确与否直接关系团队的成败兴衰，而要保证决策的科学性、正确性，就必须持之以恒地运用好调查研究这一法宝。

三、树立权威、强力推进

王熙凤主政宁国府后第一个举措即是树立管理权威，与宁国府的人“约法三章”：“既托了我，我就说不得要讨你们嫌了。我可比不得你们奶奶好性儿，由着你们去。再不要说你们‘这府里原是这样’的话，如今可要依着我行，错我半点儿，管不得谁是有脸的，谁是没脸的，一例现清白处治。”这段话既显露了从严治理的明确态度，又表明了依法治家的全新管理理念。而新的制度规范又有多层含义：其一，规范的权威性，“这府里原是这样”“我可比不得你们奶奶好性儿”，这里表达出对过去执法不严的否定，并对被管理者提出正式警告；其二，管理的强制性，“我就说不得要讨你们嫌了”意味着“要来真格的”，胆敢犯在我的手里，我必惩治；其三，惩罚的公平性，“管不得谁是有脸的，谁是没脸的，一例现清白处治”，意思是说，任何人违反制度都要受到处置，在制度执行的问题上，没有任何特权和法外开恩。

王熙凤首次登台亮相，就明确了全新的施政风格。虽然语气婉转，但其内容却富有震慑力。对于宁国府混乱的情况，这种强势风格能够极大地保证管理效能并提高效率。

四、明确职责、科学分工

针对宁国府管理上的弊端，王熙凤大胆地推行“岗位责任制”——将宁国府上上下下 100 多人的工作职责厘定，将各种家事活动系统分类，对各类人员定岗定编。如“单管来往亲友倒茶的”“单管本家亲戚茶饭的”各 10 人；“单管酒饭器皿”“专在内茶房收管杯碟茶器的”各 4 人；“管收祭礼”，“管油灯、蜡烛、纸扎”各 8 人等。各项工作专人负责，每个人必须做好自己的本分，对分内之事容不得半点马虎，在工作分工具体的基础上，又明确了相应的责任制度，对工作失职人员有什么惩戒，都加以规定。王熙凤的布置分工，周详而严密，细致而有条理，做到岗位到人，责任到位，分工明确，处罚严厉。

事实证明王熙凤的“岗位责任制”在实践中是行之有效的，宁国府在新的治理下很快变得井井有条。管理界有过共识，即一件事情如果没有责任到人，那么再简单的事情也不会做好，如果责任到人，再难的事情也能办好。组织建设的根本在于人，落实责任到每一个人，把每一个人的积极性调动起来，发挥最大限度的主观能动性，所以归根结底团队建设发展在于能否有效地落实责任。

五、敬业奉献、身体力行

《红楼梦》第十三回写道："一时女眷散后，王夫人因问凤姐：'你今儿怎么样？'凤姐儿道：'太太只管请回去，我须得先理出一个头绪来，才回去得呢。'王夫人听说，便先同邢夫人等回去，不在话下。"接着凤姐加班加点，在第二天一大早就将宁国府的具体人事分工、责任制度公布出来了。从职责角度来说，王熙凤只是暂时受贾珍委托来宁国府协助管理，但她显示的敬业精神却让人赞叹，正是王熙凤的敬业奉献、身体力行，让荣国府宁国府两家相关人员心服口服，就连贾母在王熙凤病倒时也感叹道："只可怜凤丫头操心了一辈子，如今弄得精光。"

海信集团董事长周厚健说过："所有好的领导者必定具备务实主义的通性，在执行方面亲力亲为。"在现代的管理中，管理者在很大程度上是需要身体力行、亲力亲为的，管理者懂得如何在自己的工作中做到卓有成效，才会给其他人树立高效的榜样。

《红楼梦》第十三回结束语道："金紫万千谁治国，裙衩一二可齐家。"这句话道出了被贾母戏称为"泼皮破落户""辣子"的王熙凤的管理才能。虽然囿于其阶级局限，在其管理中也有较为残忍、阴暗的一面，比如独断专行、重惩罚教训、轻表扬激励等，但在她身上所体现出的勇于担当、敢于负责的胆略和勇气以及严谨奉献的职业精神和高效灵活的管理智慧都值得我们学习和借鉴。

第四节　长袖江湖及时雨

《水浒传》是中国历史上第一部用白话文写成的长篇小说，开创了白话章回体小说的先河。作为四大名著之一，《水浒传》的文风、构思和理念，都对后世的中国乃至东亚小说产生了重大的影响。这部名著之所以能够经久地散发着魅力，不仅在于其独特经典的文学艺术特色，更在于书中所刻画的鲜活的人物风格。在一百零八将中，最为人们所热议的形象当属宋江。对宋江的历史评价一直存在争议：有人认为他是忠义之士，也有人认为他是伪善之人。但无论褒贬，所有人不得不承认一个观点：宋江是一个优秀的领导者。

从外在特征看来，宋江貌不惊人、才不出众。既没有卢俊义那样的英俊相貌，也没有鲁智深等人的一身武艺。在谋略方面也远在军师吴用之下，其文化底蕴也仅仅配做一个基层的小办事员。但在人才荟萃的梁山之上，在一群硬汉当中，以谦卑之态多年稳坐头把交椅，并受到了众好汉的一致拥戴，自有其独到的处世艺术和政治韬略。宋江的领导风格及特点可以概括为：审时度势、远见卓识；确定理念、明确使命；把握形势、灵活应对；管理团队、以柔克刚；因才适用、合理安排。

一、审时度势、远见卓识

与晁盖不同，宋江是一个富有远见的领导者。晁盖想到的只是眼前利益，而宋江作为领导者，考虑的却是梁山未来的命运和众兄弟的前途。宋江客观地分析了梁山发展的现实基础：首先，梁山是个弹丸之地，缺乏长期发展的物质保障和发展优势。其次，从团队的奋斗目标来看，也缺乏现实性和可操作性。虽然高举“替天行道”的理论旗帜，但实际上这一口号，能否被更多的百姓所接受和认可，能否吸纳更多的人上山入伙，都是不确定的，何况梁山现有势力根本无法与官方相抗衡。最后，从团队人员构成来看，梁山众好汉因着不同的原因走上反叛道路，没有统一的价值观和思想理论基础，还有不少人本身就是被梁山俘虏来的，人员复杂，良莠不齐。所以，宋江初上梁山后，就开始思考团队长远的发展方向和目标，并为整个团队发展制定规划。

从宋江选择上山的时机就可以看出他善于审时度势。如果当年杀了阎婆惜之后，马上投奔梁山，那时他将是一个没有任何政治资本的小人物，就像林冲一样，即使上山也难免受到冷遇和排挤。后来上山之时，宋江向梁山众人展示了自己的政治资本和实力：首先，在浔阳江头写反诗，已证明了其明确的反朝廷的政治立场；其次，上山之前广收各路英雄、积累武装力量，待到白龙庙聚义两支队伍会师之时，宋江的军事实力已超过了晁盖，此时上山很快就能站稳脚跟。

我们可以从上述宋江的思考和决策上感受到一个卓越领导者的前瞻性思维和把握时机的能力。所谓领导者的前瞻性思维，其实质是一种理性思维，是领导者在深入调查研究、统筹兼顾基础上，超前预见、超前谋划、超前决断的一种科学思维。具体来说，作为领导者首先必须具有超前意识，并能以维护大局、顺应大潮、把握大势的姿态，在充分摸清事物发展变化的客观规律的前提下，面向未来、着眼长远，形成当前及今后一个时期的变化格局和发展态势的深邃洞察和科学预测的思维过程。宋江对梁山及全体人员前途和命运的思考，正是体现出领导者的前瞻性思维。我国古代就有所谓“因势利导”“审时度势”的说法，主张要因“时”“势”而动，把握有利时机，宋江准确判断并把握上山的时机，正是将“危机”变为“契机”，体现了领导者的判断能力和智慧。

二、确定理念、明确使命

长期以来，在梁山内部有两个重大的理论性问题没有得到回答：我们是谁？我们向何处去？囿于王伦与晁盖等人的眼界和水平，这些重大问题长期没有得到解决。其后果是梁山的队伍一直缺乏合法性基础和明确的奋斗目标。队伍成分复杂，既有朝廷降将，也有原来官方队伍里的低级军官，更多是来自于普通百姓，所以这支队伍从成立之时注定了成员之间的思想觉悟和认知上的差异。从外在看来，也不过是一支散兵游勇组成的杂牌部队，组织行为也不过就是打家劫舍的土匪行径，更没有统一明确的组织方向。

宋江主政后，明确提出了“替天行道”的政治主张，四个字中隐含了多层含义。首先，梁山不再是一支由土匪贼寇构成的非法组织，而是有信仰、有原则、有明确奋斗目标的政治力量。对百姓而言，要以杀富济贫来获得群众的认可和拥护。对官府，改变过去的“杀上金銮殿，夺了鸟位”的错误方向，而是重新认可朝廷的权威和天子的地位。这些全新的理念，使梁山的组织行为披上了“合法性”的外衣。其次，“替天行道”明确了梁山队伍的核心价值观和组织目标。王伦、晁盖都不可能从战略高度，为梁山队伍长期的发展建设指明方向。方向不明，使众弟兄们无法清楚地预测团队和自身发展的未来。如果继续以边缘人士游走在主流社会的外围，则这部分人最大的可能就是被淘汰、被清除掉。宋江在准确把握当时的形势及各方面力量对比的情况下，清醒地将团队发展目标确立为“但愿共存忠义之心，同著功勋于国”。这样，既统一了思想又明确了未来的发展方面。

三、把握形势、灵活应对

在梁山的发展中，宋江在经营理念上进行了两次卓有成效的重大改革和突破。在王伦和晁盖时代，各山寨业务收入来自于打劫过往商客，这种模式逐渐进入发展瓶颈：首先，过往商客的业务量本身就很有限，再加上被打劫后，商客们纷纷绕道，更减少了团队的总体营收。其次，这种经营是被动的，其后果就是使自身经营越来越封闭，无法跟外部市场进行有效联系。宋江主政后，做出了重大调整和全新部署。变被动为主动，组织优势兵力攻打祝家庄，以营救时迁为名，实则是主动出击掠夺财货。

宋江的第二个重大举措就是经营模式的重大调整。原来的山寨以打劫过往商贩为主业，这种做法显然在道义和法律上站不住脚。而现在改变成，为过往商贾提供安全保障，并依法收取保护费的做法。自此，梁山好汉不再是土匪流寇，摇身一变成了“合法经营者”，并树立梁山的品牌形象，足以体现了宋江的智慧。

由此可见，宋江是一流的战略策划者，在经营理念和模式上，都敢为人先、大胆突破创新，这种适应市场变化的能力和战略眼光都值得今天的管理者们学习和借鉴。

四、管理团队、以柔克刚

一部《水浒传》可以称为宋江的创业奋斗史，让人们一直不解的是：在梁山一百零八将之中，宋江能力平平甚至可以说有几分柔弱，为何能在人才荟萃的梁山队伍中脱颖而出，进而成为杰出的领导者？其中很重要的原因之一就在于宋江自身所具有的“柔性领导力”。根据构成基础的不同，可将领导力分为源于岗位职责规定的权力性领导力和建立在领导者个人道德、才能气度、情感公心等非权力性因素基础上的非权力性领导力（即柔性领导力），两种领导力共同构成了整体的领导力系统。多数情况下，人们往往重视权力性领导力的强制性和约束力，往往忽视依托领导者人格魅力等因素构成的柔性领导力的积极作用。如果一个领导者只会运用权力铁腕，在实现短期目标可能会是有效的，但长此以往会将整个团队机体演变为一架没有任何生气的执行机器，团队成员只会消极被动地服从，工作的热情、积极性和创造力将会被极大地损害。

柔性领导力主要包括领导者品格、能力及情感三方面因素。领导者高尚的品德往往能得到下级的尊重，而有才干的领导者往往能获得下属的敬佩，善于与下级沟通情感，更容易加固上下级之间的信任感。

我们发现在宋江的领导实践中，柔性领导力得到了完美的展现。在品格方面，宋江是忠孝双全之人，一心想要尽忠报国；他的出身、经历和性格，使他能了解和体验百姓的痛苦，有正义感。直至临死前，他仍在教导“黑旋风”李逵：“我为人一世，只主张‘忠义’二字，不肯有半点欺心”，“宁可朝廷负我，我忠心不负朝廷”。宋江同时又是个孝子，人称“孝义黑三郎”。上山落草后，他办的第一件事情，便是提出迅速接父亲上山，以免“老父存亡不保”，足见其对父亲的牵挂。当晁盖提醒他“路中倘有疏失，无人可救”时，他则“若为父亲，死而不怨”，不顾个人安危，将父子孝道放在了第一位。在才干上，与晁盖山村野夫只会舞枪弄棒不同，宋江自幼攻读儒家经史，具有较高的文化素养，同时在地方政府工作的经历使宋江具备一定的政治经验。从宋江为梁山兄弟制定出一套系统的规划和发展路线，积极地为梁山队伍实施组织建设、制度建设等都体现出了宋江的能力和水平。宋江还是一名情感沟通高手，素来仗义疏财且以仁义著称。“平生只爱结交好汉，但有人来投奔他，若高若低，无有不纳”，这些使得他能将梁山的兄弟紧紧地团结在自己周围，促进了梁山的繁荣。

通过以上分析，我们知道无论是个人，还是团队领导，要想实现人生目标，就要具备很高的领导力。宋江这样的人就是很好的例子。每个人都要认清自己的才干，树立核心价值观，找到自己的核心目的，然后锲而不舍，才能实现自己的价值①。

第五节　百折不挠唐三藏

古人云：“打天下用人在人和，治天下用人在于无才不用、用尽天下才。”这句话有两层含义，前半句是说在组织创建的过程中，成员间的向心力、凝聚力至关重要；而后半句的含义是在一个组织运行中能否实现高效关键在于是否能够发挥团队成员的才能。可见，团队的凝聚力和用人的科学性都是团队建设和组织管理的核心内容。通过分析西游团队取经成功的活动过程，我们感受到唐僧卓越的领导风格并领略到其独到的领导艺术。其主要特征包括：明确的共同愿景、优势互补的用人之道、有效的管理方法以及高效的制约机制。

一、明确的共同愿景

什么是“愿景”？愿景是人们永远为之奋斗希望达到的图景，它是一种意愿的表达。愿景概括了未来目标、使命及核心价值，是哲学中最核心的内容，是最终希望实现的图景。所谓共同愿景这一概念，可以分解成以下几层含义：第一，团队有一个统一、明确、具体的奋斗目标；第二，团队的目标同时也关系到每一位团队成员，且这个目标对每个成员都充满着足够的吸引

① 史振厚．宋江的领导力［J］．领导科学，2011（9）：23—24.

力；第三，每个团队成员在共同的奋斗目标激励下，为实现共同理想而形成合力，为目标的实现而共同努力。正如管理学大师彼得·圣吉教授在其著作《第五项修炼》一书中所解读的："只要有个人愿景，就会产生共同的愿景。每个人都可以有愿景，但是有些公司的创始人的愿景就是团队的愿景，这是强加于人的，问题不在于人有没有愿景，而是人们有没有共同愿景，是不是有大家共同分享的愿景，而不是强加的。你和我之间要建立共同愿景，你就要发现什么对你最重要，什么对我最重要，还要进行交流，达成一致。"①

我们可以看看《西游记》中唐僧团队共同愿景的形成脉络：从团队领导者唐僧来看，通过此次行动，可以完成唐王下达的取回真经的"政治任务"，亦可获得普度众生、广博善缘的良好"社会效益"，从而修成正果；再看孙悟空，对他来说大闹天宫是恶劣的违法行径，只有通过护送唐僧取回真经，才可戴罪立功，修成正果；猪八戒的作风问题一直是他的"历史污点"，此次参加行动既可证明其真诚悔罪的态度，还可彰显其痛改前非、重新做人的决心，进而修成正果；沙僧虽然憨厚踏实，但在历史上也曾有"过失损害公有财物"的事故，对他来说，参加行动也可将功抵过，修成"正果真身"。虽然每个人的动机各不相同，但一致的目标将每个人紧密地联系在一起，思想统一、步伐一致，为了共同的愿景而共同奋斗，正是在共同愿景之下，才有师徒四人完成任务的决心和动力。

二、优势互补的用人之道

客观来说，唐僧团队四名成员都呈现出截然不同的性格特点：先说团队的核心唐僧，他的性格特点包括虔诚、坚定、富有责任心和使命感。一心虔诚取经，在唐王急需用人之时，他挺身而出、不惧风险、不怕磨难。从表面上看是一个柔弱的人，但对取经这一崇高使命，唐僧表现出超出常人的坚定，无论遇到何种挫折与困难，都绝不会退缩。虽然时不时暴露出慈悲胸怀，但

① 彼得·圣吉．第五项修炼［M］．北京：中信出版社，2009.154.

在下属犯错不可容忍时又念起紧箍咒绝不手软。所以由于其信仰的坚定性和管理的科学性，使他成为团队中的绝对领导者。

再看孙悟空，其特征体现为能力出众、赤胆忠心、胆略过人。从不计较个人得失，敢于攻坚克难，超强的执行能力使孙悟空成为取经团队的中坚力量。但在追随唐僧之前，孙悟空是一个目无法纪的“无政府主义者”，即使跟随唐僧之后也曾两次“出走”。所以如何掌控这位恃才傲物、咄咄逼人的能力骨干，使其在团队中扬长避短发挥积极核心作用，是摆在唐僧面前的一大课题。

猪八戒在团队中表现为八面玲珑的“好好先生”，从能力来看，显然不是团队中的主力，且自身特有的爱占小便宜、爱搬弄是非、革命意志不够坚定等特征使其在唐僧团队中表现得非常平庸。但事实上，八戒在促进团队和谐方面起到了很大的作用：虽然贪懒馋滑，但在原则性问题上，猪八戒不会犯错，且对领导非常尊敬；较高的情商，这是八戒对比悟空的优势所在，与悟空不同的就是八戒较容易接受他人的批评；开朗的性格使八戒成为团队中的润滑剂，在悟空与唐僧关系紧张时，八戒负责协调沟通，在活跃气氛、促进和谐方面都起到了不可忽视的作用。

沙僧由于在能力上明显弱于像悟空那样的“业务骨干”，所以看上去常常被人忽略掉。实则不然，忠心耿耿、脚踏实地、任劳任怨正是沙僧的优势所在。不像孙悟空爱出风头，沙僧表现得默默无闻、低调谨慎，却又始终如一地恪尽职守。爱岗敬业的他不会像八戒那样偷懒耍滑，在危难之时会立刻冲锋陷阵，对事业无比忠诚，所以是领导心目中最放心的员工。

我们可以看出唐僧是一个管理高手，对各具特色的徒弟之间进行了巧妙、科学、合理的分工，成员之间优势互补，使这支人少而精的团队高效运转。如果分工错误，例如让猪八戒在降妖除魔的过程中打头阵，或是让孙悟空去保家护院，后果都是难以想象的。所以说，唐僧团队能够高效地完成任务，关键在于团队成员之间的优势互补，在于唐僧在人才选拔与利用的过程中真正做到了人尽其才、物尽其用。

三、有效的管理方法

一个优势互补的精英团队已经形成：信仰坚定、品德出众的团队领袖，能力超群的业务骨干，八面玲珑的协调人员，踏实肯干、任劳任怨的忠诚员工。从人员构成上看，唐僧团队堪称“黄金组合”。但具备优质的人力资源仅是完成了系统硬件上的准备，作为系统软件上的管理方法更为重要。如何运用科学的管理方法驱动系统硬件，使整架机器高效运转，检验着领导者的智慧。

（一）恩威并施，奖罚有度

从唐僧的管理方法上，可以看出一些特点。首先就是恩威并施，孙悟空因为违反了法令被压在五行山下 500 年，唐僧帮他恢复自由并指出了未来的发展道路和前进方向。而且在取经路上，不仅给予孙悟空以充分信任且让他挑起大梁。但此时的领导者施恩于下属的同时，也不得不提高警惕、防范风险。在唐僧“改编”孙悟空为正规军之前，孙悟空出身草莽生性顽劣，过往的历史不良记录同样预示着妖猴随时可能暴露其自由散漫、缺乏组织纪律性的特征。包括猪八戒个性中也有散漫、自私的一面，唐僧对徒弟身上存在的问题也都有了解。所以，他在给予徒弟信任的同时，还要对其个性提高警惕，凭借紧箍咒对其进行约束控制。

在惩罚的问题上，唐僧掌控得非常公平、合理、适度。首先，唐僧作为领导者从不滥用手中的权力，惩罚徒弟时做到了有理有据。另外，惩罚尺度把握得很有分寸，对危害性较大、问题严重的孙悟空必须念紧箍咒，使其产生痛苦并认识错误不敢再犯。而猪八戒的轻微过错，且存在认错态度良好的情形，对其往往采取的是批评教育的思想方法。可见，领导者要树立自身的权威，必须善于使用奖励和惩罚两种领导技巧。

（二）以情感人，以德化人

在领导管理实践中，用完善的制度约束员工是必要的。然而，领导者渴望员工认同团队的核心价值观、产生团队的凝聚力，激发工作激情并高效地完成组织的目标，就要在情感上使全体成员受到感染，凝聚共识并提升活力。领导者要给予成员以人文关怀，在《西游记》中唐僧恰恰就是情感高手。为悟空缝制衣裳、为八戒驱赶蚊虫、为沙僧修补鞋袜等，通过一些细节，在情感上打动徒弟们，让他们感受到一种关爱和温暖，反过来对师傅心存感恩，在取经道路上死心塌地跟从师傅。这种凝聚力成为取经路上不可或缺的支撑力量。另外，唐僧在徒弟们的心目中塑造了一种偶像形象：胸怀大志、不畏艰险，具有极强的进取心、公德心及使命感，正是这些品质形成了一种磁场，道德的力量吸引了团队中每一个人为完成一项伟大的使命而努力。

四、相互制约

唐僧管理艺术中另一精妙之处在于，他在着力激发徒弟们主观能动性和创造力的同时，在团队成员间还形成了一种相互监督、相互制约的机制。能力最强的孙悟空，需要给他足够的表现空间以发挥专长，但在孙悟空突破管理制度的底线时，念紧箍咒就能有效地限制住他。作为师弟们的大师兄，悟空获得了两位师弟的拥戴和支持，师弟们服从大师兄，但这并不意味着师弟们反过来没有监督的权利。猪八戒就多次通过向师傅告状的方式行使言论自由和舆论监督的权利。作为办公室主任的沙僧，管理行李和白龙马，但在管理决策等大政方针的问题上，他从不介入。唐僧取经成功的主要原因就在于，他组织构建了一个成员间优势互补，且又能相互包容、相互制约的高效团队。

《西游记》是一本伟大的名著，它流传百年，经久不衰，不仅缔造了唐僧、孙悟空、猪八戒、沙和尚这么多经典的角色，“唐僧团队”还为现代组织团队建设做出了榜样的力量[①]。有人说，21世纪是英雄退位、团队进位的时代。可以说从个人到群体，再到组织与团队，是一个不断自我发掘的过程，更是一个深刻认识人才与团队的过程。再优秀的人才也需要置于最合适的位置与

---

① 单凤儒.管理学基础[M].北京：高等教育出版社，2001.236.

团队，再好的团队也需要快速融合、齐心协力，才能提升团队的整体效能。

本章小结

中国传统文化博大精深，有许多精髓值得我们探索和借鉴。《西游记》团队奋斗历程、《水浒传》中一百零八条好汉的共同信念及《三国演义》里群英荟萃，都蕴含着传统文化中的管理智慧——共同愿景与卓越领导。团队管理者和管理研究人员应当对中国传统文化中的管理思想给予充分的重视，从中吸取经验和教训，指导组织实践，促进团队的全面进步。

参考文献

1.［美］卡恩斯・洛德著，朱晓宇等译．新君主论：全球化时代的领导力［M］．上海：上海人民出版社，2007.

2.［美］库泽斯・波斯纳著，李丽林等译．领导力（第四版）［M］．北京：电子工业出版社，2009.

3. 冯秋婷．西方领导理论研究［M］．北京：人民出版社，2008.

4. 陈晋．读毛泽东札记［M］．北京：三联书店，2009.

5.［美］理查德・尼克松著，施燕华译．领袖们［M］．海口：海南出版社，2010.

6.［美］亨利・基辛格．论中国［M］．北京：中信出版社，2012.

7.［新］李光耀口述，［美］格雷厄姆・艾莉森、罗伯特・D. 布莱克威尔、阿里・温尼编著，蒋宗强译．李光耀论中国与世界［M］．北京：中信出版社，2013.

8. 唐双宁．毛泽东的十大气质［N］．光明日报，2013—12—02.

9. 习近平．在纪念毛泽东同志诞辰 120 周年座谈会上的讲话［N］．人民日报，2013—12—27.

10. 习近平．在纪念邓小平同志诞辰 110 周年座谈会上的讲话［N］．人民日报，2014—08—21.

11.［美］威尔・杜兰特、阿里尔・杜兰特著，倪平玉、张阅译．历史的教训［M］. 北京：中国方正出版社，2015.

12. 邹菊如．论领导风格与领导特质的修炼［J］．领导科学，2011（32）：36—37.

13.［美］彼得・诺思豪斯著，吴荣先等译．领导学：理论与实践［M］．南京：江苏教育出版社，2002.

14. Lewin，K.，R.Llippit，R.K.White Patterns of aggres-sive behavior in experimentally

created social cli-mates［J］.Journal of Social Psychology，1939，10（2）：271—301.

15. Stogdill，R.D. Personal factors with leadership：A survey of the literature［J］.Journal of Psychology，1948，25（1）：35—71.

16. 张首魁、宋合义．简议领导理论的发展轨迹及其发展方向［J］．陕西省经济管理领导者学院学报，2004（4）：38.

17. Hunt，J.G. Transformational/Charismatic Leader-ship' s Transformation of the Field：An HistoricalEssay［J］.Leadership Quarterly，1999，10（2）：129—144.

18. 董临萍、张文贤．国外组织情境下魅力型领导理论研究探析［J］. 外国经济与管理，2006（11）：23.

19. Burns，J.M. Leadership［M］.New York：Harper& Row，1978.

20. Bass，B.M. Leadership and Performance beyond Expectations［M］.New York：The Free Press，1985.

21. Bennis，W. The four competencies of leadership［J］.Training and Development Journal，1984，38（5）：15—19.

22.［美］斯蒂芬·罗宾斯，大卫·德森佐著，毛蕴诗等译．管理学原理（第5版）［M］. 大连：东北财经大学出版社，2005.

23.［美］约翰·P. 科特著，罗立彬等译．变革［M］．北京：机械工业出版社，2005.

24.［美］埃德加·H. 沙因，朱明伟、罗丽萍译．企业文化与领导［M］．北京：中国友谊出版公司，1989.

25. Hernandez，M.，M.B.Eberly，B.J.Avolio，M.D.Johnson The loci and mechanisms of leadership：Exploring a more comprehensive view of leadership theory［J］.The Leadership Quarterly，2011，22（6）：1165—1185.

26. 中国科学院"科技领导力研究"课题组、苗建明、霍国庆. 领导力五力模型研究［J］. 领导科学，2006（9）：20—23.

27. 义洁萍．领导风格、工作压力与工作绩效关系研究［D］．杭州：浙江大学，2009.

28. 姜瑶．工业工程方法在医院门诊系统的应用研究［D］．济南：山东大学，2011.

29. 迪克·威尔逊．周恩来传［DB/OL］http：//book.people.com.cn/GB/69399/107429/231060/，2016—8—27.

30. 岳权利．举轻若重的伟大公仆——谈谈周恩来的领导艺术和领导作风［DB/OL］http：//china.huanqiu.com/hot/2015-03/5816919.html.2015—03—04.

31. 珠海留学．邓小平：决定一生命运的留学生涯［DB/OL］http：//blog.sina.com.cn/s/

blog_5ddac9700100eb7t.html？ tj=1.2009—07—31.

32. 汤俊、邢晨、崔雯燕、杨娅妮 . 我国正部级领导者学历、专业与晋升的关系［J］. 领导科学，2015（3）：36.

33. 刘昕 . 选拔和任用高级领导者的专业性取向［DB/OL］http：//www.cntheory.com/zydx/2015—06/ccps150615Z3AT.html.2015—06—15.

34. 第一财经日报 . 高层领导多文科教育背景体现时代转型特点［DB/OL］http：//learning.sohu.com/20130320/n369538174.shtml.2013—03—20.

35. Marina. 罗斯福：驾驭人性的管理者［DB/OL］http：//www.cyzone.cn/a/20130921/245583.html.2013—09—21.

36. 王泽峻 . 文化环境及其对人的影响［J］. 北京师范大学学报，1992（1）：102.

37. 习近平：之江新语［M］. 杭州：浙江人民出版社，2007：37.

38. 习近平：之江新语［M］. 杭州：浙江人民出版社，2007：26.

39. 刘志伟 . 习近平领导风格形成原因分析［J］. 领导科学，2015（2）：30.

40. 贺善侃 . 领导科学和现代行政［M］. 上海：上海大学出版社，2001：29—30.

41. 任博 . 领导应计风格与情形相匹配［J］. 领导科学，2009.

42. 全国领导者培训教材编审指导委员会组织编写 . 领导力与领导艺术［M］. 北京：人民出版社，2015：12.

43. 陈秀梅、于亚博 . 领导艺术古今谈［M］. 北京：红旗出版社，1996.

44. 冯秋婷 . 领导科学简明教程［M］. 北京：中共中央党校出版社，2001.

45. 全国领导者培训教材编审指导委员会 . 领导力与领导艺术［M］. 北京：人民出版社，2015.

46. 徐寒 . 现代领导艺术全书（第 5 卷）［M］. 北京：中共中央党校出版社，2006.

47. 林语堂 . 中国人［M］. 上海：学林出版社，1994.

48. 杨壮 . 锻造领导力［M］. 北京：北京大学出版社，2009.

49. 王永生 . 决策方略论［M］. 北京：人民出版社，1999.

50. 陈登才 . 毛泽东的领导艺术［M］. 北京：军事科学出版社，1991.

51.［美］罗伯特 · 克赖特纳、安杰洛 · 基尼奇著，顾琴轩等译 . 组织行为学［M］. 北京：中国人民大学出版社，2007.

52. 陈树文 . 领导学［M］. 北京：清华大学出版社，2011.

53. 史为磊 . 决策［M］. 北京：国家行政学院出版社，2011.

54. 尤元文、唐霄峰 . 领导决策论［M］. 北京：社会科学文献出版社，2012.

55. 申林 . 组织行为学与人事心理［M］. 长沙：湖南师范大学出版社，2007.

56. 冯秋婷 . 领导学概论［M］. 北京：中共中央党校出版社，2011.

57. 王雪峰 . 领导学学科体系［M］. 北京：人民出版社，2014.

58. 袁南生、伍国用 . 邓小平的领导艺术［M］. 北京：中国文史出版社，2012.

59. 刘伟红、娄树旺 . 领导科学与艺术［M］. 济南：山东人民出版社，2011.

60. 苏洁 . 解析领导魅力［J］. 山东行政学院山东省经济管理领导者学院学报，2007（6）：58—61.

61.［美］理查德·L. 达夫特著，杨斌等译 . 领导学（第 5 版）［M］. 北京：电子工业出版社，2012.

62.［法］古斯塔夫·勒庞，冯克利译 . 乌合之众——大众心理研究［M］. 北京：中央编译出版社，2015.

63.［美］斯蒂芬·P. 罗宾斯，孙健敏、李原等译 . 组织行为学［M］. 北京：中国人民大学出版社，1997：320—346.

64. 俞文钊、刘建荣 . 领导心理学［M］. 大连：东北财经大学出版社，2012：41—60.

65. Silin，R.H. Leadership and value：The Organization of Large-scale Taiwan Enterprises［M］.Cambridge：Harvard University Press，1976：66—128.

66. Farh，J.L.，B.S.Cheng A Cultural Analysis of Paternalistic Leadership in Chinese Organizations［J］.Management and Organizations in the Chinese Context.London：Macmillan，2000a.

67. 郑伯埙、周丽芳、黄敏萍、樊景立、彭泗清 . 家长式领导的三元模式：中国大陆企业组织的证据［J］. 本土心理学研究，2003（20）：209—252.

68. 陶松波 . 国企改革中领导风格的多维选择模型［J］. 山东经济，2002（2）：76—78.

69. 陈捷 . 在华信息技术行业中美经理人领导风格的跨文化比较研究［D］. 北京：对外经济贸易大学，2007.

70. 李晓青 . 领导行为有效性的影响机制——关于变革型领导与交易型领导的研究［M］. 厦门：厦门大学出版社，2014：23—32.

71. 孙聪 .CPM 理论的形成过程对领导理论本土化的启示与展望［J］. 人力资源管理，2011（05）：37—39.

72. 李超平、时勘 . 变革型领导的结构与测量［J］. 心理学报，2005（37）：803—811.

73. Fiedler，F.E. A theory Of Leadership Effectiveness［M］.New York：WcGraw-Hi11，1967.

74. Bass，B.M.，J.Seltzer Transformational Leadership：Beyond Initiation and Consideration［J］.Journal of Management，1990.

75. Morris，J.H.，D.Sherman Generalizability of an Organizational Commitment Model［J］. Academy of Management Journal，1981（24）.

76. Mathieu，J.E.，D.M.Zajac A Review and Meta-analysis of the Antecedents，Correlates and Consequences of Organizational Commitment［J］.Psychological Bulletin，1990.

77. Lok，P.，J.Crawford The Relationship between Commitment and Organizational Culture，Subculture，Leadership Style and Job Satisfaction in Organizational Change and Development［J］.Leadership&Organization Development Journal，1999.

78. Hamidifar，F.A Study of the Relationship between Leadership Styles and Employee Job Satisfaction at Islamic Azad University Branches in Tehran，Iran［J］.AU—GSB e—Journal，2009.

79. 梁巧转、李海静．领导风格对工作满意度的影响研究［J］. 统计与决策,2006（2）：65—66.

80 曹花蕊、崔勋．领导风格对员工组织承诺的影响研究［J］. 山西财经大学学报，2007（9）：74—79.

81. 吴敏、黄旭、时勘等．交易型领导、变革型领导与家长式领导行为的比较研究［J］. 科研管理，2007（3）：168—176.

82. 仲伟强．变革型领导风格对员工工作满意度影响研究［D］. 合肥：中国科学技术大学，2009.

83. 李乐．女性企业家的社会性别角色——领导风格与主观领导效能关系研究［D］. 上海：复旦大学，2010.

84. 李亚楠．不同类型领导风格对员工工作投入的影响——以自我效能感为中介变量［D］. 成都：西南财经大学，2003.

85. 韩琼．高校学生会领导的领导风格对成员组织承诺的影响——以组织公平作为中介变量［D］. 上海：华东师范大学，2010.

86. 沈宜超、于军．关于领导作风模式与组织整体绩效关系的探讨［J］. 北京航空航天大学社会科学学报，1995（1）：96—100.

87.［斯里兰卡］普施潘（Ambalam Pushpanathan）. 领导风格与组织绩效——基于斯里兰卡小型家族式制造企业的研究［D］. 厦门：厦门大学，2008.

88. 荆丰．领导风格与组织绩效关系研究——以医药零售企业为例［J］. 山东大学学报，

2013（04）：053—061.

89. 杨雪芳．领导风格与组织创新气氛关系研究［M］．北京：北京邮电大学，2015.

90. 马喜芳、颜世富．变革型领导一定比交易型领导更有效吗？ CEO 领导风格、组织激励对领导绩效的协同性研究［J］．中国人力资源开发，2015（19）：47—55.

91. 毛忞歆．变革时期领导风格对组织创新的影响机制研究［M］．北京：知识产权出版社，2014.

92. 肖凤德、兵围．领导力：卓越领导者如何在组织中管理与创新［M］．北京：人民邮电出版社，2014.

93. 邹枫、李昊．浅析领导风格的类型［J］．边疆经济与文化，2010（7）.

94. 徐秋梅、吴继金．“举重若轻”的领导艺术［J］．人才开发，2008（7）.

95. 于洪生．领导方式的趋向与现实选择——兼论民主方式与专制方式之间的权衡［J］．福建论坛（人文社会科学版），2004（3）.

96.［英］朱丽叶・汤普森、韦恩・汤普森．玛格丽特・撒切尔：不屈不挠的首相［M］. Westview 出版社，1994.

97.［美］潘尼・尤诺著，董建平等译．撒切尔夫人传［M］．哈尔滨：黑龙江人民出版社，1985.

98.［新］李光耀．李光耀 40 年政论选［M］．北京：现代出版社，1994.

99.［美］理查德・尼克松．领导者［M］．北京：世界知识出版社，1998.

100. 周恩来．周恩来选集（下卷）［M］．北京：人民出版社，1984.

101. 刘刚、程熙榕．任正非的企业家精神与经营管理思想体系研究［J］．中国人力资源开发，2015.

102. 史玉柱．马云的战略思考［J］.Bizleader.cn，2015.

103. 方尔加．谈松下幸之助对经营理念的坚守［J］．经济理论与经济管理，1994（3）.

104. 三国志・魏书・乐进传［M］．北京：中华书局，1982：521.

105. 单凤儒．管理学基础［M］．北京：高等教育出版社，2001：236.

106. 史振厚．宋江的领导力［J］．领导科学，2011（9）：23—24.

107. 鲁迅．中国小说史略［M］．北京：中华书局，2009：232.

后 记

屈指一算，从事领导科学的教学与研究工作已近20个年头了。

我一直以为，领导学的教学研究与理论研究一定要建立在对既有领导实践活动作实证性的研究基础之上，唯有如此才能对领导者的未来领导活动起经验性、指导性的借鉴或参考作用，经院式的烦琐哲学只会把领导学引入死胡同。

所以，本书的写作在遵循丛书编委会整体意图的前提下，力图融领导实践活动的案例述评、领导科学基本理论或学说的运用分析于一体，努力体现中国风格、时代特色和学科特点，不求面面俱到，但求言之有理、言之有据，是我们“自己的”领导学著述。

来丽梅任本书主编，提出编写大纲和写作要求，全书由主编统稿和定稿。各部分执笔人为：第一章：来丽梅；第二章和第三章：于立辉；第四章：刘金福；第五章：王焱；第六章：俞学武、张显胜；第七章：俞学武；第八章：张丽丽；第九章、第十章、第十一章：王浩巍。

写书如建筑，既已出版，对与错、毁与誉当由读者评说。

是为后记。

来丽梅

2016年11月于长春